U0503574

中国文化遗产研究院·文物保护工程与规划系列·2017 年

石窟保护技术概论

张兵峰　著

文物出版社

图书在版编目（CIP）数据

石窟保护技术概论／张兵峰著．—北京：
文物出版社，2017.6
ISBN 978 - 7 - 5010 - 5121 - 2

Ⅰ.①石…　Ⅱ.①张…　Ⅲ.①石窟 - 文物
保护 - 概论 - 中国　Ⅳ.①K879.29

中国版本图书馆 CIP 数据核字（2017）第 139337 号

石窟保护技术概论

著　　者	张兵峰	
责任编辑	吕　游　王　戈	
封面设计	刘　远	
责任印制	梁秋卉	
出版发行	文物出版社	
地　　址	北京市东直门内北小街 2 号楼	
	邮政编码　100007	
	http：//www. wenwu. com	
	web@ wenwu. com	
经　　销	新华书店	
印　　刷	北京京都六环印刷厂	
开　　本	787mm×1092mm　1/16　插页 1	
印　　张	18	
版　　次	2017 年 6 月第 1 版	
印　　次	2017 年 6 月第 1 次印刷	
书　　号	ISBN 978 - 7 - 5010 - 5121 - 2	
定　　价	248.00 元	

本书版权独家所有，非经授权，不得复制翻印

序　一

中国文化遗产研究院院长　*（签名）*

　　中国石窟的开凿源远流长，至迟始于汉代，北魏至隋唐时期最为兴盛，一直延续到 16 世纪。中国石窟在一千多年的发展过程中不仅融合了古印度、波斯和西域的特点，而且禅宗、密宗并存及释、道、儒三教相结合也成为其显著特点。其中的雕塑、壁画是我国古代艺术家把传统的艺术和外来的影响密切汇合起来而创造的珍品，其内容和形式十分丰富，具有独特的风格和鲜明的民族特色，更有极高的文物和研究价值。石窟雕塑和绘画虽都以佛教故事作题材，但其中也有反映各个时代人间现实生活的情景，是研究中国古代史的宝贵资料。丰富多彩的石窟文化，为研究我国古代的历史、宗教、艺术、民俗、社会、政治和经济的变革等提供了珍贵的实物资料，是不可再生的文物资源。

　　近年来，国家不断加大石窟寺文物的保护力度，逐步形成了具有中国特色的石窟寺保护管理体系。据不完全统计，"十二五"期间中央财政累积安排专项资金十多亿元，集中投入四百多个文物保护工程项目，有效改善了石窟寺及石刻类文物的保存现状。同时，结合工程项目实施，开展了大量跨学科、跨领域、多维度、多命题的联合攻关，在石质文物保护技术研发、石窟寺考古研究、预防性监测保护等方面取得了显著成果。由中国文化遗产研究院负责主持的大足宝顶千手观音抢救加固保护项目历时 8 年，首次将工业 X 射线探伤、红外热像探测、三维视频显微镜观察等高科技运用于保护工作中，除了完成佛像的 830 只手、227 件法器修复，还解决了高温潮湿环境下的彩绘造像保护问题。云冈石窟研究院联合国内多家单位开展的"石质文物保护关键技术研究"项目，探索建立起适用于石窟寺的现代监测检测分析技术体系、文物风险评估关键技术体系、文物保护综合关键技术体系，促使我国砂岩类石质文物保护的关键技术取得突破性进展；敦煌研究院、中国科学院西北生态环境资源研究院、美国盖蒂保护所共同完成的"敦煌莫高窟风沙灾害预防性保护体系构建与示范"项目，为干旱区生态恢复、文化遗产地的预防性保护和旅游可持续发展提供了技术支撑。

　　石窟文物保护工作历来是中国文化遗产研究院的传统优势领域。以黄克忠为代表的老一辈专家，以王金华、李宏松等为代表的中坚力量，几十年来一直奋斗在石窟保护一线，为我国石窟文物保护作出了卓越的贡献。在这些前辈和兄长的熏陶和教诲下，本书编著者张兵峰同志继承了中国文化遗产研究院不怕苦、不怕累、肯钻研、善总结的优良传统，近年来主动承担和参与多项国家文物局委托项目、自然基金课题和院自主课题，主持多项石窟类全国重点文物保护单位的勘察设计工作。通过这些实践和研究工作，在干中学，学中干，及时总结归纳石窟保护工作中的经验与教训，积累起一定的解决石窟寺保护实际困难和问题的理论功底与基础，并进行科学的归纳和整理。本书是他和他的伙伴们实践心得的归纳与总结，从石窟保护勘察的基本方法、如何进行病害调查、多种物理探测到保护工程主要技术、设计要求、石窟保护工程监测等方面对石窟保护技术进行了较全面系统的总结、探讨，可供石窟保护专业人员参考，也可作为教科书使用。

2017 年 5 月 22 日

序　二

敦煌研究院研究员　李最雄

石窟寺作为我国最重要且精美的不可移动文物之一，有分布地域广、岩石类型各异、赋存环境差别大等特点。长期受自然营力和人类活动的影响，几乎所有石窟寺的文物本体和载体均遭受了不同程度的劣化，产生了坍塌、开裂、渗水、盐害、表面风化等大量病害。随着城乡建设、旅游开发等人类活动的加剧，石窟寺面临的自然侵蚀和人为损害日趋加剧，保存状况不容乐观。

自20世纪50年代起，我国逐步开始了全面、系统、科学的石窟保护研究与工程实践，相继实施了大足石刻北山摩崖造像保护长廊建设、敦煌莫高窟南区崖体加固工程、麦积山石窟岩体加固工程、克孜尔千佛洞第1、2期加固工程、大足石刻北山治水工程和宝顶山观经变崖壁岩体加固工程等具有代表性的石窟保护工程实践，不仅最大限度地保护了这些石窟寺及石刻，同时针对石质文物保护的特点和要求，逐渐形成了一套科学的工作程序和规范要求，为建立以石窟寺保护为主的岩土类遗址保护学科体系打下了坚实的基础。

石窟文物保护是一门综合性学科，涉及岩土工程、地质工程、水文地质、环境学、材料科学、物理、化学、测绘等相关技术领域。研究尺度从宏观到微观，如石窟造像的表面风化问题，要研究表面几厘米甚至几毫米的微观变化；石窟渗水和水盐运移等问题，既要在区域地质背景下开展水盐来源研究，又要从细微裂隙中准确判断渗流途径。在研究和工程实践中，我们不但要考虑当前的保护效果以及保护措施可能对文物造成的伤害，还要考虑保护措施的长期耐久性等问题。这些问题均使得石窟保护工作难度极大，任重道远。

石窟寺保护技术与保护理念密不可分，只有在正确的保护理念指导下，保护技术才能达到有效保护文物的目的。非常可喜的是年轻一代的石窟保护者已经深刻地认识到这一点，石窟文物本体及载体均要尽可能减少干预，实施保护工程和日常保养与维护并重。当必须实施工程干预时，附加的手段只用在最必要的部分，采用的保护措施，应以延续现状，缓解损伤为主要目标。石窟造像区的保护工程应强调综合治理，在保护文物主体的同时，注重文物赋存自然和人文环境的保护。

我国石窟保护工程已走过半个多世纪，受保护理念和技术发展限制，既有许多成功的案例，也有许多失败的反思。作为年轻一代的文物工作者，张兵峰副研究员不仅谦虚好学、勤恳踏实，具备扎实的基本功和良好的科研素养，还敢于挑重担，对我国石窟保护加固技术进行系统的梳理和凝练，完成了《石窟保护技术概论》一书。本书涉及石窟赋存环境、病害常见类型及成因分析、石窟保护中常用的地学基础知识、石窟测绘与勘察、保护加固技术、工程设计、石窟监测技术及设备等，较全面阐述与梳理了我国石窟寺保护的基础知识和保护技术，并辅以典型的工程案例进行保护技术和理念的进一步阐释，既是对我国石窟保护工程的总结和回顾，也是他十多年从事石窟寺保护研究、勘察、设计成果的全面总结，不乏是一部具有较高学术价值和工程实践参考价值的著作。相信该书的出版，将会对我国石窟保护工程研究与实践起到积极的促进作用。

作为老一代的文物保护工作者，很欣慰看到年轻一代的成长和进步，以此为序，并致祝贺。

2017 年 7 月于兰州

目 录

第一章 中国石窟概况

石窟寺是指依山势，从山崖壁面向内部纵深开凿的古代庙宇建筑，里面有宗教造像或宗教故事壁画。石窟艺术是一种宗教文化，取材于佛教故事，兴于魏晋，盛于隋唐，吸收了印度犍陀罗艺术精华，融汇了中国绘画和雕塑的传统技法和审美情趣，反映了佛教思想及其汉化过程，是研究中国社会史、佛教史、艺术史及中外文化交流史的珍贵资料。享誉中外的敦煌莫高窟、大足石刻、龙门石窟、云冈石窟和乐山大佛、彬县大佛寺、麦积山石窟、炳灵寺石窟、克孜尔石窟被列入世界文化遗产清单。

第一节　石窟寺考古 [1]

中国石窟的开凿最早始于汉代（约 3 世纪），北魏至隋唐时期（约 5 ~ 8 世纪）为盛期，最晚的可到 16 世纪。中国的石窟可分七类，① 窟内立中心塔柱的塔庙窟；② 无中心塔柱的佛殿窟；③ 主要为僧人生活起居和禅行的僧房窟；④ 塔庙窟和佛殿窟中雕塑大型佛像的大像窟；⑤ 佛殿窟内设坛置像的佛坛窟；⑥ 僧房窟中专为禅行的小型禅窟（罗汉窟）；⑦ 小型禅窟成组的禅窟群。根据洞窟形制和主要造像的差异可分为新疆地区、中原北方地区、南方地区和西藏地区等四大地区（图1）。

新疆地区　分布在自喀什向东的塔里木盆地北沿路线上，集中的地点有三区。① 古龟兹区。分布在今库车、拜城一带。主要石窟有拜城境内的克孜尔石窟，库车境内的克孜尔尕哈石窟、库木吐喇石窟和森木塞姆石窟。其中，克孜尔石窟规模最大，开凿时间最早，大约开凿于 3 世纪，4 ~ 5 世纪是其盛期，最晚的洞窟大约开凿于 8 世纪。其他三处，开凿时间都比克孜尔石窟晚，衰落的时间可能迟到 11 世纪。② 古焉耆区。在今焉耆回族自治县七格星一带。开凿时间约在 5 世纪以后。③ 古高昌

---

〔1〕　宿白. 中国石窟寺研究. 北京：文物出版社，1989：16 - 20.

区。在今吐鲁番附近。主要石窟有吐峪沟石窟和柏孜克里克石窟。吐峪沟早期石窟开凿约在 5 世纪。柏孜克里克主要石窟是 9 世纪以后，回鹘高昌时期的遗迹，最晚的洞窟有可能迟到 13 世纪。

新疆的石窟多塔庙窟、大像窟、僧房窟、禅窟以及由不同形制洞窟组成的洞窟组合，也有少量的禅窟群。5 世纪以后，方形佛殿窟数量增多，出现了佛坛窟。焉耆、吐鲁番一带还有洞窟前面接砌土坯前堂和用土坯砌建的洞窟。这些不同形制的洞窟，除一般僧房窟外，窟内都绘壁画，绝大部分原来还置有塑像。绘塑内容，在 6 世纪以前，主要有释迦、交脚弥勒和表现释迦的本生、佛传、因缘等图像。6 世纪出现了千佛。8 世纪以来，中原北方地区盛行的阿弥陀和阿弥陀净土以及其他净土，还有一些密教形象，都逐渐传播到这里，壁画布局和绘画技法也较显著地受到中原北方石窟的影响。

中原北方地区　指新疆以东、淮河流域以北，以及长城内外的广大地区。这个地区石窟数量多，内容复杂，是中国石窟遗迹中的主要部分，可细分为四区。① 河西区。甘肃黄河以西各县沿南山的地段，大都分布有数量不等的石窟。其中，敦煌莫高窟延续时间长、洞窟数量多。莫高窟是现存最早的洞窟，开凿于 5 世纪，陆续兴建到 14 世纪。莫高窟以东的重要石窟有安西榆林窟和东千佛洞、玉门昌马石窟、酒泉文殊山石窟、肃南金塔寺石窟和武威天梯山石窟等。② 甘宁黄河以东区。主要石窟有永靖炳灵寺石窟、天水麦积山石窟、固原须弥山石窟、庆阳莲花寺石窟、庆阳南北石窟寺。固原须弥山石窟、庆阳莲花寺石窟始凿于 6 世纪；永靖炳灵寺石窟、天水麦积山石窟始凿于 5 世纪，其中永靖炳灵寺石窟第 169 窟无量寿佛龛有 420 年的题记，是中国现存窟龛中有明确纪年最早的一处。③ 陕西区。少数窟龛开凿于 6 世纪，主要石窟开凿于 6 世纪以后，如 7 世纪开凿的彬县大佛寺石窟等。陕西区石窟是中原北方地区晚期石窟较集中的一处。④ 晋豫及其以东区。以 5 ~ 6 世纪北魏皇室开凿的大同云冈石窟和洛阳龙门石窟、巩县石窟为主流，延续此主流的重要石窟有 6 世纪中期开凿的邯郸响堂山石窟和 6 ~ 7 世纪开凿的太原天龙山石窟。此外，5 ~ 6 世纪开凿的义县万佛堂石窟、渑池鸿庆寺石窟、济南黄花岩石窟和 7 世纪初开凿的安阳宝山石窟，也都与上述这批主流石窟有密切关系，充分表现了佛教石窟逐步东方化的过程。在中原北方石窟中，河西和甘宁黄河以东两区多塑像壁画，陕晋豫及其以东两区多雕刻。

南方地区　指淮河以南地区。这个地区石窟数量不多，布局分散，除个别地点外，摩崖龛像多于洞窟。凿于 5 ~ 6 世纪的南京栖霞山龛像和新昌剡溪大佛，原都前接木构殿阁。广元一带 6 世纪的石窟，形制多为佛殿窟，有少量的塔庙窟。这时期的主要造像除释迦外，多有无量寿（阿弥陀）和弥勒倚坐像，还有释迦多宝对坐像。自 8 世纪

以后，四川岷江、嘉陵江流域诸窟龛盛行倚坐弥勒、净土变相和各种观世音造像。10～11世纪多雕地藏和罗汉群像。11世纪，大足石篆山出现了最早的儒、释、道三教石窟。12世纪，大足大佛湾造像内容更为广杂，除佛传、经变、观世音等形象外，还有祖师像和藏传佛教形象。杭州西湖沿岸的窟龛开凿于10～14世纪，13世纪末以前多雕阿弥陀、观世音和罗汉像，13世纪以后多雕藏传密教形象。开凿于9～13世纪的大理剑川石钟山石窟都是佛殿窟，9世纪的造像主要有弥勒和阿弥陀，10世纪以后主要造像有观世音、毗沙门天王和密教的八大明王，最具地方特色的是以南诏王及其眷属为主像的窟龛。

西藏地区　该地区石窟多见不具造像的禅窟和僧房窟。摩崖龛像分布较广，题材多为释迦、弥勒、千佛、十一面观音和各种护法形象，并大多附刻六字真言。以上石窟像的雕凿时间大都在10世纪以后，即藏传佛教所谓的后弘期。拉萨药王山是西藏窟龛较集中的一处，山南侧密布摩崖龛像；东麓的札拉鲁普石窟是现知西藏唯一一座吐蕃时期开凿的塔庙窟，塔柱四面各开一坐佛龛，窟壁雕像多后世补镌。该窟右上方凿出附有石床的僧房窟。山南扎囊、乃东等地的天然溶洞，有不少相传是吐蕃时期高僧的禅窟。扎囊查央宗山溶洞内，后世建有经堂和带有左转礼拜道的佛殿，殿内奉莲花生塑像。传说该洞原是莲花生的禅窟。后弘期这类禅窟窟前有的连接木结构，如萨迦北寺夏尔拉康。窟形规整，四壁满绘佛像的佛殿窟，似多见于西部的阿里地区。

上述四个地区的石窟寺，各具特点，又互相影响。5世纪60年代，云冈最初开凿的大像窟——昙曜五窟应和新疆古龟兹石窟有一定的关系，河西现存的早期洞窟塑绘也受到了新疆的影响。5世纪晚期，南方造像明显影响了中原北方，江南无量寿佛的崇奉传播到中原西部的时间可能更早。6世纪中期以后，中原西部的石窟龛像又影响到四川北部。7～8世纪的隋唐盛世，中原窟龛典型所在——各种净土变和密教形象已南遍四川，西及新疆。11世纪以后，罗汉群像既盛于中原北方，也流行于江南。13～14世纪，西藏藏传佛教形象不仅出现在中原北方，还出现在南方。从以上各地区相互影响的复杂现象可看出，5世纪晚期以前，中原北方受到新疆的影响，这显然是和佛教艺术自西向东传播的情况有关；5世纪晚期以后，佛教窟龛在新疆以东逐渐形成自己的特点。中国各地石窟龛像的发展演变，尽管都还具有地方特征，但却都不同程度地受到全国主要的政治中心或文化中心所盛行的内容的影响。

丰富多彩的石窟文化，为研究我国古代的历史、宗教、艺术、民俗、社会、政治和经济的变革等提供了丰富珍贵的实物资料，是不可再生的文物资源，具有重要的历史及文化研究价值。

第二节　石窟地理分布及自然环境条件

1. 地理分布

中国石窟中许多著名的大型石窟群比较集中地分布在丝绸之路上，如拜城克孜尔石窟、库车克孜尔尕哈石窟、库木吐喇石窟、森木塞姆石窟；吐鲁番地区的吐峪沟石窟、柏孜克里克石窟；河西区的敦煌莫高窟、安西榆林窟、玉门昌马石窟、酒泉文殊山石窟、武威天梯山石窟；甘、宁黄河以东地区的永靖炳灵寺石窟、天水麦积山石窟、固原须弥山石窟、庆阳莲花寺石窟、庆阳北石窟寺；陕西的彬县大佛寺石窟、耀县药王山石窟；晋豫及其以东地区的大同云冈石窟、洛阳龙门石窟、巩县石窟、邯郸响堂山石窟、太原天龙山石窟、安阳宝山石窟、益都云门山石窟、驼山石窟[2]；川渝地区大足石刻、安岳石窟、皇泽寺摩崖造像、乐山大佛、潼南大佛寺摩崖造像、浦江石窟、邛崃石窟等。

从地理环境上看，我国可以分为北方地区（东北三省、黄河中下游各省的全部或大部，以及甘肃东南部和江苏、安徽的北部）；南方地区（长江中下游、南部沿海和西南各省）；西北地区（大兴安岭以西，长城和昆仑山—阿尔金山以北，包括内蒙古、新疆、宁夏和甘肃西北部）和青藏地区（西藏、青海和四川的西部）。

经统计，在这四大片区中，我国石窟主要分布在南方地区（川渝一带）和北方地区，分别占总数的42.9%和31%，而西北一带（甘肃、内蒙古和青海及新疆）数目也不少，约占25%，青藏高原一带数目很少（图2）。

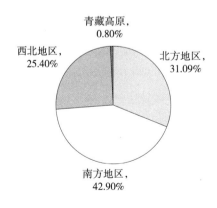

图 2　石窟分布地理位置比例图

---

〔2〕　中国文化遗产研究院. 中国文物保护与修复技术. 北京：科学出版社，2009.

目前，我国18个省、自治区、直辖市分布有重要的石窟，且集中于河南、陕西、山西及甘肃南部北方地区及川渝为主的南方地区，西北地区主要分布于新疆龟兹石窟片区。

2. 地形、地貌特征

石窟作为一种独特的寺庙与洞窟文化，其开凿必然选择陡直断崖。这种陡崖主要是通过水流顺构造裂隙、断层切割而成。西北地区的部分洞窟开凿于风蚀作用形成的陡坎上，但主要成因还是河流切割，如龙门石窟、云冈石窟、敦煌石窟、库木吐喇石窟、克孜尔石窟、大足石刻、乐山大佛等等。因此，从石窟地形、地貌上看，基本上为阶地、陡坎地貌和侵蚀、剥蚀低山丘陵地貌。

这种陡坎及剥蚀丘陵地貌，从地质看成熟度较低，将不断演化。同时，此类崖壁在石窟（摩崖造像）开凿过程中，受人类活动影响非常明显。早期以洞窟形式为主，如云冈石窟，洞窟开凿严重影响崖壁地形特征，形成非常特殊的大型洞窟地貌环境条件。摩崖造像虽然开凿深度低，但摩崖崖顶往往形成凸出的悬臂状。石窟区除了大型洞窟、摩崖造像外，崖壁表面往往分布大量的小型洞窟和佛龛，进一步改造了天然的地形、地貌环境条件。

受局部地形、地貌影响，洞窟区一般具有相对独特的气候环境条件。首先，这种崖壁的形成应与水或者风的地质营力有关。目前，这种地质营力对石窟崖壁作用仍旧非常明显。如乐山大佛开凿于岷江、青衣江和大渡河三江汇流处，江水的冲刷为崖壁及后期佛像开凿提供了天然条件，同时也是影响大佛稳定性、完整性的主要因素。其二，这种崖壁地段对局部地表风流影响非常严重，最为典型的是狭窄的崖口一般有利于风力增强，如龙门石窟、克孜尔石窟、敦煌石窟等。当然位于背风地段崖壁虽然有利于降低风蚀作用，但常形成粉尘、风沙堆积等破坏作用。其三，朝南、朝西等崖壁受太阳辐射造成温度升高，形成局部高温区。最后，这种临河崖壁湿度较大，形成局部高湿度洞窟环境，如麦积山石窟、龙门石窟。而大足石刻宝顶山这种四周封闭的环境，更有利于形成潮湿的气候环境。

因此，石窟地形特征为受自然营力形成后，经人工改造的陡直成熟度较低的崖壁，并具有特殊的气候环境条件。

3. 地质条件

3.1 我国石窟主要分布地层条件

我国石窟主要分布于沉积岩中，其中以海相沉积的碳酸盐岩和陆相沉积的砂岩为主。此类岩石在沉积岩中属于强度较高的地层，在风化后极易形成碳酸盐岩陡坎和砂岩陡坎。

我国大部分石窟分布于砂岩（砂砾岩）地层中。据统计，开凿在砂岩中的石窟和摩崖造像约占石窟、摩崖总数的60%以上。这种地层又可以分为三大类，一类为南方中生代沉积红色砂岩地层，形成年代主要为侏罗纪至白垩纪；二类为新生代沉积的欠固结砂岩（砂砾岩）；三类为北方砂岩地层。

南方川渝地区大足石刻至乐山大佛一线的石窟群均为一类砂岩地层。此类砂岩地层为河湖相沉积（河相砂岩、湖相泥岩），砂岩集中分布区风化后形成砂岩陡坎，为石窟开凿提供了条件。砂岩一般为细粒砂岩，质地细腻，地层连续性好，有利于造像的打磨，因此一般可直接在岩石上开凿造像。其强度较碳酸盐岩低很多，且一般以钙质、泥质胶结为主，除了受酸性环境的溶蚀作用外，干湿变化对其影响也非常明显。因此，岩石自身的风化一般比较严重，且容易形成大型坍塌破坏。

二类新生代主要为第三纪和第四纪沉积形成砂岩（砂砾岩）。此类岩石在南方基本没有形成大型陡坎的现象，但在西北干旱地区却大量形成砂岩（砾岩陡坎），新疆龟兹片区石窟、甘肃敦煌石窟均分布于该地层中。其属于欠胶结状态，岩石孔隙率高，结构松散，强度很低，透水透气性好。从开凿施工方面看，难度较低，但稳定性差，且不易直接在岩石上开凿造像。因此，此类洞窟开凿后对崖壁应力场影响非常严重，洞窟内文化遗存主要以壁画及泥塑为主。

三类砂岩主要分布于北方的中生代地层，比较典型的是云冈石窟。其岩性主要为侏罗纪形成的钙质胶结长石石英砂岩。此类砂岩强度较南方红层砂岩高，颗粒均匀度不如南方红层砂岩。由于以钙质胶结为主，对酸性环境同样比较敏感。

碳酸盐岩是我国洞窟开凿的另一个主要地层。此类岩石容易形成喀斯特岩溶洞穴。其强度非常高，施工难度很大，因此很多大型洞窟均依天然岩溶洞穴开凿。同时，由于岩石的硬度非常高，很多容易直接打磨成非常精细的造像。这种岩石上开凿的洞窟在没有人为破坏的情况下，一般保存良好，如河南洛阳的龙门石窟、杭州飞来峰造像等。但是，这种岩石在酸性条件下可溶，极易形成溶蚀和堆积效应，对文物本体造成不可挽回的损失。

3.2 我国石窟主要地质构造特征

除了岩性对垂直崖壁起控制性作用外，新构造运动是另外一个重要因素。

对于我国大部分地区，新构造运动体现为地壳抬升、河流下切规律。石窟崖壁一般为多级阶地连续分布地段。如龙门石窟崖壁主要为伊河一级至三级阶地、敦煌石窟为大泉河一级至三级阶地、云冈石窟为十里河一级至三级阶地（图3）、克孜尔石窟为木扎提河的二级至五级阶地等。在这种呈现上下抬升作用，而造山运动不强的地区，地层一般呈近水平状态分布，如川渝红砂岩层地区、云冈石窟、敦煌石窟、麦积山石窟等。而洛阳龙门石窟、杭州飞来峰等受早期的构造作用影响非常明显，形成大量的断层、褶皱等地质现象。飞来峰为地质意义的推覆构造，而龙门为褶皱一翼，且石窟区断层分布形成一龙门断块。

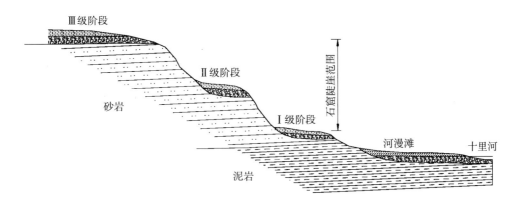

图3　云冈石窟十里河三级阶地分布示意图

龟兹地区相对比较特殊，受天山南库车凹陷影响，虽然沉积地层形成较晚，但除了地壳升降运动外，断层及褶皱同样发育。

3.3　工程与水文地质条件

由于洞窟主要分布在垂直崖壁地区，最为典型的工程地质现象为崖壁的卸荷作用，顺崖壁平行发育大量的近垂直张拉裂隙。这种裂隙总体呈上部张开度良好，而下部接近闭合。这种裂隙非常有利于上部地表水体入渗。因此，崖壁的破坏主要体现为顺卸荷裂隙坍塌破坏和顺裂隙渗水。这种破坏现象在岩石强度较低的石窟区非常严重，如新疆龟兹片区。渗水是洞窟保护中非常难处理的问题。除了渗水，石窟区一般临河、临湖等，因此地表地下水对洞窟影响也非常明显，如地下水毛细渗出，顺裂隙、岩溶通道等流出。据云冈石窟砂岩测试资料统计，砂岩的吸水率为3%左右，而含水岩石冬季结冰，毛细管中水的体积膨胀可达11%，反复的冻融加速了岩石的风化。此外，干湿循环、含盐地下水在石质表面蒸发干燥后结晶膨胀引起的酥碱，含二氧化碳的活水对石灰石的溶融，微生物的滋长等也都与水有关。著名的大同云冈石窟的破坏与水有直接关系，历史上21个大型洞窟中有14个洞窟长期渗水，通过毛细管的作用将窟内积水吸到壁画上，在长期的干湿交替作用下，许多洞窟2米以下的壁画、石雕已经严重风化损坏[3]。陕西彬县大佛寺石窟的破坏进一步说明了水的危害。由于该石窟下部位

---

〔3〕　黄克忠，解廷藩．云冈石窟石雕的风化与保护．文物保护与环境地质．北京：中国地质大学出版社，1992．

于地下水位以下，地下水沿砂岩和薄层页岩交界的层面渗入窟内，长年不断，致使沿渗水线的岩石不断剥蚀，形成高约2.4、深约3米的洼槽，使洞壁岩体悬空。另外，在渗水线以上6~10米的范围内，由于毛细管的作用，形成一个潮湿带，使砂岩的强度降低，风化加剧[4]。重庆大足北山石窟的崩塌和造像的破碎就是由于长年渗水造成的。开凿在伊水两岸碳酸盐岩体中的洛阳龙门石窟，几乎所有的窟龛都存在渗水现象。这种沿石窟立壁暂时性的垂直渗流，一方面在石窟洞壁雕刻品表面形成钙质沉淀物，覆盖佛像和雕刻品，损害石雕的艺术价值；另一方面年深日久的冲蚀会使洞窟围岩岩体和雕刻艺术品形成大小不等的溶孔或溶槽，造成岩体的空架结构，破坏岩体的完整。

中国石窟寺和摩崖造像多开凿在依山傍水的河谷一侧或两侧的陡崖上，陡峻的边坡岩体因河流冲蚀下切和重力卸荷而发育的岸边卸荷裂隙，是影响边坡岩体稳定起主导作用的裂隙，是岩体失稳的主要危害。此类裂隙与崖面基本平行，倾角等于或略大于坡脚，裂隙面陡立，下延深度大，在地震力诱发因素作用下很容易发生崩塌、倾倒和垮塌破坏。其次是构造裂隙的危害，构造裂隙与卸荷裂隙或边坡走向呈近直角相交状，将边坡岩体切割成许多碎块，破坏了边坡岩体完整。此外，层面裂隙和风化裂隙等也是边坡岩体失稳的重要因素，这些裂隙具有切割面和滑移面的破坏作用。总之，各种不同成因的岩体裂隙相互切割，致使石窟寺所在边坡的岩体形成了变形、滑移、崩塌、错落的分离体，进而导致石窟寺岩体的失稳破坏。敦煌莫高窟和拜城克孜尔石窟有许多洞窟的前壁和前室均已崩塌，洞窟内的壁画和塑像暴露在外，长期受日光、雨雪、风沙的侵蚀，造成严重的破坏。

4. 气候特征

我国气候的主要特点为显著的季风特色和明显的大陆性气候。

我国绝大多数地区一年中风向发生着规律性的季节更替，这是由我国所处的地理位置决定的。由于大陆和海洋热力特性的差异，冬季严寒的亚洲内陆形成一个冷性高气压，东部和南部的海洋上相对成为一个热性低气压，高气压区的空气要流向低气压区，就形成我国冬季多偏北和西北风。相反夏季大陆热于海洋，盛行从海洋向大陆的东南风或西南风。由于大陆来的风带来干燥气流，海洋来的风带来湿润空气，所以我国冬季降雨偏少而夏季暴雨较多，降水多发生在偏南风盛行的夏半年即5~9月，降雨集中，南方降雨量大于800毫米，而北方一般小于800毫米，西北地区降雨明显偏少，降雨量一般小于400毫米。我国的季风特色不仅反映在风向的转换，也反映在干湿的

〔4〕 方云，潘别桐. 陕西省彬县大佛寺石窟环境地质病害及防治对策. 文物保护与环境地质. 北京：中国地质大学出版社，1992.

变化上，形成我国季风气候特点为冬冷夏热，冬干夏雨。

由于陆地的热容量较海洋为小，所以当太阳辐射减弱或消失时，大陆比海洋容易降温，因此，大陆温差比海洋大，这种特性我们称之为大陆性。与同纬度其他地区相比，我国是世界上冬季同纬度最冷的国家，1月份平均气温东北地区比同纬度地区平均要偏低 15℃ ~ 20℃，黄淮流域偏低 10℃ ~ 15℃，长江以南偏低 6℃ ~ 10℃，华南沿海也偏低 5℃；夏季则是世界上同纬度平均最热的国家（沙漠除外）。东北 7 月平均气温比同纬度平均偏高 4℃，华北偏高 2.5℃，长江中下游偏高 1.5℃ ~ 2℃。

我国北方石窟及石刻主要集中在黄河两侧，甘肃、山西、陕西及河南一线。这一线保留下来的石窟主要开凿于抗风化能力较好的砂岩（云冈石窟）及碳酸盐岩（龙门石窟、济南千佛崖）地层，而甘肃北部气候干燥，属于西北干旱地区（如敦煌石窟）。我国南方石窟及石刻主要集中在川渝一带，如大足石刻、安岳石窟、乐山大佛等。西北降雨量较少，在没有人为破坏作用下，洞窟比较容易保存下来，代表性的洞窟为克孜尔千佛洞、库木吐喇石窟等。麦积山石窟基本上属于南北气候分界附近，石窟区降雨量比较丰沛，有南方石窟的破坏特征。

第三节　石窟保护工作概况

由于我国地域广阔，地理、气候环境条件等差异巨大，石窟寺作为十分脆弱的遗址，保存状况差别较大，存在的问题及面临的威胁不同，保护管理工作也不平衡。由于城乡发展及旅游业开发建设、利用等压力加大，石窟寺及石刻面临的自然侵蚀破坏和人为活动损害日趋加剧，安全保存的形势十分严峻。自 20 世纪 50 年代起，以 1952 ~ 1953 年大足石刻北山摩崖造像保护长廊建设为标志，我国逐步开始了全面、系统、科学的石窟保护和研究工作，相继实施了 1963 ~ 1966 年敦煌莫高窟 576 米崖面和 354 个洞窟的加固与维修；1982 ~ 1984 年麦积山石窟岩体加固工程；1986 ~ 1990 年克孜尔千佛洞第 1、2 期加固工程；1991 ~ 1999 年大足石刻北山治水工程和宝顶山观经变崖壁岩体加固工程等具有代表性的石窟保护工程，不仅最大限度地保护了石窟寺及石刻文物的安全，而且针对石质文物保护的特点和要求，逐渐形成了一套科学的工作程序和规范要求，为建立以石窟寺及石刻保护为主的岩土遗址保护学科建设打下了深厚的基础。

过去几十年间，我国在石窟保护方面主要是解决六大类型问题：① 石窟载体岩体的稳定性病害，包括层理、节理、构造裂隙、卸荷裂隙等各类裂隙切割造成的开裂、变形、位移及失稳，风、水侵蚀凹槽悬空诱发的失稳等稳定性病害；② 水流侵蚀病害，包括大气降水的直接冲刷，面流水的倒灌侵蚀，裂隙渗水的淋滤、溶蚀，地下水和毛细水的返渗等水流侵蚀作用；③ 风化破坏病害，包括日照、风沙、温差、干湿、冻融等引发石窟载体岩体、造像、题刻、壁画、彩塑上出现龟裂、起甲、酥碱、空鼓、剥落等各种理化破坏；④ 生物侵蚀病害，包括霉菌、地衣、苔藓等低等植物在阴湿部位繁衍生存而引起破坏作用、高等植物的根劈作用、昆虫在裂隙中穴居、飞禽与蝙蝠的抓挠及排泄物污损和蛇鼠掘穴等；⑤ 人为活动的破坏，包括宗教破坏、非法盗割、拜祭和生活污损（烟垢）及随意刻划等；⑥ 其他突发性破坏，包括洪水、地震等突发因素。采用的工程技术手段大致分为结构加固、水害治理、风化治理、改善治理环境和本体修复等五大类。保护的目的是消除或减缓石窟的破坏因素，延长石窟的保存寿命。

近年来，国家不断加大石窟寺及石刻类文物的保护力度，逐步形成了具有中国特色的保护管理体系。据不完全统计，"十二五"期间中央财政累积安排专项资金136505万元，集中投入462个文物保护工程项目，有效改善了石窟寺及石刻类文物的保存现状。同时，结合工程项目实施，开展了大量跨学科、跨领域、多维度、多命题的联合攻关，在石质文物保护技术研发、石窟寺考古研究、预防性监测保护等方面取得了显著成果。大足石刻宝顶山千手观音抢救加固保护项目历时8年，首次将工业X射线探伤、红外热像探测、三维视频显微镜观察等技术运用于保护工作中，共修复完成830只手、227件法器，重点解决了高温潮湿环境下的彩绘造像保护问题。云冈石窟研究院联合国内多家单位开展"石质文物保护关键技术研究"项目，探索建立适用于石窟寺的现代监测检测分析技术体系、文物风险评估关键技术体系、文物保护综合关键技术体系，使我国砂岩类石质文物保护的关键技术取得突破性进展。敦煌研究院、中国科学院西北生态环境资源研究院、美国盖蒂保护所共同完成"敦煌莫高窟风沙灾害预防性保护体系构建与示范"项目，为干旱区生态恢复、文化遗产地的预防性保护和旅游业可持续发展提供了技术支撑。

第四节　重点石窟简介

1. 敦煌莫高窟

1.1　石窟规模及价值

敦煌石窟是我国现存比较完整的石窟群之一。莫高窟俗称千佛洞，位于甘肃省敦煌市城东南25公里的鸣沙山东麓，始建于前秦建元二年（366年），迄今保存北凉、北魏、西魏、北周、隋、唐、五代、宋、西夏、元，历时一千多年的各种类型洞窟735

个，其中有壁画和彩塑的洞窟 492 个，唐宋木构窟檐 5 座。莫高窟是目前规模最宏大、内容最丰富、艺术最精湛、保存最完整的佛教石窟。1961 年，莫高窟被中华人民共和国国务院公布为第一批全国重点文物保护单位。1987 年，莫高窟被联合国教科文组织列入《世界文化遗产名录》。

中国石窟艺术源于印度，印度传统的石窟造像以石雕为主，而敦煌莫高窟因岩质不适雕刻，故造像以泥塑、壁画为主。莫高窟现存石窟 492 个，其中魏窟 32 个，隋窟 110 个，唐窟 247 个，五代窟 36 个，宋窟 45 个，元窟 8 个，壁画 45000 平方米，彩塑雕像 2415 尊。1900 年于藏经洞（今编号第 17 窟）发现西晋至宋代经、史、子、集各类文书及绘画作品等珍贵文物 5.6 万件，因之形成了敦煌学。

莫高窟窟形建制分为禅窟、殿堂窟、塔庙窟、穹隆顶窟、影窟等多种形制；彩塑分圆塑、浮塑、影塑等；壁画分尊像画、经变画、故事画、佛教史迹画、建筑画、山水画、供养画、动物画、装饰画等不同内容。窟最大者高 40 余米，30 米见方，最小者高不盈尺。造像均为泥质彩塑，有单身像和群像。佛像居中，两侧侍立弟子、菩萨、天王、力士，少则 3 身，多则 11 身。最大者 33 米，小者 10 厘米。壁画从最古的地图《五台山图》，到表现人物活动的《张议潮夫妇出行图》，构图精细，栩栩如生。

现在在莫高窟对面的三危山下，由日本捐资，由敦煌研究院承建的敦煌艺术陈列中心，仿制了部分原大洞窟。近年，又在窟外建设了游客服务展示中心，分散游人参观对洞窟的压力。

1.2　历史保护工程

（1）文物本体保护工程

1961 ~ 2004 年，先后完成莫高窟三期加固工程；第 96、130 窟等 7 个洞窟玻璃屏风的安装；莫高窟南区中段木栈桥加固工程；敦煌莫高窟下寺（三清宫）修缮工程；木桥廊段崖体崖面化学固沙；下寺维修工程；安装窟门防沙窗；第 94、288 窟的整平、铺砖；安装第 94、288 窟等 5 个洞窟的玻璃屏风；莫高窟大牌坊整体维修；安装窟前塔护栏；窟前塔的复原修复、加固；莫高窟小牌坊整体前移、局部维修；九层楼前铺设石板砖；第 94 窟窟檐维修；第 3 窟窟顶崖体化学固沙；九层楼第 7、8、9 层揭顶换板、防雨加固；天王堂塔身及塔内壁画维修；第 320、328 窟窟门护栏安装；敦煌莫高窟上寺、中寺抢救保护工程；上寺壁画揭取回贴；第 16 窟三层楼维修；拆除旧大桥，原址建设新大桥；2、3、5 号塔迁移至 6、8 号塔附近；窟区防洪应急工程；第 233 窟空鼓壁画加固；第 94 窟整窟壁画的起甲、酥碱、空鼓修复；第 130 窟壁画酥碱起甲修复；第 444 窟窗外壁画修复；第 148、244 窟脱落壁画修复；第 85 窟酥碱壁画修复；第 16 窟空鼓壁画加固；第 16 窟甬道北壁空鼓加固；第 16 窟主室四壁下部酥碱壁画修复；王圆禄墓塔保护工程；第 130 窟窟檐及附近山崖上土塔的保护工程。

（2）防风沙害的综合防护工程

1989年，中国科学院兰州沙漠研究所、敦煌研究院及美国盖蒂保护所共同合作，进行了莫高窟风沙运动规律及风沙防治的研究，并设置了尼龙网防沙栅栏，降低了主害风向窟洞搬运的沙量，使窟区入沙量减少了60%。但这临时性防护栅栏附近会形成了新的人工沙隄，一旦积沙高出栅栏，流沙便会长驱直入危及洞窟。因此，为了避免产生新的风沙危害，彻底保护风沙区内文物及经济设施，确定最新的长远防护方法是由工程、植物、化学措施相结合的综合防护工程。其从风沙运动规律特征出发，采取不同的防护措施，切断或削弱鸣沙山沙源和固定流沙，采用固、阻、输、导相结合的防护原则，从根本上消除风沙活动对莫高窟的危害。

2. 云冈石窟

2.1 石窟规模及价值

云冈石窟位于大同市城西16公里的武州（周）山南麓，依山开凿，东西绵延1公里，现存大、小窟龛254个，主要洞窟45座，造像51000余尊。石窟规模宏大，雕刻艺术精湛，造像内容丰富，形象生动感人，堪称中国佛教艺术的巅峰之作，代表了5世纪雕刻艺术的最高水平。1961年3月，云冈石窟被国务院公布为第一批全国重点文物保护单位。2001年12月，被联合国教科文组织列入《世界文化遗产名录》。

云冈石窟佛教艺术按石窟形制、造像内容和样式的发展，可分为早、中、晚期三个阶段。

早期石窟：即今第16~20窟，亦称为昙曜五窟。根据《魏书·释老志》（卷一一四）记载："和平初，师贤卒。昙曜代之，更名沙门统。初，昙曜于复法之明年，自中山被命赴京，值帝出，见于路，御马前衔曜衣，时人以为马识善人，帝后奉以师礼。昙曜白帝，于京城西武州塞，凿山石壁，开窟五所，镌建佛像各一，高者七十尺，次六十尺，雕饰奇伟，冠于一世。"文中记述的开窟五所，就是当时著名高僧昙曜选择钟灵毓秀的武州山，开凿雄伟壮观的昙曜五窟，揭开了云冈石窟开凿的序幕。第16~20窟平面为马蹄形，穹隆顶，外壁满雕千佛。主要造像为三世佛，佛像高大，面相丰圆，高鼻深目，双肩齐挺，显示出劲健、浑厚、质朴的造像风格。其雕刻技艺继承发展了汉代的优秀传统，吸收融合了古印度犍陀罗、秣菟罗艺术的精华，呈现出独特的艺术风格。

中期石窟：即云冈石窟雕凿的鼎盛阶段，主要包括第1、2窟，第5、6窟，第7、8窟，第9、10窟，第11、12、13窟以及未完工的第3窟。这一时期（471~494年），是北魏迁洛以前的孝文帝时期，是北魏最稳定、最兴盛的时期。云冈石窟集中了当时的优秀人才，以其国力为保证，到孝文帝迁都前，皇家经营的所有大窟大像均已完成，历时 40 余年。中期洞窟平面多呈方形或长方形，有的洞窟雕中心塔柱，或具前、后室。壁面布局上下重层、左右分段。窟顶多有平棊藻井。造像题材内容多样化，突出了释迦、弥勒佛的地位，流行释迦、多宝二佛并坐像，出现了护法天神、伎乐天、供养人行列以及佛本行、本生、因缘和维摩诘故事等。石窟艺术中国化在这一时期起步并完成，从洞窟形制到雕刻内容和风格均呈现出明显的汉化特征。

晚期石窟：北魏迁都洛阳后（494 年），云冈石窟大规模的开凿活动虽然停止了，但凿窟造像之风在中、下层阶层蔓延起来。亲贵及中、下层官吏和邑人信众充分利用平城旧有的技艺在云冈开凿了大量的中小型洞窟。这种小窟、小龛的镌刻一直延续到孝明帝正光五年（524 年），平城作为北都仍是北魏佛教要地。此时大窟减少，中、小型窟龛从东往西布满崖面，主要分布在第 20 窟以西，还包括第 4、14、15 和第 11 窟以西崖面上，数量有 200 余座。洞窟大多以单窟形式出现，不再成组。造像题材多为释迦多宝或上为弥勒、下为释迦。佛像和菩萨面形消瘦、长颈、肩窄且下削，这种造像是北魏晚期推行"汉化"改革，出现的一种"秀骨清像"的艺术形象，为北魏后期佛教造像的显著特点。这一特征和风格在龙门石窟北魏窟亦有表现，对中国石窟艺术的发展产生了深刻的影响。

云冈石窟的造像气势宏伟，内容丰富多彩，堪称公元 5 世纪中国石刻艺术之冠，被誉为中国古代雕刻艺术的宝库。按照开凿的时间可分为早、中、晚三期，不同时期的石窟造像风格各有特色。早期的"昙曜五窟"气势磅礴，具有浑厚、纯朴的西域情调。中期石窟则以精雕细琢，装饰华丽著称于世，显示出北魏时期复杂多变、富丽堂皇的艺术风格。晚期窟室规模虽小，但人物形象清瘦俊美，比例适中，是中国北方石窟艺术的榜样和"秀骨清像"的源起。此外，石窟中的乐舞和百戏杂技的雕刻，也是当时社会生活的反映。

云冈石窟形象地记录了中国佛教艺术发展的历史轨迹，反映出佛教造像在中国逐渐世俗化、民族化的过程。多种佛教艺术造像风格在云冈石窟实现了前所未有的融会贯通。云冈晚期石窟的窟室布局和装饰，更加突出地展现了浓郁的中国式建筑、装饰风格，反映出佛教艺术"中国化"的不断深入。

云冈石窟与我国诸多石窟比较，最具西来样式，胡风胡韵最为浓郁。其中既有印度、中西亚艺术元素，也有希腊、罗马建筑造型、装饰纹样、相貌特征等等，反映出与世界各大文明之间渊源关系。

2.2 历史保护工程

（1）石窟保护试验研究时期（1960～1965 年）

1961 年成立了"云冈石窟保护委员会"。在第一次全体会议上，决定以"云冈石窟第 1、2 窟为试点"进行修整试验。

土建"隐蔽结构"工程包括以下几项。

① 前立壁加固：基础挡墙；第 1、2 窟框架；第 2 窟前壁西段钢筋混凝土柱；第 2 窟前壁石墙。

② 间墙加固工程：间墙基础加固；锚杆适用。

③ 第 2 窟寒泉处理工程：下降寒泉水位；泉水引导排泄处理。

化学保护工程包括以下几项。

① 应用聚甲基丙烯酸酯类材料灌浆加固第 1 窟塔柱腰部水平裂隙、塔柱座基岸边切割裂隙，第 14 窟塔柱水平、垂直裂隙。

② 应用聚甲基丙烯酸酯类材料归安胶结第 9 窟以外西端中部龛内坐佛头脸、手臂、肘部雕刻等。

1964 年和 1965 年，完成了为期两年的第二期试验工程。该期工程采用土建隐蔽结构的钢筋混凝土框架，将第 21～51 窟绝大多数洞窟的前立臂危岩支顶加固，并对其中第 26、30、34、42 窟前壁面上部进行了锚杆牵拉加固，应用聚甲基丙烯酸酯类材料和环氧树脂材料灌浆胶结归安了第 22、23 窟坍塌的间墙和顶板，第 32 窟顶板和第 1 窟门拱悬石。

（2）防止石窟崩塌抢险加固时期（1973～1976 年）

"三年保护工程"涉及范围包括五华洞（第 9～13 窟）、昙曜五窟（第 16～20 窟），第 5、6、51 窟窟内以及第 7 窟上方危岩局部加固。

① 应用环氧树脂对洞窟东西向的岸边剪切裂隙进行灌浆黏结加固；对残断、脱落的石雕粘接归安复位；补配必要的雕刻（艺术修复）。

② 应用楔缝式或螺栓式钢制锚杆，把裂缝前的危岩加固在裂隙后的稳定岩体上，应用环氧树脂灌浆将金属锚杆、危岩以及稳定岩体三者牢固地黏合为一体。

③ 应用传统土建工程"隐蔽结构"的手段作崖壁支护，进行砂岩风化蚀空带补砌，防渗排水，木构件生桐油断白加固。

（3）全面维修时期（1977～1989 年）

自"三年保护工程"之后，云冈石窟加固维修仍在持续进行。在此期间，始终坚持依靠自己的工程技术队伍，按计划进行加固保护工作。针对存在的崩塌险情，遵照文物保护修复原则，先后完成了第 5、6、7 窟和第 8 窟间墙前壁落石（1979 年 7 月 18 日）后的残存崖面，第 1、2 窟窟外佛龛，第 3 窟前室及顶板（1980 年 7 月 7 日、7 月 8 日、8 月 3 日三次崩塌），第 3 窟窟外上方立壁面，第 4 窟，第 4、5 窟之间过桥，第 12、13 窟前立壁上方悬石，第 25～29 窟，第 33、35 窟，第 48 窟悬石和第 51 窟的维修加固。完成了第 1～3 窟护坡工程，第 1 窟东围墙工程，第 5、6 窟木结构及附属建

筑物勾抿，第 20 ~ 51 窟铺石工程，第 50 窟路基工程，第 13、14 窟冲沟蚀空带加
固工程，第 5 ~ 53 窟崖顶排水渠修整工程，龙王庙沟考古发掘及修整，垂花门修
整工程等。同时，建立了气象站、文物保护实验室，完成了供暖设施和接待院修
建等工程。

（4）石窟风化治理规划实施阶段（1990 年后）

从 1992 年起，拉开了云冈石窟风化治理工程的序幕。5 年中先后完成的项目包括
以下几项。

① 降低窟前地面，考古发掘，修建排水渠道，增设安全监控、输电线路，硬化
地面；

② 修建保护性窟檐，包括恢复第 8 窟窟檐、设计第 9、10、19 窟窟檐；

③ 保护性围墙：崖顶修建保护性围墙、旧围墙翻修扩建；

④ 洞窟保护维修加固工程；

⑤ 窟顶防渗排水研究工程；

⑥ 制定《云冈石窟规划》，编制《云冈石窟保护管理条例》。

3. 龙门石窟

3.1 石窟规模及价值

龙门石窟位于洛阳市城南 6 公里处的伊阙峡谷间。龙门自古为险要关隘，交通要
冲，向为兵家必争之地。因山清水秀，环境清幽，气候宜人，素为文人墨客观游胜
地。又因石质优良，宜于雕刻，故而古人择此而建石窟。这里青山绿水、万象生
辉，伊河两岸东、西山崖壁窟龛星罗棋布、密如蜂房。1961 年国务院公布龙门石
窟为全国第一批重点文物保护单位。1982 年龙门风景名胜区被公布为全国第一批
国家级风景名胜区。2000 年 11 月，联合国教科文组织将龙门石窟列入《世界遗产
名录》。

龙门石窟开凿于北魏孝文帝迁都洛阳之际（493 年），之后历经东魏、西魏、北
齐、隋、唐、五代的营造，形成了南北长达 1 公里、具有 2300 余座窟龛，10 万余尊造
像、2800 余块碑刻题记的石窟遗存。龙门石窟是北魏、唐代皇家贵族发愿造像最集中
的地方，是皇家意志和行为的体现，具有浓厚的国家宗教色彩。龙门全山造像 11 万余
尊，最大的佛像卢舍那大佛，通高 17.14 米，头高 4 米，耳长 1.9 米；最小的佛像在莲
花洞中，高只有 2 厘米，称为微雕。在北魏时期雕凿的众多洞窟中，古阳洞、宾阳中
洞和莲花洞、皇甫公窟最具代表价值。其中，古阳洞集中了北魏迁都洛阳初期的一批
皇室贵族和宫廷大臣的造像，反映出北魏王朝举国崇佛的社会情况。龙门石窟唐代洞
窟，以规模宏伟、气势磅礴的大卢舍那像龛群雕最为著名。这组雕像体现了大唐帝国

雄厚的物质和精神力量，显示了唐代雕刻艺术的最高成就。

3.2 历史保护工程

1949 年以后，龙门石窟的保护工作引起国内专家和管理部门的重视。

1960 年文化部古代建筑修整所（现中国文化遗产研究院）请北京地质大学（现中国地质大学）苏良赫、王大纯到龙门石窟进行地质调查；60 年代，中国地质大学潘别桐带领他的研究生对龙门石窟进行了较为详细的地质调查。1961 年国家科学技术委员会将龙门石窟的"石窟危岩崩塌、雕刻品风化、洞窟漏水"三大病害列入十年科研规划。

从 1971 年开始，龙门石窟连续进行了一系列的抢险加固工程。1971～1974 年实施奉先寺加固工程，这是国内第一个大型石窟维修加固工程，工程应用的"环氧树脂灌浆加固危岩技术"获 1978 年全国科学大会成果奖。1975 年加固伊阙佛龛之碑。1976 年加固潜溪寺、宾阳三洞、大万伍佛洞、惠简洞、石窟等洞窟崩落岩块均作加固处理。经过这一阶段的加固维修，有效地防止了石窟危岩的倒塌崩落，石窟的稳定性得到了保证。

1986 年，中国文物研究所（现中国文化遗产研究院）、中国地质大学、龙门文物保管所共同研究制定了"龙门石窟保护维修规划"。经国家文物局批准，1987 年开始实施"龙门石窟综合治理工程"。工程自 1987～1992 年，历时 5 年，主要进行的工程内容包括以下几项。① 岩体及洞窟加固；② 修建窟檐；③ 修建栏杆围墙；④ 修建台阶栈道；⑤ 修缮防水设施；⑥ 危害石窟的杂草树木治理；⑦ 洞窟漏水治理试验。通过这些工程的实施，龙门石窟东、西两山的岩体和主要洞窟得到加固，岩体稳定性问题基本解决，洞窟渗水状况得到一定的遏制，游览道路通达各主要洞窟。龙门石窟的整体面貌有了较大的改观。

自 2002 年龙门石窟研究院成立以来，不断加大保护工作的投入力度，注重保护工作的科学性、计划性，加强与国内外科研机构的合作交流，分别进行了 UNESCO 龙门石窟保护修复工程、中意合作文物保护修复培训班双窑洞修复工程等大型项目，取得理想的效果，开创了龙门石窟保护研究的新局面。

4. 大足石刻

4.1 石窟规模及价值

大足石刻是重庆大足区内所有石窟造像的总称，迄今公布为各级文物保护单位的达 75 处，造像 5 万余尊，铭文 10 万余字。它始建于初唐，历经晚唐、五代，至两宋达到鼎盛，是一处规模宏大的石窟造像群，与敦煌、云冈、龙门石窟一起构成了一部完整的中国石窟艺术史。1999 年 12 月 1 日，大足石刻以"天才的艺术杰作，具有极高的历史、艺术、科学价值；佛、道、儒造像能真实地反映当时中国社会的哲学思想和风土人情；造型艺术和宗教思想对后世产生了重大影响"等符合世界文化遗产的三项标准而被列入《世界遗产名录》。大足石刻，以北山、宝顶山、南山、石门山、石篆山石窟最具特色。

北山石窟位于大足县城北 1.5 公里的北山之巅，开凿于唐景福元年至南宋绍兴末年（892～1162 年），依岩而建，长达里许，形若新月。龛窟密如蜂房，分为南、北两段，共编 290 号，以雕刻细腻、精美典雅著称于世。晚唐造像端庄丰满、气质浑厚、衣纹细密、薄衣贴体，具有盛唐遗风。五代造像小巧玲珑、体态多变、神情潇洒，纹饰渐趋繁丽，具有唐至宋的过渡风格。宋代造像人物个性鲜明、体态优美、比例匀称、穿戴艳丽，极富装饰之美。其中，观音造像众多，极富特色。

宝顶山石窟位于大足县城东北 12 公里处，由一代名僧赵智凤于南宋淳熙至淳祐年间（1174～1252 年）主持开凿而成。其规模宏大，内容丰富，教义体系完备。将佛教的基本教义与中国儒家的伦理、理学的心性及道教的学说融为一体，博采兼收，显示了中国宋代佛学思想的特征，源于印度的石窟艺术至此已完成了中国化的进程。造像以晓之以理、动之以情、诱之以福乐、威之以祸苦为创作原则，融科学原理于艺术造型之中，是石窟艺术的集大成之作。

南山石窟位于大足县城南 1 公里的南山之巅，开凿于南宋绍兴年间（1131～1162 年），共编 15 号。以南山石窟为代表的宋代道教造像，是这一时期雕刻最精美、神系最完备的道教造像群。

石门山石窟位于大足县城东 19 公里处，开凿于北宋绍圣至南宋绍兴二十一年（1094～1151 年），共编 16 号。该石窟是大足石刻中最有代表性的佛、道合一造像区，对研究两教的关系及其石窟造型艺术具有重要的价值。

石篆山石窟位于大足县城西南 20 公里处，开凿于北宋元丰五年至绍圣三年（1082～1096 年），共编 10 号。该石窟是典型的儒、佛、道三教合一造像区，在中国石窟造像艺术中极为罕见，对研究三教的交融关系和中国传统文化的演进历程具有不可替代的价值。

4.2　历史保护工程

大足石刻的系统科学保护始于 20 世纪 60 年代，保护工作历经 60 余年，保护维修遵守"不改变原状"的文物保护基本原则，按照"保护为主，抢救第一，合理利用"的文物工作方针，采取传统工程手段与现代科学技术手段相结合的方式进行。

1952～1966 年为抢救性保护阶段，主要进行了如下几方面的工作。一是对当时公布的"五山"摩崖造像等 13 处文物保护单位的自然环境、历史、现状及存在问题作了调查，并对各造像区的龛窟进行登记、编号，划出保护范围，竖立保护单位标志，成立群众文物保护小组等。二是开展抢救性的维修保护工程计 22 项。

1977 年至今为有计划的保护阶段。共进行维修保护工程 150 余项，并采用现代科学技术手段，以传统工艺、材料为主，同时辅以新工艺、新材料进行保护研究，成效显著。主要开展了以下保护工作。

（1）造像岩体除险加固

主要采取垫砌、支撑、锚固等工程手段，兼采用化学材料灌浆黏结，除险加固岩体。如 1986 年采用环氧树脂灌浆对宝顶山大佛湾父母恩重经变龛裂隙进行治理加固；1997 年采用正反锚固与裂隙灌浆治理宝顶山大佛湾柳本尊行化图顶板脱层与倾覆病害；1998 年采用钢筋混凝土桩柱对宝顶山大佛湾圆觉洞基岩进行加固；2010 年实施南山石窟摩崖造像除险加固；2014 年实施大足石刻大佛湾窟檐岩体抢救性加固保护工程。

（2）风化治理

采用近景摄影测量技术绘图建立档案，以备将来维修保护之用。对少数风化较严重的龛窟造像或碑刻，采用抗老化、防酸雨、渗透性好、黏结性强的化学材料封护渗透加固，以延缓石雕艺术品的风化速度。如 2011～2015 年实施的千手观音抢救性保护工程对造像本体及彩绘层进行了防风化处理，并对其修复效果进行了长期跟踪、监测。

（3）水害治理

主要采取堵截、引导防渗排水处理，或较大规模地改善造像区周边环境，以杜绝对石刻的侵蚀破坏。如 1983 年采用潮湿环境下石窟岩裂化学灌浆材料治理北山第 136 窟窟顶渗水；1993 年采用排水隧洞工程技术手段治理北山摩崖造像北段水害；2002 年采用防渗排水治理宝顶山摩崖造像九龙浴太子龛水害。

（4）环境整治

扩大保护范围，严禁在重点保护范围内开山采石、修建民用建筑物等，拆除一般保护范围内与文物区环境风貌不协调的建筑物与构筑物；增加绿化面积；使用清洁能源；建立文物区清污分流管网系统，将生产生活废水集中治理排放。

（5）监测预警与科学研究

开展石窟区环境监测与气象监测；监测石窟区地下水、霉菌、岩体裂隙、风化状况、文物景区开发建设等石窟保存因子，并对造像保存的完好程度定期开展专项调查；对影响石窟保存核心因子之一的岩体稳定性、渗水状况、风化状况等方面，聘请专业科研机构技术人员，运用电法勘探、电法微测深、回弹锤击测试、地下水分析、风化产物分析等手段进行监测；开展防酸雨、防风化研究，对酸雨进行跟踪监测，有针对性地开展封护加固材料研究；开展微生物防治研究；2013 年开始系统实施大足石刻监测预警工作。

5. 龟兹石窟

5.1　石窟规模及价值

龟兹石窟是龟兹佛教艺术最为丰富的遗产。龟兹石窟是印度佛教东传越过葱岭后，第一个规模最大、最集中的大型石窟群。由于佛教派属和人文、地缘的因素，龟兹石窟有其自身的特点，是自成体系的一种佛教艺术模式，对东方佛教艺术的发展有着极为深远的影响。

现存石窟群 10 余处，洞窟总数达 600 多个，主要包括拜城克孜尔石窟，台台尔石窟、温巴什石窟；库车库木吐喇石窟、森木塞姆石窟、克孜尔尕哈石窟、玛扎巴赫石窟、苏巴什石窟、阿艾石窟；新和托乎拉克埃肯石窟。此外，历史上曾属于龟兹管辖的今乌什、巴楚、温宿、柯坪等地也有许多石窟遗存。龟兹主要石窟先后被国务院列为全国重点文物保护单位。其他石窟规模不等，但由于各具特色，也有很高的历史和艺术价值。

石窟是佛教文化的载体，又是佛教艺术的综合形式。它通过建筑（窟体）、雕塑、壁画等诠释佛教三藏（经、律、论）的义理，宣扬佛教的基本思想，强化对佛陀的崇拜，同时又是禅修持戒实践教义的场所。石窟的内容直接反映出当地佛教的思想、性质和派属，开窟的规模也反映出当地佛教的兴盛程度。

龟兹石窟是根据规定的目的、用途和佛教的法式与仪轨而建造的。按功能分类，包括礼佛窟、讲经窟、僧房窟。按形制分类，包括中心柱窟、方形窟、僧房窟。此外，还有一种功能与礼佛窟相同，但有巨大立佛像的洞窟，称为大像窟。大像窟是佛教在龟兹迅猛发展的产物。据学者研究，大像窟可能兴起于龟兹，它推动中国内地大佛像的发展，对葱岭以西大型洞窟也有影响。中心柱式的洞窟是传播佛教思想的主要场所，雕塑与壁画主要集中在这里。中心柱窟已成为龟兹佛教艺术模式的主要代表，并随着"丝绸之路"东渐，影响高昌、敦煌、河西走廊和广大内地石窟的建筑形式。

龟兹佛教壁画概括来说，分为两大体系，一是龟兹风体系，二是汉风体系。龟兹风是指在本地传统文化基础上，吸收外来因素，形成了长期而稳定的模式和特色。如龟兹石窟的中心柱式洞窟、菱形构图、龟兹人体造型、龟兹服饰、龟兹乐舞形式等。汉风是指中原政权在西域实行管辖，或在丝路贸易交往时，大批中原汉人迁移西域，带来了中原大乘佛教。吐蕃西陷西域和回鹘西迁也带来了他们的文化和宗教艺术。从龟兹地区现存汉风壁画看，与敦煌的壁画风格相似，深受敦煌艺术的影响。龟兹石窟分布范围很广，且各具特点，简述如下。

（1）克孜尔石窟

开凿时间早，编号 269 个洞窟，壁画 1 万多平方米。它不仅是新疆最大的石窟，在全世界也属屈指可数的大型石窟。克孜尔石窟洞窟形制较完备，尤其是僧房窟特别发达，大像窟之多在龟兹首屈一指，且有该地区目前发现的最高的大像窟。壁画题材内容非常丰富，佛本生、因缘，佛传故事为龟兹石窟集大成者，并有龟兹其他石窟所未见的特殊题材。绘画与造型方面，在早期壁画里还存有外来的犍陀罗、秣菟罗佛教艺术风格。

（2）库木吐喇石窟

现存编号洞窟 112 个，壁画约 5000 平方米。洞窟形制属龟兹石窟系统。壁画存在两种不同的内容和风格。在题材内容上，龟兹系统的壁画主要反映龟兹小乘佛教的思想，与克孜尔石窟大体一样；汉风壁画则表现中原大乘佛教的观念。库木吐喇两种不同派别的思想及风格交汇，是佛教艺术史上一个独特的现象。

（3）森木塞姆石窟

属于龟兹石窟体系。现存编号洞窟 52 个，壁画约 3000 平方米。这里有龟兹地区罕见的四面开龛的中心柱窟。此外，方形窟比较多，窟顶的结构复杂多样，壁画风格也不同于其他石窟壁画。

5.2 历史保护工程

（1）克孜尔石窟历史保护工程

克孜尔石窟岩石强度低，崖壁高度大，卸荷裂隙发育。石窟区极端温度低，风沙肆虐，加上属于强震区，石窟自开凿后，不断出现自然或者人为作用导致的破坏。在 1949 年之后，克孜尔石窟才逐渐开始结束了无人看管的自然状态。

1954 年，对克孜尔石窟相对完整的洞窟安装了门窗进行保护。1961 年，阎文儒率敦煌文物研究所、新疆博物馆的有关人员调查克孜尔石窟，并对洞窟进行编号。1974 年，管理人员按石窟顺序重新编制窟号，共计 235 窟。同年，县文管所对石窟进行了部分加固工程，对第 14、15、16、27、79、80、101、169、170、172、173、175 窟进行维修，并于 1975 年 1 月，加固了后山区的第 220、224 及 229 窟。1976 年 2 月，加固了第 205、206、207、210、215、216 窟。

20 世纪 70 年代，对克孜尔石窟第 161 窟烟熏壁画进行了清洗实验，但效果较差。

20 世纪 80 年代末，对克孜尔石窟主窟部分起甲壁画进行了实验性保护修复，但通过对试验性保护修复后的壁画进行观测，病害状况更加严重。

新疆龟兹石窟研究所成立后，组织专业人员长期坚持对石窟病害加强日常监测，并对脱落严重濒临毁坏的壁画进行了有效的抢救性边缘加固保护。

从 1986 年 8 月～2003 年 10 月，国家先后投入近 2000 万元资金，对克孜尔石窟外部岩体实施了全面的加固保护维修工程，使外部危岩体的开裂、坍塌状况得到了缓解。

1998 年，国家文物局拨出专款，聘请敦煌研究院保护研究所的专业人员对克孜尔石窟彩绘泥塑卧佛像进行了抢救性加固保护和维修。

1998～2003 年，辽宁有色勘察研究院对谷内区及后山区部分洞窟进行了抢救性加固工程。

（2）库木吐喇石窟历史保护工程

1953 年，西北文物局和自治区文物管理小组联合普查了库车文物，首次对库木吐喇千佛洞进行了调查、编号。

1977 年，在沟口区清理新 1 窟（第 20 窟），同时发现新 2 窟（第 21 窟）。为防止壁画的开裂、垮塌，采取了木柱顶护、边沿泥皮保护等临时措施。

1976～1978 年，针对库木吐喇千佛洞石窟壁画屡遭水害的严重情况，投资 445 万元，修建了两个钢筋混凝土围堰。但由于围堰的基础较浅，没有起到隔断河水，降低地下水的作用，水害并没有得到治理。

1981～1982 年，邀请专家对库木吐喇千佛洞壁画进行了部分临摹。1981 年修筑新 1 窟、新 2 窟窟前保护建筑，并采用乳胶黄泥对残存壁画进行抢救性修复保护。

1987 年，库木吐喇千佛洞划归自治区龟兹石窟研究所管理。

1985 年，在距东方红水电站上游 32 公里处渭干河的主河道上开始修建克孜尔水库，1989 年建成蓄水。两座水利设施的修建，改变了渭干河的天然流动状态。在此期间，窟群区自五连洞前开始，沿河流东岸深泓急流处，分别修筑了 10 余道护岸石笼。

1993 年 8～9 月，经国家文物局批准，文化厅拨款 3.2 万元，敦煌研究院李云鹤指导对新 1 窟、新 2 窟裸露、松散岩石喷涂 PS 材料进行封护加固。

1998 年 5 月，在第 41、42、43 窟前修筑钢筋混凝土防洪坝。

2001～2006 年，利用联合国教科文组织的资助，进行了现场锚固试验、裂隙灌注试验、锚杆拉拔试验和表层加固试验等工作，并对五连洞及新 1、2 窟的局部岩体实施了加固。

2010 年，中国文化遗产研究院负责开展库木吐喇千佛洞壁画修复保护工程。

2011～2012 年对库木吐喇千佛洞进行全面的抢救性保护工程，主要工程内容包括石窟保护区域内危岩体抢险加固设计；石窟区水害治理设计；部分石窟窟门抢险加固设计方案；洞窟内岩体裂隙及危岩体病害治理设计；部分栈道设计。

6. 麦积山石窟

6.1　石窟规模及价值

麦积山石窟位于天水市东南约 45 公里处。1961 年，被国务院公布为第一批全国重点文物保护单位。

洞窟开凿于后秦，北魏、西魏、北周、隋唐、宋、明、清各代均有建造、重绘或改塑。窟龛开凿在东西长约200米的峭壁上，以栈道相连。现存北魏至明代窟龛216个（东崖54个，西崖142个，王子洞20个），泥塑像、石雕像7000余身，壁画近1000平方米。多数雕塑作品表现了浓郁的世俗生活气息。壁画保存了北朝时期的大型经变画，对研究我国石窟经变画的发展具有非常重要的价值。石窟建筑中保存的大型崖阁式建筑遗存，是研究北朝建筑的珍贵实物资料。

麦积山所处的秦州是丝绸之路和古蜀道的枢纽。这里既有由凉州到长安，进至平城、洛阳的东西通道，又有从凉州到巴蜀，东下江陵的南北路线。多元文化在此交融，陇右地区因此成为佛教的传播要道。优越的区位优势，多彩的文化因素，再加上绮丽的地貌风光，形成了麦积山石窟寺独特的艺术成就与魅力。麦积山石窟寺文化遗产与自然遗产相互依存，具有以下几方面的突出价值。

① 在相当长的一段时间内，对中国宗教、建筑、雕塑、绘画、景观等领域产生过重大影响。

② 与具有重大历史意义的思想、信仰、事件和人物有着十分重要的联系。

③ 具有独特的地貌和自然景观，尤为珍贵的是人文与自然环境的紧密结合，宗教主题与地貌特征融为一体，珠联璧合。

④ 作为黄河、长江两大流域的分水岭，具有丰富的植物物种资源及地形、地貌形态。

6.2 历史保护工程

1976～2005年间，麦积山石窟进行了渗水治理工程和防风化工程，并做了大量的修复、维修工作，起到了重要作用。

① 麦积山石窟瑞应寺修缮工程；

② 麦积山石窟渗水治理工程；

③ 墨书题记修复；

④ 泥塑复位加固修复；

⑤ 整窟修复；

⑥ 瑞应寺大殿壁画修复；

⑦ 麦积山石窟安全技术防范工程；

⑧ 重点洞窟玻璃屏风防护工程；

⑨ 重点洞窟防盗门工程。

第二章　石窟文物病害

第一节　病害类型

石窟作为不可移动的石质文物，抵御环境侵蚀的能力差，是十分脆弱的文化遗产类型，保护形势非常严峻。石窟是依托山体开凿、雕刻、塑造而成的大型野外文化遗产，长期暴露于自然环境中。其质地为各类岩石或泥质，历经千年的风霜雨雪，本体结构退化非常严重，质地疏松、强度降低、抗击外力侵蚀的能力大大减弱，导致石窟岩体失稳、雕像风化、壁画及彩塑损毁等病害。比如敦煌石窟、云冈石窟壁画的开裂、起鼓、剥落问题；云冈石窟、龙门石窟的渗水对雕像的侵蚀破坏问题；大足石刻千手观音、乐山大佛的严重风化破坏问题等，对文物本体的安全构成严重威胁。石窟周围环境的恶化，也加剧了它们的病变，甚至呈现几何级数加速劣化，如石窟区域的酸雨、昼夜的温差、浸入岩体的毛细水和盐分等，都严重威胁着石窟的安全。

1. 病害类型及术语

由于自然地质作用和人类生产活动所引起的石窟文物主体和相关环境的破坏现象我们称之为石窟病害。按照病害源的性质，病害类型可分为两大类。第一类病害是指由于自然地质作用引起的地质灾害或工程问题，如滑坡、泥石流、地裂缝等。第二类病害是由于人类生产或工程活动，引起自然环境的变化，在改变后的自然环境营力作用下，引起原有（第一类）环境工程地质问题、石质文物病害加重或产生新的问题，如爆破震动、车辆运营震动、采矿、地下工程或过度汲取地下水引起的地面及边坡变形破坏、兴建水库引起小环境变化而加剧渗漏病害及石质文物表层劣化病害、酸雨加剧石质文物表层劣化病害、河流改道、修建水库引起的淹没问题等[1]。

根据石质文物病害分类、病害术语的命名及中华人民共和国文物保护行业标准

---

〔1〕　中华人民共和国国家文物局. 石质文物保护工程勘察规范.

《石质文物病害分类与图示》，并结合石窟地质环境特征情况，石窟病害类型具体可分为以下五类。

（1）边坡、洞窟岩体失稳

主要病害术语：危岩体、滑移、错段、崩塌、倾倒、冒顶、片帮等。

（2）石质构建结构失稳

主要病害术语：断裂、压裂、拉裂、剪裂、通缝、拉缝、倾斜、臌闪、错位、内倾、塌落等。

（3）裂隙渗漏侵蚀破坏

主要病害术语：渗漏、常年渗漏、间歇性渗漏、出水点、滴水、涓流、积水、潮湿、毛细作用、毛细水、滞后等。

（4）石窟造像岩体表层风化

主要病害术语：风化、剥落、板状剥落、鳞片状剥落、粉末状剥落、颗粒状剥落、条带状剥落、块状剥落、风化裂隙、鞍裂、空鼓、结垢、附积、结膜、结壳、盐析（晶化）、色变、锈化、锈斑化、根劈、微生物、虫害等。

（5）石窟壁画脱落、失稳

主要病害术语：起甲、粉化、点状脱落、龟裂、裂隙、划痕、覆盖、涂写、烟熏、空鼓、褪色、水渍、生物损害等。

2. 石窟文物病害分类及定义[2]

根据中华人民共和国文物保护行业标准 WW/T 0002 – 2007《石质文物病害分类与图示》，结合石窟寺不可移动文物常见石质文物病害的特征，将石窟寺文物病害在兼顾其保存环境及岩石本体材质的情况下，分为以下几大类型。

2.1 岩体机械损伤

岩体机械损伤主要指岩体在外力作用如地震、应力重分布、撞击、受力不均等因素的影响下，发生与稳定母岩体分割而形成危岩与残损现象。

危岩体指由于受各种构造面相互切割的块状岩体，在外力作用下结构面强度降低，与原母岩已基本脱离后，处于极限平衡状态或稳定性极小的石窟岩体。

局部缺失指由于上述原因构成的石质文物局部缺失与残损。

2.2 裂隙与空鼓

（1）裂隙

石窟造像裂隙主要包括构造裂隙、卸荷裂隙、层面裂隙、风化裂隙等，多分布

---

〔2〕 中华人民共和国国家文物局. 石质文物病害分类与图示. 北京：文物出版社，2010.

在窟内顶板或洞窟造像及侧壁上。崖壁面卸荷裂隙与构造裂隙、层面裂隙相交，把保护区域立壁岩体切割得较破碎，这些裂隙是造成石窟及窟内造像破坏的最主要原因。

构造裂隙（原生裂隙）指石窟岩体自身带有的构造性裂隙，其特点是裂隙闭合、裂隙面平整、多成组出现。

机械裂隙（应力裂隙、卸荷裂隙）指因外力扰动、受力不均、地基沉降、石材自身构造等引起的石质文物开裂现象。这类裂隙多深入石窟岩体内部，严重时会威胁到石刻造像的整体稳定，裂隙交切、贯穿会导致石刻造像整体断裂与局部脱落。

浅表性裂隙（风化裂隙）指由于自然风化、溶蚀现象导致的沿石材纹理发育，除薄弱夹杂带附近呈条带状分布且较深外，一般比较细小，延伸进入石刻造像内部较浅，多呈里小外大的 V 字形裂隙。

裂隙的切割加速了岩体的风化进程，降低了岩体的质量。裂隙发育程度不同，对岩体的破坏程度也不同，对石窟围岩及石窟内顶面、侧面的影响也不同。在坡度较陡的崖壁上，节理裂隙发育并相互切割以及石窟开挖的卸荷作用，使岩体呈卸荷状态，在重力作用下，极易出现岩石块体的崩塌、垮落现象。

（2）空鼓

空鼓主要是指石刻造像文物表层鼓起、分离形成空腔，但并未完全剥落的现象。

2.3　水害

（1）裂隙渗水及岩溶渗水

岩体中的构造裂隙与含水层（带）相通时，才能含水或者导水。当石窟岩体中的卸荷裂隙、层面裂隙等切割这些含水层（带）时，石窟内壁表面或山体立壁上才有水渗出，形成渗水或潮湿现象。另外，由于水对可溶性岩石（碳酸盐岩、石膏、岩盐等）以化学溶蚀作用为主，流水的冲蚀、潜蚀和崩塌等机械作用为辅的地质作用，在石窟内壁表面分布有许多大小不等的出水点，也造成石窟及窟内造像的溶蚀破坏。

（2）毛细水

毛细水是指地下水受岩土孔隙的毛细作用而上升的水分，是受到水与空气交界面处表面张力作用的自由水。其形成过程通常用物理学中毛细管现象解释。分布在矿物内部相互贯通的孔隙，可以看成是许多形状不一，直径各异，彼此连通的毛细管。在地下水位比较浅的石窟地区，地下毛细水也是造成石窟破坏的水害原因之一。

（3）凝结水

凝结水是指在天气晴朗、无风或微风的夜晚或清晨，地面或地物表面辐射冷却，使贴近地面或物体表面的空气温度下降到露点以下，在地面或物体表面上凝结而成的水。凝结水对石窟内造像及雕刻艺术品的溶蚀、风化等破坏作用也是影响石窟长期保存的主要原因之一。

2.4 表面（层）风化

表面（层）风化指石刻造像文物由于外界自然因素的破坏而导致造像表面或表层的病害。分类如下。

表面粉化剥落是指由于周期性温湿度变化、冻融作用及水盐活动等原因导致的石质文物表面的酥粉剥落现象。多发生于质地较为疏松的沉积岩类文物表面。

表面泛盐是指由于裂隙渗水与可溶盐活动，使得可溶盐在石刻表面富集，形成可溶盐富集结晶析出的现象。此类病害在石材质地较为疏松的砂岩、泥灰岩与凝灰岩文物表面较为常见，与裂隙水活动密切相关。

表层片状剥落是指由于外力扰动、水盐破坏、温度周期变化等原因导致石质文物表层片状、板块状剥落的现象。此类病害多发生在岩石纹理较为发达、夹杂较多的沉积岩质地石质文物的表层，且多伴随有表面空鼓起翘现象。

鳞片状起翘与剥落是指由于保存环境温差变化较大、易发生融冻现象或曾发生过烟火焚烧的石质文物表面产生的现象。

表面溶蚀是指长期遭受雨水冲刷的石质文物，特别是碳酸盐类质地文物的表面形成坑窝状或沟槽状溶蚀现象，这类病害易导致石质文物表面纹饰、题刻的消失和破坏。酸性降雨会导致这一现象的加剧。

孔洞状风化是指石质文物表面溶解风化、软质夹杂物溶解脱落，而在石质文物上形成孔洞的风化现象。

2.5 生物病害

生物病害指石质文物因生物或微生物在其表面及文物载体生长繁衍，而导致的各类病害。常见的生物病害归类为植物病害、动物病害及微生物病害三大类型，分述如下。

（1）植物病害

树木、杂草生长于石质文物裂隙之中，通过生长根劈等作用破坏石材，导致石质文物开裂。

（2）动物病害

昆虫、蜂蚁、鼠类等在石质文物表面、空鼓及其裂隙部位筑巢、繁衍、排泄分泌物污染或侵蚀石刻文物。

（3）微生物病害

苔藓、地衣与藻类菌群、霉菌等微生物菌群在石质文物表面及其裂隙中繁衍生长，掩盖石刻精美纹饰，导致石质文物表面变色及表层风化的现象。

2.6 表面污染与变色

表面污染与变色指石质文物表面由于灰尘、污染物和风化产物的沉积而导致的污染和变色现象。此类病害常见的表现形式有以下几种。

（1）大气及粉尘污染

石窟及摩崖造像表面通常蒙蔽有大量灰尘及风化产物污染石质文物表面。

（2）水锈结壳

石窟及摩崖造像表面形成的一层结壳（多为钙质）。在灰岩类文物上极为常见，石灰岩凝浆及石灰凝华也包括在此类病害之中。

（3）人为污染

指人为涂鸦、书写及烟熏等造成的石质文物污染现象。同时不当保护引起的变色与污染（例如采用铁箍、铁质扒钉等加固断裂部位而引起的石质文物表面变色和不当涂刷引起的表面变色及不当修复造成崖壁岩体、文物造像本体开裂）也归入此类病害。

2.7 彩绘石质表面颜料病害

彩绘石质表面颜料病害指彩绘石质文物由于彩绘层胶结物老化及自然风化等原因而导致的彩绘层脱落、酥粉现象。具体对于石质文物表面颜色病害的分类直接引用WW/T 0001—2007中有关表面颜料病害表示方法，也可根据实际情况，特殊问题特殊处理，自主添加设置图示标识。

（1）彩绘表面颜料脱落

彩绘石刻彩绘层颜料胶结物老化，导致彩画颜料脱落缺失。

（2）彩绘表面颜料酥粉

彩绘石刻表面颜料层胶结物老化，导致颜料酥粉。

2.8 水泥修补

水泥修补指对石窟造像文物采用水泥类材料进行粘接、加固、修补等改变文物原貌的现象。

3. 石窟文物病害图示

石窟文物病害标识图示直接标注于石质文物病害分布图之中，不同的图标对应不同的石窟造像文物病害，图示覆盖范围对应于病害发生位置与范围。详细情况参见表1。

表 1 石窟文物病害图示表

编号	类别	名称	图标符号	说明
标－1	岩体机械损伤	危岩体	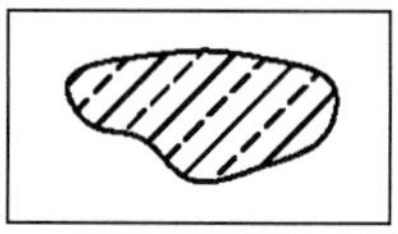	图标绘制于病害图中病害发生部位，随形而画
标－2		残缺	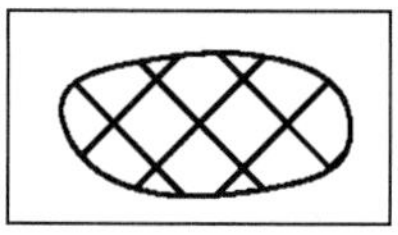	图标绘制与病害图中病害发生部位，带边界线
标－3	裂隙	构造裂隙（原生裂隙）	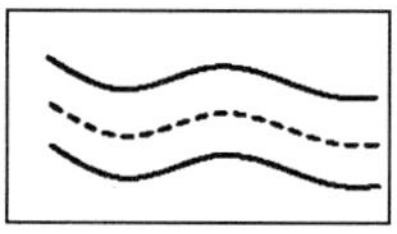	绘制与病害发生区域不加轮廓线，随形而画，细线实画，随真实形状走。平行线间隔2mm 左右
标－4		机械裂隙（应力裂隙）	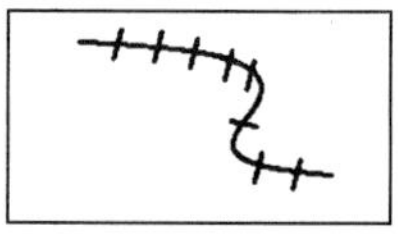	裂隙的图标应随形而画，随真实形状走
标－5		浅表性裂隙（风化裂隙）	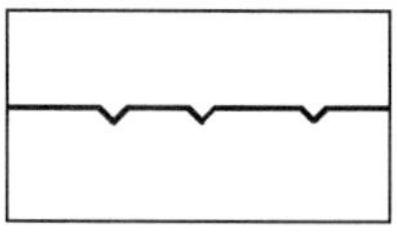	绘制与病害发生区域，随形而画，细线实画，随真实形状走
标－6	空鼓	表层空鼓	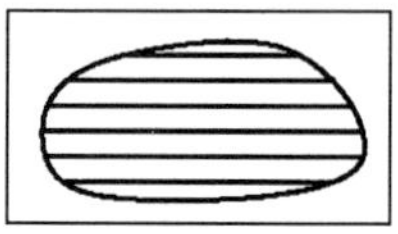	图标绘制与病害图中病害发生部位，带边界线，平行线间隔2mm 左右
标－7	水害	裂隙水及岩溶水	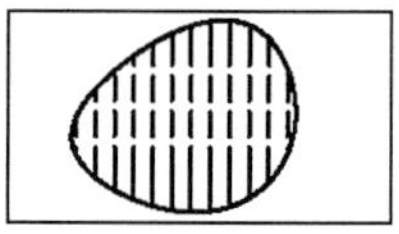	图标绘制与病害图中病害发生部位，带边界线，竖线间隔1mm 左右
标－8		毛细水	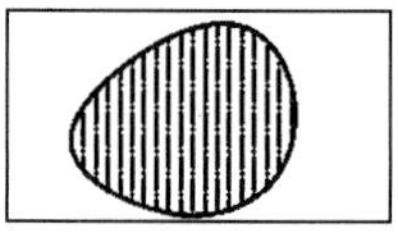	图标绘制与病害图中病害发生部位，带边界线，竖线间隔1mm 左右
标－9		凝结水	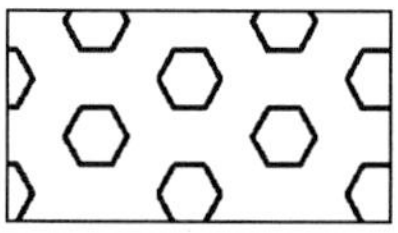	图标绘制与病害图中病害发生部位，单个符号 3~4mm

续表1

编号	类别	名称	图标符号	说明
标-10	表面风化	表面泛盐	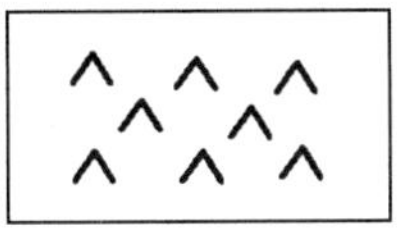	图标绘制与病害图中病害发生部位，单个符号3～4mm
标-11		表面粉化剥落		同上
标-12		表层片状剥落	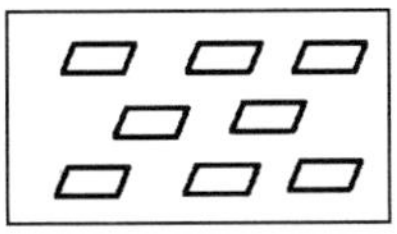	同上
标-13		鳞片状起翘与剥落	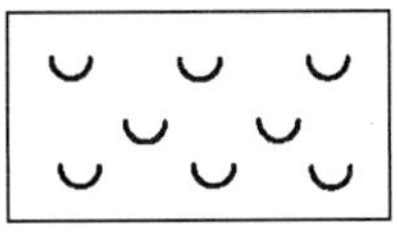	同上
标-14		孔洞状风化	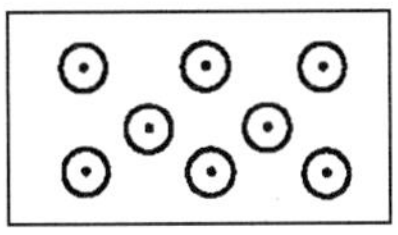	同上
标-15		表面溶蚀	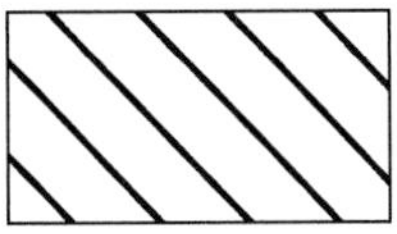	绘制与病害发生区域加轮廓线。平行线间隔3～5mm
标-16	生物病害	植物病害	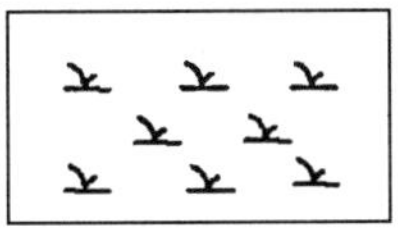	图标绘制与病害图中病害发生部位，随形（按实际面积而定），单个符号3～4mm
标-17		微生物病害	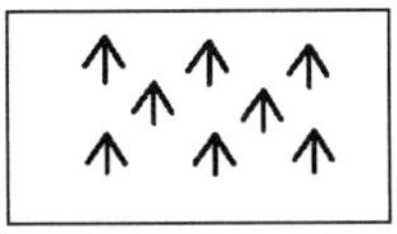	同上
标-18		动物病害	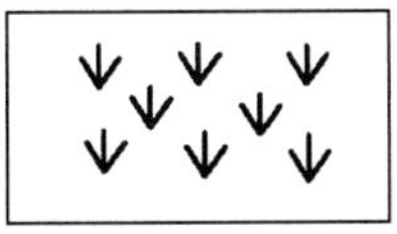	同上

续表1

编号	类别	名称	图标符号	说明
标－19	表面污染与变色	水锈结壳	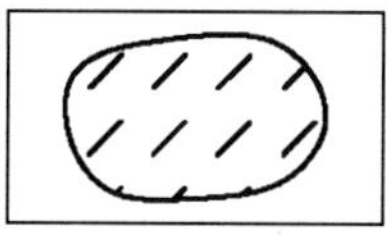	图标绘制与病害图中病害发生部位，带"边界线"，随形（按实际面积而定）平线间隔2mm左右
标－20		人为污染	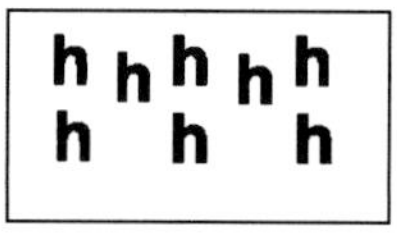	图标绘制与病害图中病害发生部位，带边界线，随形（按实际面积而定）单个符号3～4mm
标－21	颜料病害	彩绘表面颜料脱落	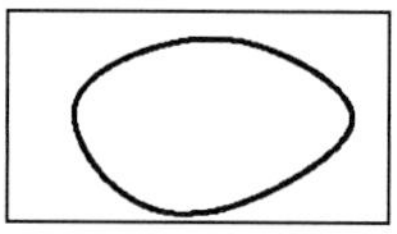	闭合曲线
标—22		彩绘表面颜料酥粉	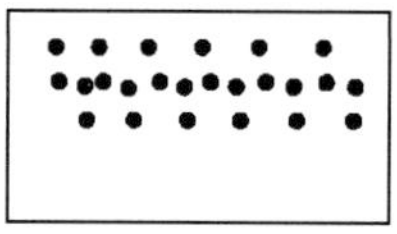	图标绘制与病害图中病害发生部位，带边界线，随形（按实际面积而定）单个符号0.5mm左右
标－23		水泥修补	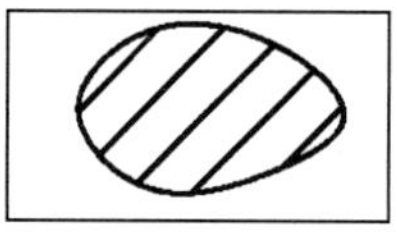	图标绘制与病害图中病害发生部位，带边界线

* 以上为石窟造像文物常见的病害表示图标。在实际工作中遇到较为特殊的石窟病害，可根据现场实际情况进行适当的添加与删减，以满足实际工作的要求。另外，病害标识图示设计为黑白色，但如果病害绘制过程中病害分布较为复杂可更改部分图示为彩色图示，以便于观察记录，凸显病害发生区域。

第二节　石窟常见病害成因分析

1. 大气降水、河水、地下水造成的石窟漏水、渗水和积水

漏水、渗水和积水这是我国石窟最常见危害中最大的病害。由于大气降水通过石窟顶部渗入到石窟内部，导致石窟漏水、软化岩石、侵蚀窟内造像的病害最为普遍。如山西大同云冈石窟，虽地处半干旱地区，由于岩体裂隙发育，大气降水很容易沿裂

隙渗入窟内，软化岩体，侵蚀造像。受类似危害严重的还有龙门石窟、大足北山石刻、彬县大佛寺石窟、巩县石窟等。受地下水侵蚀最典型的石窟是陕西彬县大佛寺石窟，该石窟后壁切穿了一个砂岩含水层，地下水呈条带状向洞窟内渗流，造成洞壁冲蚀悬空，石刻严重风化。对于开凿在碳酸盐类岩体（石灰岩、白云岩、白云质灰岩）中的石窟而言，大气降水和地下水的入渗，还将溶蚀岩体，造成石窟壁面灰化凝浆积聚，掩盖造像，闻名于世的龙门石窟以及太原天龙山石窟、杭州飞来峰造像均已出现此类地质病害。

由于大部分石窟是依山傍水修建的，洪水倒灌窟内，会导致石窟积水，损坏石窟文物。这种洪水倒灌的现象不仅在大同云冈石窟、巩县石窟发生过，甚至干旱地区的甘肃敦煌莫高窟、新疆库木吐喇石窟等也发生过。近几年，由于灾害性降雨天气频发，龙门石窟也遭遇洪水倒灌破坏。2010 年 7 月 25 ~ 27 日，一场五十年一遇的强降雨，穿过龙门石窟景区的伊河水位猛涨，河水漫过游客景观通道，从奉先寺到万佛洞的部分路段，河水漫过栏杆对窟内石刻造像造成很大程度的破坏。

2. 边坡岩体失稳

一些岩体虽然还没有发生崩塌，但具备崩塌的主要条件，而且已出现崩塌的前兆现象。因此，预示不久可能发生崩塌，这样的岩体称为危岩体。危岩体是潜在的崩塌体。

由于石窟依山傍水，开凿于河谷一侧或两侧的陡崖上，陡峻的边坡岩体，常常发育有卸荷裂隙。此类裂隙走向平行于边坡走向，倾向与坡向近一致，倾角等于或大于坡脚，常常构成石窟所在边坡岩体失稳的滑移面或崩落破坏面。岩体中的构造裂隙、风化裂隙、层面、断裂面、剪切带或软弱夹层等结构面，常构成边坡岩体失稳的各种切割面。各种不同成因的岩体裂隙互相切割，使石窟所在边坡岩体形成了可能变形、滑移、坍塌、错落的分离体，导致石窟边坡岩体的失稳。其判别的主要根据是高差大，或者坡体是孤立陡峭的山嘴，坡体前有巨大临空面的凹形陡坡；坡体内裂隙发育，岩体结构不完整，有大量与斜坡倾向一致或平行延伸的裂隙或软弱带；坡脚崩塌物发育，表明曾发生过崩塌活动；坡体上部已有拉张裂隙出现，并不断扩展；岩体发生蠕变，出现坠石，预示崩塌随时可能发生。石窟区由于卸荷裂隙的发育及风化等地质作用，在石窟崖壁面及山体顶部存在许多大小不等的危岩体，影响石窟保护及游人的安全。

此外，石窟边坡岩体中各类裂隙发育与交切，还为水的入渗和渗流、盐类的运移和积聚提供了良好通道。我国一些大型石窟，如龙门石窟、云冈石窟、巩县石窟、麦积山石窟、炳灵寺石窟、克孜尔石窟等均普遍出现边坡岩体失稳和窟内渗漏问题。

3. 岩石风化劣化病害

岩石风化主要是指在自然环境下岩体表面的风化，按风化机理分可分为物理（机械）风化、化学风化和生物风化。

岩石的物理风化作用是指使岩石发生机械破碎，而没有显著的化学成分变化的作用，物理风化的产物为岩石碎屑、矿物碎屑。岩石的化学风化作用是指岩石发生化学成分的改变，形成新的次生矿物，例如岩石中含铁的矿物受到水和空气作用，氧化成红褐色的氧化铁；空气中的二氧化碳和水气结合成碳酸，能溶蚀石灰岩；某些矿物吸收水分后体积膨胀；水和岩层中的矿物作用，改变原来矿物的分子结构，形成新矿物。这些作用可使岩石硬度减弱、密度变小或体积膨胀，加快岩石分解。石雕的结构构造遭到破坏，成分受到改造，并产生一些在地表条件下稳定的新矿物，例如石刻区砂岩中的长石经水解作用会形成高岭石、伊利石、绿泥石、氢氧化钾和二氧化硅。水化作用和氧化作用均在石刻岩体表层产生褐铁矿交代浸染。生物风化是指受生物生长及活动影响而产生的风化作用，是生物活动对岩石的破坏作用，一方面引起岩石的机械破坏，如树根生长对于岩石的压力可达 10 千克/平方厘米，这能使根深入岩石裂缝，劈开岩石；另一方面植物根系分泌出的有机酸，也可以使岩石分解破坏。此外，植物死亡分解可以形成腐殖酸，这种酸分解岩石的能力也很强。

岩石的物理风化、化学风化和生物风化作用时刻在侵蚀造像，危害石窟的保存。地处干旱、半干旱气候区的云冈、克孜尔、炳灵寺等石窟的岩石风化是以冻融、巨大温差、干湿交替作用、风沙吹蚀引起的物理风化为主；含有盐类的地下水渗入石窟岩体中的孔隙，造成盐类沉积、结晶、涨缩等作用，使岩石中矿物产生蚀变的化学风化作用也很普遍。而位于雨量充沛、湿热条件下的重庆大足石刻、乐山大佛等石窟，除物理、化学风化外，植物根系及微生物的腐蚀损害石窟造像的生物风化作用也非常明显。

岩石风化按风化形式又可分为以下几类。

① 粉末状风化：许多摩崖造像、崖壁及岩石裂隙表面存在一层白色或浅黄色粉末状风化物，质地疏松，干涸后为黄褐色，有的富集成团，也有的连成片状；其次为钟乳状，灰白色，较坚硬，凸出表面的颗粒直径 1~2 毫米，若连在一起便呈泉华状；还有少数成皮壳状的薄膜，覆盖于岩石的表面，干涸后发生龟裂、翘起。粉末状风化物实际上是多种成分与形态的盐类结晶，形成、分布与水的活动密切相关。石窟内的岩体裂隙渗水、窟内空气凝结水与空气中的 CO_2、SO_2 等结合，长期对造像和石窟岩体表面的长石、胶结物中的钙质进行水合溶滤作用。同时，水将盐类带到造像和岩体表面聚集而形成粉末状含水盐类风化产物。当这些盐类风化产物被淋滤后，造像与岩石表面剩下的石英颗粒手触即落。

② 叶片状风化：造像与岩石表面呈薄片状剥落，薄片厚度随岩石中矿物颗粒的

粗细而不同。粗粒砂岩形成的薄片厚度约3~4毫米，细砂岩形成的薄片厚度约0.5~1毫米。薄片常翘起卷曲，多层重叠，片与片或片与岩体间常夹有白色粉末或絮状物。在日照、通风较好的部位较为发育。叶片状风化的形成，首先是由于地下水沿裂隙通道渗透至石雕与岩石表面，水分蒸发后，可溶盐从水中析出结晶而聚集在造像与岩石表面，并逐渐把渗水通道堵塞，使水另辟通道，沿薄弱面渗出，可溶盐在新的通道处再次结晶，反复析出结晶会产生一定的膨胀应力。其次，由于岩石风化，使岩石强度，特别是抗拉强度降低幅度较大。岩石表面风化层与内部未风化层或风化程度较弱的岩石的抗拉强度差别较大。此外，当地温差较大，使岩石表层与内部易产生不同的胀缩应力。在上述几种因素共同作用下，形成了与造像和岩石表面平行的薄片状开裂。

③ 板状风化：由于岩层产状近水平，石窟顶板岩层长期悬空，导致顶板岩层逐渐呈板状剥落。此外，在窟内拐角部位及高大佛像的凸出部位，平行壁面的卸荷裂隙十分发育，裂隙的切割作用使岩石逐渐呈板状剥落。在地下水长期作用的部位，板状风化更加严重。

4. 环境污染及小气候环境改变引起的石窟病害

由于工业的发展，大气中的二氧化硫、硝酸根离子含量增加，导致酸雨。此外，某些地区大气中煤尘等微粒含量也在增大，酸雨和煤尘降落在造像表面，造成石刻岩石的腐蚀。最明显的是连云港的孔望山石刻和响堂山石窟，因酸雨作用导致石刻岩石的腐蚀，使石刻造像表面出现麻点。

炳灵寺石窟开凿在白垩纪长石石英砂岩中，岩石胶结物成分中黏土矿物占15%，黏土矿物中蒙脱石含量高达38%。修建刘家峡水库后，原来的干旱气候环境变为干湿交替频繁的小气候环境。这种干湿交替的小气候环境，使蒙脱石发生涨缩变形，加速了石刻造像表面的风化。原来光滑圆润的造像开始掉粉，石质表面变得粗糙模糊。这种病害也出现在新疆森木塞姆石窟。

5. 地震及人为破坏

因地震造成大面积坍塌对一个石窟来说往往是致命的，如甘肃凉州天梯山石窟就因当地频繁强烈的地震及修建水库，无法继续保存，于20世纪50年代进行了搬迁。敦煌的莫高窟和天水的麦积山石窟历史上都经受过多次强烈地震，引起大面积洞窟倒塌，造成大量珍贵石窟艺术品的毁坏。

人为破坏分为四类。第一类为人为有意地在石窟造像及雕刻品表面刻划或有目的地对艺术品的盗凿破坏。这种情况主要出现在20世纪50年代之前，人们还没有意识到文物保护的重要性。第二类为不当修复破坏。这类破坏主要为后期石窟修复保护过程中，受当时工程施工技术、保护材料选择等方面的限制而出现的对石窟的破坏现象。第三类为游客参观破坏。由于观众参观游览时触摸、刻划、二氧化碳等对石窟本体损害，以二氧化碳对莫高窟壁画的损害比较典型。第四类为人工爆破震动。这种破坏主要是石窟区周边的工厂、煤矿等企业产生对石窟文物保存的危害，在文物保护区也时常发生。最典型的事例发生在20世纪中期的龙门石窟保护区周边的水泥厂、煤矿、乡镇企业连年采石放炮及铁路穿越石窟中心区，火车行驶时产生的震动等，均是导致石窟岩体因震动失稳的动力源。在此类动荷载的作用下，使石窟区内的岩体分离体渐趋失稳状态。

6. 石窟病害发育统计

根据国家文物局课题《全国重点文物保护单位石窟保存状况调研及对策研究》成果总结，我国石窟寺目前存在的病害统计如下。

① 危岩体及坍塌破坏是石窟这种结构体通病，基本所有石窟均存在洞窟及崖壁稳定性问题。

② 大气污染、酸雨直接对石窟本体的腐蚀是很多洞窟面临着的问题，占石窟总数的一半。造成这一现象的原因如下。首先，历史石窟开凿的位置一般临近都市、交通要道，在今天仍然靠近城市。随着经济发展，煤炭、石油大量使用，造成严重的空气污染。一般高含硫量的煤炭是空气硫化物（SO_2）主要来源，而目前国内油品差，废气中含较高的 S 和 N 元素，燃烧后同样产生大量酸性气体，对文物造成严重的溶蚀破坏。其次，石窟作为一种依附于天然崖壁的遗产，很多石窟为半封闭或露天造像，如云冈石窟各大窟均为半封闭的，而崖壁表面上大量的小型石窟基本为露天，龙门石窟奉先寺也基本为露天摩崖造像。因此，容易遭受崖壁渗水、大气污染的影响。最后，即使是相对封闭的洞窟，构造与卸荷裂隙为地表水渗入提供了良好的条件，因此洞窟内部遭受雨水浸蚀非常普遍。实际上，各洞窟基本或多或少都存在水体浸蚀破坏现象。

水体浸蚀病害是石窟病害中最为显著的问题，北方地区相对较弱，约1/3的洞窟存在非常严重的雨水浸蚀病害，西北地区其次，有1/2的洞窟病害情况非常严重，南方地区最为严重，超过60%的洞窟受雨水浸蚀发育。南方地区高发原因与当地气候多雨炎热潮湿有密切关系；与该地区的岩石容易受到水蚀有关。西北地区岩石强度过低是这一地区水蚀病害严重的控制性因素。

③ 对石窟而言，风化同样是一个普遍现象。特别是砂岩石窟，风化主要体现为砂岩颗粒间胶结物的丧失和颗粒物质矿物成分的改变。对于南方的钙质胶结砂岩，在酸

雨等作用下，钙质成分发生溶蚀破坏，将直接导致岩石强度降低，形成粉末化现象。其次为砂岩颗粒矿物成分的转变，主要指长石矿物的黏土化过程。在调查中，超过30%的洞窟存在非常严重的风化现象。

从分区统计结果看，风化病害最为严重的是西北地区。该地区气候干燥，温度低，残存文物基本在半封闭的洞窟环境中。造成这一现象主要原因为大部分洞窟开凿于强度极其低的地层中，受环境影响非常明显。同时，该地区盐碱病害非常严重，盐碱发育将加速岩石结构破坏，形成岩石劣化。北方地区与南方地区存在严重劣化病害的洞窟比例为20%~30%，主要是因为能在南方和北方形成陡坎的岩石其自身抗风化能力本身就很好，在地质历史时期已经承受几万年到几十万年的风化作用，洞窟开凿及保存历史较地质历史时期相比短得多（见表2）。

表2　　　　　　　　　　　石窟病害分区统计表

地区	风化	生物破坏	水害	粉尘	地震	劣化
北方地区	28.9%	26.7%	28.9%	4.4%	31.1%	33.3%
南方地区	20.8%	39.6%	18.8%	0.0%	10.4%	60.4%
西北地区	46.9%	9.4%	12.5%	0.0%	15.6%	50.0%

④ 生物病害主要指植物的生长破坏。实际上植物的生长和水害一般是共生的，可称为渗水衍生病害。存在比较严重的生物破坏的洞窟约1/4，而存在严重的水害的为1/6。

存在严重生物病害的洞窟主要分布在南方地区，其次为北方地区，西北地区生物病害不是主要影响因素。生物生长发育需要一定的温湿度环境，而南方多雨炎热条件非常有利于植物的生长。如重庆地区，树木在含水的砂岩地层中生长良好，特别是在此广泛生长的构树、榕树等，根系非常发育，除了形成根劈作用外，还发生复杂的生物化学作用。

⑤ 水害是石窟通病，如不分程度统计则存在水害的洞窟比例极高。这里主要统计了具有明显的、长期的洞窟渗水、窟前水流冲刷或存在严重崖壁流的洞窟。从统计结果看，存在严重渗水病害的洞窟北方28.9%，南方为18.8%，西北为12.5%。我国南北方均属于季风气候控制区，降雨集中。因为南方水害一直关注较多，治理工程开展也较多，如大足石刻水害治理。从统计数目看，南方水害有减轻趋势，反而少于北方地区。西北地区同样存在比较严重的水害，主要来自冰雪融化及洪水冲刷，另外部分受水利工程影响非常严重，如库木吐喇石窟等。

⑥ 我国属于地震多发区，特别是新疆、天水（位于南北构造单元衔接处）等地，

历史上的很多破坏均来自地震，或由于地震导致开裂破坏等。

地震影响主要受地震带影响。整个北方平原发育华北地震带烈度高，震害强，而南方地震带主要在青藏高原与扬子板块衔接处，这一带石窟遗址少。西北地广人稀，石窟主要分布区地震频发但烈度较小，但该区岩石强度低，也容易遭受地震破坏（图4）。

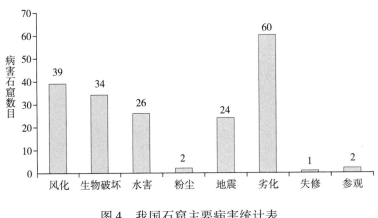

图4　我国石窟主要病害统计表

第三节　重点石窟病害介绍

文物保护的目的就是要尽可能完整地保存历史资料和历史信息。石窟保护工程就是要在充分调查、研究，并建立了完整档案的基础上，采用合理、有效的科技手段或工程措施，清除或减缓各种自然和人为因素对石窟的破坏和影响，尽可能长久地原样保护石窟中的各类遗存。影响石窟长久保存的因素很多，针对石窟的保存现状，大致将其分为六类：① 构造因素，包括雕凿石窟岩体中的层理、节理、构造裂隙、卸荷裂隙等可致岩体失稳的各种结构缺陷；② 水流因素，包括大气降水的直接冲刷、面流水的倒灌、裂隙渗水的淋滤、地下水和毛细水的返渗等水流作用；③ 风化因素，包括日照、风沙、温差、干湿、冻融等引发龟裂、起甲、酥碱、空鼓、剥落等各种理化破坏作用；④ 生物因素，包括霉菌、地衣、苔藓等低等植物在阴湿部位繁衍生存而引起的破坏作用、高等植物的根劈作用、昆虫在裂隙中穴居、飞禽与蝙蝠的抓挠及排泄物污损和蛇鼠掘穴等；⑤ 人为因素，包括环境污染、宗教破坏、非法盗割、拜祭与生活污损（烟垢）和随意刻划等；⑥ 其他因素，包括洪水、地震等突发因素。为清除或减缓这些因素的破坏与影响，目前通常采用的工程技术手段大致也可分为结构加固、水害治理、风化治理、环境治理和本体修复五大类。我国几大石窟因所处的地理位置、环境因素不同，各自所产生的病害也不一样。

1. 敦煌莫高窟主要病害

敦煌石窟地层主要分布的是砂砾岩。该类岩体质地较疏松，孔隙率大，容易出现崖壁裂隙、崖体风化、窟体裂隙等现象。敦煌莫高窟地处荒漠戈壁腹地，由于常年受到蒙古高压的影响，气候极端干旱，降水量少，温差和湿差大，风沙活动也很频繁。据记载，年平均降雨量仅 30 毫米左右，而年蒸发量却高达 4200 毫米，在最干燥的时候，常有空气相对湿度为零的记录。这种特殊的气候是莫高窟文物长期得以保存的得天独厚的自然条件。但由于莫高窟地区日夜间温差悬殊，同时，随着季节和太阳光强度的变化，岩体内存在包气带的水气运动，洞内湿度升降幅度很大，这样就使壁画的地仗层和颜料层遭受冷热、干湿交替变化的影响，天长日久，即产生严重的起甲龟裂、变色褪色现象。当地唯一的地表水——大泉沟河流水量虽很小，但仍有季节洪水发生，使底层洞龛岩壁湿度达到 90% 以上，并对底层洞窟有入渗作用。加之洞窟窟门小或长期被风沙掩埋，致使窟内通风不良，壁画因长期受潮而酥碱、发霉，同时也造成塑像木骨架腐朽、泥层酥碱脱落等病害。

莫高窟一带的地表普遍为沙丘所覆盖，西邻鸣沙山，沙源丰富。该区偏西风频率虽较小，但风力强，且具突发性的特点，输沙力最高，是造成洞前积沙和崖体风蚀的主要原因。而偏东风频率虽较低，但对洞窟崖面亦有强烈的剥蚀作用。总结莫高窟主要病害及产生的原因为以下几点。

（1）敦煌石窟结构稳定性问题

存在于遗址保护环境中的洞窟围岩地层活动、地震等构造活动、崖顶积沙、风沙侵蚀、大气降水入渗、暴雨冲刷等自然破坏因素和游客活动影响；不当修缮等人为破坏因素造成崖体结构不稳定、崖壁存坍塌裂隙、薄顶洞窟崖体风化、窟体裂隙等现象。

石窟所在崖体在长期重力作用下向河谷临空方向卸荷回弹，普遍发育平行崖面的卸荷裂隙。该类型裂隙与岩体中的层面、构造裂隙、节理、洞窟开挖空间等交叉组合，将洞窟围岩切割成许多大小不等的破碎块体。在地震、风蚀、雨蚀等外部因素作用下，破碎岩体变形破坏，以剪切滑移或倾倒的方式发生错落或崩塌。莫高窟陡峭崖体中发育的构造裂隙、层面裂隙及开挖洞窟引起的卸荷裂隙，在不利因素的组合作用下，造成岩体错落、崩塌失稳，对石窟及窟内文物安全威胁巨大，后果是毁灭性的（图5）。

第 23 窟顶部裂隙形成危岩体　　　　　　第 130 窟缓坡悬空岩体

图 5　莫高窟结构稳定性病害

（2）风化

莫高窟洞窟开挖在易风化的砾岩地层中，强烈风化的疏松岩面，在长期的风蚀和雨蚀作用下，一方面，上层洞窟的窟顶厚度日益变薄，陡峭崖壁下部悬空形成危岩，岩体强风化层向深部发展，对洞窟的长期稳定性构成严重威胁；另一方面，产生的危岩坍塌和剥落的沙石下坠，危及窟区下部文物和人员的安全（图6）。

（3）石窟彩塑与壁画

由于受石窟所处自然环境和人文环境的影响，以及壁画制作材料和制作工艺等内

第 131 窟上部风蚀掏空区　　　　　　　　风化落石

图 6　莫高窟岩体风化病害

第 465 窟颜料层起甲

第 16 窟大面积酥碱

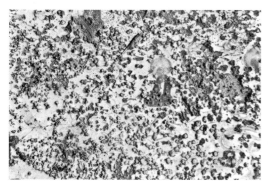

第 194 窟疱疹状病害

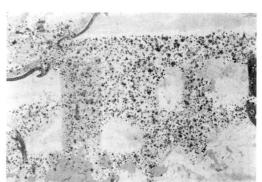

第 53 窟霉菌污染壁画

图 7　莫高窟彩塑与壁画病害

在因素的作用，敦煌石窟壁画产生了诸如酥碱、空鼓、起甲、霉变、污染、地仗层脱落和颜料层粉化等多种病害。石窟壁画病害中，对壁画危害最严重且最难治理的病害是酥碱和霉变。壁画酥碱病害产生的主要原因是受石窟洞窟内温湿度变化的作用，壁画地仗中的可溶盐反复溶解膨胀，结晶收缩，使壁画地仗结构受到破坏，酥松粉化，从而严重损坏壁画的地仗结构。此外，还有一种对壁画损害较大，也是难以治理的病害，就是霉菌对壁画的危害。菌丝体附着在画面上严重污染壁画，同时霉菌繁衍生长过程中的代谢产物可使壁画颜料变色。还有一种病害，就是烟熏壁画。过去寺院的殿堂或洞窟、寺庙被人居住，炊烟、取暖的烟火或香火对壁画造成严重熏污。洞窟中的昆虫的粪便也会对壁画造成危害（图 7）。

（4）水害

莫高窟地区气候极干旱，降水量少，但降水较为集中。水害对莫高窟文物的危害有三种形式，即大泉河洪水对下层洞窟的冲刷、浸泡；雨水对洞窟顶部岩土体的冲刷；降水渗入岩体、洞窟，导致岩体中可溶盐类运移，加速岩石风化，危及窟内壁画文物。

南天门屋顶残损   大牌坊檐柱开裂

图8　莫高窟文物建筑破坏现状

（5）文物建筑破坏因素

温差风化、生物破坏、风沙剥蚀、雨水冲刷和地下水侵蚀等自然力和缺乏日常维修是造成窟檐、栈道、牌坊、佛塔、佛寺、城堡等文物建筑残损、糟朽、塌毁的主要因素（图8）。

2. 龙门石窟主要病害

引起龙门石窟破坏的原因很多，涉及范围广而且复杂，破坏的类型也很多。总的来说，龙门石窟在保护中主要存在三大问题，即结构稳定性问题、水患及雕刻表面风化和剥落问题。

（1）结构稳定性问题

龙门石窟从1971年开始连续进行了一系列的抢险加固工程。1971～1974年实施奉先寺加固工程，这是国内第一个大型石窟维修加固工程，工程应用的"环氧树脂灌浆加固围岩技术"获1978年全国科学大会成果奖。1976年潜溪寺、宾阳三洞、大万伍佛洞、惠简洞等洞窟崩落岩块均作加固处理。经过这一阶段的加固维修，有效地防止了石窟危岩的倒塌崩落，石窟区域整体结构的稳定性得到了保证。但由于岩体自身存在多种构造裂隙、节理面及不间断地受到流水冲蚀、溶蚀、自然风化、震动等外来自然营力的影响，龙门石窟部分区域内还存在着危岩体，影响石窟及游客的安全（图9）。

（2）裂隙与水害问题

龙门石窟研究区内的石窟主要赋存在寒武系中上统的灰岩、白云岩地层中。石窟区岩体的化学成分主要是CaO，且灰岩中的CaO含量比白云岩中的要高。矿物成分以方解石、白云石为主，含量占90%以上。水的作用对岩体强度影响较大，对岩溶发育有利。石窟区内第四系分布广，成因复杂。其中，分布于西山顶部的中更新统（Q_2）残坡积层以含碎块石粉质黏土为主，渗透系数2.59×10^{-2}厘米/秒～1.3×10^{-3}厘米/秒，为强至

图 9　奉先寺顶部结构稳定性病害

中等透水性土层，由于其渗透性较好，有利于地表雨水的垂直下渗。石窟开凿在陡峭的崖壁岩体上，山体坡体总体地貌特征为约 40 度的陡峻斜坡，不利于地表水的积聚，地表水主要以地表径流的方式排泄掉。但是石窟崖壁坡体的局部或微观地貌特征存在着平缓台面、凹凸不平的坡体或小型沟槽及风化卸荷破碎带，为雨水的临时积聚和裂隙渗流临时水源的形成提供了条件。

　　崖壁岩体走向为 NNW－NNE，崖壁岩体沉积层理倾向 NNW，岩体沉积层理倾向与崖壁走向基本一致，即山体的裂隙渗水沿层理裂隙由南向北渗流。大多数石窟沿崖壁开凿，垂直崖壁走向，与岩体沉积层理面斜交，即石窟的开凿截断了石窟区域岩体层理面的渗流通道，石窟成为层理裂隙面的排泄空间。当石窟截断的层理面中存在裂隙渗流时，裂隙水就在石窟内出露，因为裂隙水不存在承压，水以下降泉的形式出露，沿石窟窟壁漫流，造成裂隙渗水病害。龙门石窟裂隙渗水的特点是南壁面比较严重，与岩体沉积层理的发育、延展有关。层理面渗水是龙门石窟最主要的裂隙渗水形式，也是最主要的裂隙渗水病害。卸荷裂隙一般延伸至崖顶，并且随着崖壁坡度变化，下缓上陡，卸荷裂隙大多切穿石窟岩体。卸荷裂隙与层理裂隙相互交切共同构成裂隙渗流网络，对某些石窟，卸荷裂隙渗水是主要渗水病害之一。比如潜溪寺石窟顶板裂隙渗水主要为卸荷裂隙渗水。龙门石窟西山发育有多条构造裂隙或构造断层，一般垂直崖壁岩体，延伸到山体内部，大部分构造裂隙或构造断层由于后期岩溶作用，成为泉水（地下水）出露通道。因此，渗水病害是影响龙门洞窟长期保存的最主要的病害。

　　水是引起石质文物风化的最主要的因素之一，针对龙门石窟渗水、雕刻溶蚀、雨水冲刷以及凝结水等问题进行了大量的卓有成效的工作。但是，影响龙门石窟文物的水的来源和通道问题仍然不是十分清楚，龙门石窟的水害治理仍然没有特别有效的办

潜溪寺窟内顶部裂隙切割及渗水　　　　　　　潜溪寺窟内渗水现场

图10　龙门石窟潜溪寺水害

法，一些常规的勘察手段和方法都要针对不可移动石质文物保护进行改进。石窟表面凝结水是近几年在龙门石窟才开始进行深度研究的，目前初步的规律已经掌握，但治理方法的研究却相对滞后（图10）。

（3）风化问题

龙门石窟造像与雕刻品风化以物理风化为主，化学风化与生物风化作用共同影响造像艺术品的长期保存。由于龙门山属于北北西方向倾斜的单斜山，岩层自南向北。石窟主要开凿在寒武纪的白云岩和石灰岩上，造像风化自北向南逐渐严重。区域划分上，自潜溪寺至摩崖三佛段，岩石属于细晶—极细晶白云岩，抗风化能力强，除了露天碑刻风化较为严重外，其他雕刻保存较好；自摩崖三佛至双窑段，岩石破碎，基本没有石窟造像；自双窑至奉先寺段，岩石大多是鲕粒灰岩，强度适中，最适宜雕刻，出现体量宏大的石窟像龛，岩体风化较北区严重；自奉先寺至极南洞段，岩石多是含泥质条带夹层的石膏化微晶灰岩，极易产生差异性风化，区域内造像风化较严重；东山万佛沟内岩石完整性差，并含有泥质夹层，洞窟渗漏水溶蚀作用强烈，易形成差异性风化，区段内石窟造像风化也较严重。

岩石风化是龙门石窟石质文物破坏的另外一个主要问题。这些文物受到自然界各种不利因素的影响加剧了文物表面风化速度，如太阳光辐射、雨水、风、酸雨等，除改善保护区及造像保存环境外，适宜灰岩造像的防风化保护材料的研究与开发也是所有文物保护工作中重要的问题（图11）。

3. 云冈石窟主要病害

历经1500多年的沧桑，石窟区所处地质及环境条件的变化，云冈石窟经历了不同程度自然风化，由于历史上有过多次无人看守的时期，石窟遭受人为破坏，致使洞窟

极南洞区造像风化   西方净土变造像风化

图 11 龙门石窟造像风化病害

及雕像有不同程度的损毁。同时，历史上云冈石窟也经历过不同方式的保护与修复，特别是 20 世纪 70～90 年代，针对石窟存在的渗水病害、危岩体垮塌病害、石刻的风化病害等问题，不间断地采取了多项治理措施，取得了良好的效果，确保了石窟整体的安全稳定。但是由于石窟岩体结构复杂，以及岩体应力持续性变化、环境因素作用诱发的石窟岩体风化破坏、材质劣化、强度降低等影响，石窟区还存在着顶板岩体开裂、变形、渗水等病害。

（1）岩体结构性稳定问题

在石窟区存在大量局部岩体稳定性问题，即小型危岩体，是石窟及崖壁上分布的规模较小、因结构面切割与崖壁岩体脱离或部分脱离的孤立块体，具有变形或破坏的危险，失稳破坏规模较小，未造成洞窟形制的完全丧失，仅对石窟或造像造成局部破坏。结构面是局部石窟岩体稳定性问题的控制因素，包括单个卸荷裂隙面或构造裂隙面，或多组构造裂隙的组合结构面，如卸荷裂隙、层面裂隙、构造裂隙的组合结构面。破坏方式主要有孤立块体的滑动、坠落、倾覆破坏。局部岩体稳定性问题是云冈石窟最普遍、经常发生的石窟岩体稳定性问题，不但对环境及游人造成安全隐患，如果块体发育在造像岩体上，块体失稳破坏将造成造像的损害，是石窟岩体加固保护的重点工作之一。

石窟顶板岩体稳定性问题是云冈石窟普遍存在、特有的岩体病害，其主要破坏模式为板梁式折断、坠落。历史上都曾经发生过顶板岩体的局部垮塌，造成严重的破坏。比如云冈石窟第 3 窟前室顶板岩体曾发生整体垮塌破坏。

廊柱为云冈石窟特有的形制。廊柱岩体既具有岩体的特性，又具有构筑物结构的

局部坠落拉裂式破坏　　　　　　　　　　岩体片状脱落

顶板断裂　　　　　　　　　　　　　　　廊柱风化开裂

图 12　云冈石窟结构稳定性病害

特性。除了自身的安全稳定外，廊柱还是支撑上部岩体的受力构件，其失稳将影响石窟的整体稳定。廊柱岩体存在两个方面的稳定性问题，一是在多因素作用下（主要为冻融、温差、盐的作用），表层岩体风化剥蚀，廊柱形态尺寸缩减，应力状态变化，同时廊柱岩体强度降低，发生蠕动变形，逐渐诱发廊柱稳定问题。二是结构面的切割破坏，破坏了廊柱的受力状态，同时随着切割块体的垮塌破坏，廊柱形态及结构发生变化，诱发受力状态的调整，最终导致廊柱的失稳破坏（图 12）。

（2）风化病害

长期的风化作用对云冈石窟造成了严重破坏，特别是工业发展导致的环境污染和酸雨，加剧了这些石质文物的风化程度。从 20 世纪 50 年代末期开始，我国陆续开展了关

窟壁风化剥落　　　　　　　　　　　　粉末状风化剥落

图 13　云冈石窟风化病害

于云冈石窟风化的研究和防治并取得了很大的成绩，但由于自然条件复杂且对石窟岩体风化作用的机理认识不足，加上保护材料和施工工艺不到位等原因，目前，云冈石窟的风化病害问题仍然十分突出。

调查其损坏的状况，暴露于窟外壁的雕像与题记几乎已全部消失，最严重的是第 16～19 窟外壁上，原来密布大、小千佛造像，现在已无法辨认。第 9、10 窟前有 5 根石雕列柱，经 γ 散射及电法仪器测出其风化层已达 20 厘米，而列柱的直径仅 80～100 厘米。由于大气降水从石窟顶板和后壁（北壁）的渗入，第 14～19 窟顶板也已剥蚀得没有一丝雕刻痕迹，而绝大多数洞窟的后壁（北壁）的雕刻也已风化殆尽。

在洞窟内部，许多石雕表面风化严重的部位都有一层白色粉末状或絮状风化产物。它还存在于洞穴、裂隙中。此现象在石窟下部及东部窟群最为突出。这种风化被称为粉状风化。粉状物实际上是多种形态的盐类，形成和分布都与水的活动密切相关。有的石雕表面呈薄片状剥落，薄片厚度随岩石中矿物颗粒的粗细而不同。粗砂岩形成的薄片厚度在 3～4 毫米，细砂岩形成的薄片厚度在 0.5～1 毫米。薄片常翘起卷曲，往往有多层重叠，在片与片或片与岩体间常有白色粉末状或雪花糊状物（图 13）。

（3）水害问题

随着现代环境污染的加剧，云冈石窟地区的降水酸性增加，对石雕造像的作用将进一步加剧，水患已经成为石窟风化严重的关键原因。云冈石窟的石雕面临相当严重的风化损害，特别是东部、西部洞窟，石窟外壁的雕像与题记已经难以辨认。水分与工业粉尘相结合，在石雕表面形成偏酸性湿润环境，会大大加快窟壁砂岩的风化侵蚀速率。云冈石窟现有的 45 个主要洞窟中，有渗水记录的就有 21 个。除此之外，空气水分凝结也是形成洞壁潮湿环境的重要原因。地下毛细水、凝结水、岩体渗水及雨水的

泥塑彩绘地仗层脱落、开裂病害　　　　　颜料层起甲、粉化、积尘病害

图14　云冈石窟壁画及彩塑病害

直接冲刷是引起石雕造像风化的主要原因，同时也加剧了云冈石窟造像风化速度。比方说，云冈石窟凡暴露雨水冲刷中的雕刻几乎风化殆尽，而洞窟中 2 米以下的雕刻和北壁渗水严重的区域业已严重风化。研究表明，各种来源的水是引起石窟雕刻风化最直接的原因，也是最根本的因素之一。

（4）壁画及彩塑病害

云冈石窟壁画及彩塑病害主要存在两大类病害，一类为地仗层剥离、空鼓及开裂病害，严重危害壁画及彩塑的安全性，急需对其进行抢险保护加固，以避免岩体加固和窟檐搭建工程对其造成影响；另一类为颜料层起甲、粉化、表面积尘等病害（图14）。

（5）其他区域病害

龙王庙沟：常年遭受雨水冲刷，缺乏植被。龙王庙石窟裂隙发育，存在岩块崩塌及动物排泄物。

小山门：小山门的病害主要有层状风化、风化裂隙、卸荷悬石和人工维修痕迹等。各崖壁稳定性比较差。

第45窟之后的山体崖头：此段山体崖头全长约40米。整个崖头生长少量杂草。发育有较多条裂隙，由于裂隙均较宽，致使此区域内悬石累累，相当危险。整体风化严重，以片状风化为主。

明城堡：城墙风化表现形式多为片状、鳞片和鳞块状、条带状和孔洞、洞穴状风化。其他病害主要有土体坍塌、土体裂隙、土遗址的墙基大部被风蚀、风化、凹进等。

4. 大足石刻主要病害

大足石刻摩崖造像存在的病害主要有四个方面，即石刻岩体稳定性病害，岩体渗水

北山第 168 窟顶裂隙切割破坏　　　　　　南山 10 号龛东侧岩体裂隙切割

图 15　大足岩体稳定性病害

病害，风化病害，人类活动产生的病害。

（1）岩体稳定性病害

大足石刻岩体总体比较完整，基本稳定。岩体典型的稳定性病害类型有三种：第一类——裂隙切割和软弱夹层造成的崖壁岩体开裂、变形破坏，如宝顶山园觉洞区域岩体开裂变形和南山 15 号石龙龛区域岩体开裂变形破坏等；第二类——窟顶、挑檐底板岩体脱层开裂、垮塌破坏，如宝顶山大佛湾悬挑顶板岩体层状垮落和北山第 168 窟顶板岩体开裂变形等；第三类——节理裂隙切割对龛窟壁岩体、石刻造像的破坏。节理裂隙为在崖壁岩体上发育的隙宽较小，延展较短的、小的构造线，包括卸荷作用的裂隙线、风化作用的裂隙线等。这些构造线对崖壁岩体的稳定不能构成威胁，但如果发育在龛窟壁面岩体或石刻造像岩体上，将产生龛窟壁面岩体开裂、垮落或石刻造像的垮落，对龛窟、石刻造像直接造成破坏。如北山摩崖造像第 5 ~ 48 龛区段顶板岩体裂隙十分发育，岩体破碎，时常块状崩落；千手观音造像因裂隙切割时常发生手指、手垮落等。龛窟造像都出现因节理裂隙切割造像岩体开裂、垮落等破坏（图 15）。

（2）渗水病害

大足地区大气降水充沛，历年年均降水量达 1006.6 毫米，为地下水渗流提供了充足的水源；岩体中发育的各类裂隙为水的贮存、运移提供了通道。当裂隙水的出露点

顶山卧佛脚处渗水病害

南山 15 号龛裂隙切割及渗水病害

图 16   大足石刻渗水病害

（或泄水点）出现在石刻造像部位时，就形成渗水病害。按病害影响的范围、深度和病害的破坏程度评估，渗水病害是大足石刻危害最严重的病害。水害的类型有多种，雨水、雾水、凝结水、毛细水等，但裂隙渗水是破坏性最严重的水害（图 16）。

裂隙渗水的主要破坏作用方式有以下几种。

① 浸湿软化作用。大足石刻砂岩沉积纹理发育，在纹理面上积聚黏土矿物，遇水后，黏土矿物膨胀、崩解，形成力学程度极低的泥质软弱带，同时降低表层岩石的强度，当干燥失水时，泥质收缩、开裂，使层间裂隙扩展、张开，导致岩体片状、层状剥落。此种形式是主要的风化破坏形式之一。

② 渗流潜蚀作用。大足石刻岩石胶结物以泥质、钙质为主，水在浸湿或渗流过程中，

北山佛像风化病害　　　　　　　　石门山水月观音风化病害

图 17　大足石刻风化病害

泥质胶结物随水的流动被携带迁移，钙质胶结物遇水发生化学溶蚀，被水慢慢溶解，并随水溶解迁移。岩石粒间胶结物流失后，矿物颗粒失去支撑和连接，表层岩石结构松散，强度降低，出现颗粒剥落风化破坏。

③表面附着物破坏。裂隙长期渗水的区域，裂隙水在渗流过程中携带的钙质、泥质物质随水流的变化沉积，附着在石刻岩体表面，造成泥质、钙质沉积附着破坏。

④可溶盐积聚产生的破坏。风化作用生成的石膏（$CaSO_4 \cdot 2H_2O$）、芒硝（$Na_2SO_4 \cdot 10H_2O$）、方解石（$CaCO_3$）、钠硝盐（$NaNO_3$）等可溶性盐积聚在表层岩石孔隙中，潮湿时结晶水膨胀，失水时收缩，溶解结晶作用反复进行，破坏效应累计，岩石结构遭到破坏。

⑤诱发微生物作用。裂隙渗水区域，使岩石中的孔隙中、风化裂隙中、层间裂隙中长期含水，处于潮湿状态，为微生物的生长提供了条件。微生物生长根系深入孔隙中加速了孔隙的扩张，根系分泌的腐殖酸加剧石刻岩石的风化破坏，旱季枯死，在崖壁上留下大量黑绿色斑块。伴随微生物繁殖、死亡的反复作用，岩石软化、泥化，破坏加剧。

（3）风化病害

大足石刻的保存状况和风化破坏病害与环境密切相关。环境因素中的大气污染造成酸雨、酸雾的形成，气温变化，湿度变化，降雨，风等作用对石刻造像造成风化破坏。石质文物风化破坏的概念：由于环境因素的作用，石质文物表层岩石结构疏松，空隙度增大，矿物成分蜕变，强度降低，产生起鼓、起甲、颗粒脱落、片状、板状剥落等破坏的现象。风化破坏是大足石刻存在的重大病害，对石刻造像的完整保存和价值构成严重损害，而且其危害性有加速的趋势（图17）。

（4）人类活动产生的病害

人类活动产生的病害有：① 人类生活污染产生的病害；② 人类信仰活动产生的破坏；③ 开发利用造成的危害。

5. 炳灵寺石窟主要病害

炳灵寺石窟现存较完整的窟龛196个，其中下寺沟为184个。石雕和彩塑776尊，壁画约900平方米。塑像高者27米，小者20余厘米。另有石雕方塔1座，泥塔4座。炳灵寺石窟因废弃早，保护较晚，自然风化、风雨浸蚀和人为破坏较为严重，窟龛崩塌、造像残损、壁画脱落等现象几乎每个窟龛中都存在。现存主要病害包括构造性病害，如危岩开裂、崩塌等；水流病害，如面流冲刷与倒灌、窟壁渗水及毛细水返渗等；风化病害，如彩绘褪色与造像体酥碱、粉化、落沙、剥落和销蚀等；生物病害，如地衣、苔藓等低等植物在造像上生长，昆虫在造像缝隙中凿穴寄生，飞禽排泄物污损，鼠蛇在窟壁中打洞等；人为破坏，如焚毁、烟熏、刻划等；窟前冲沟淤积问题等。

（1）稳定性病害

开凿炳灵寺石窟的岩体为下白垩纪红色砂岩、砂砾岩，其中层理、构造裂隙及卸荷裂隙相当发育，在日照、降水、温差、干湿、冻融和沙尘的共同作用下，造像岩体常会出现开裂、崩塌现象。这种状况几乎在每个洞窟中出现，有些洞窟还十分严重，造成造像缺损与彩绘剥落。

（2）水流病害

炳灵寺石窟的水流病害类型主要有四种。① 降水沿崖壁形成的面流倒灌入窟内。直接暴露在外的窟龛及部分外檐设置不当的洞窟存在此类病害，如第139窟等；② 降水沿裂隙渗流到洞窟中。上层洞窟中一般均存在此类病害，如第169窟、第172窟等；③ 地下水毛细返渗。底层及南段地下水位较高的洞窟中一般均存在此类病害，如第144窟、第145窟等。

（3）风化破坏

开凿炳灵寺石窟的砂岩石化程度不高，胶结较差、强度低，抗风化能力较差，因而，以日照、温差、干湿、冻融及生物作用为主的风化破坏，是炳灵寺石窟泥塑、彩绘及壁画的主要病害之一。几乎每个洞窟中均存在酥碱、粉化、落沙、剥落和销蚀等风化现象，特别是直接开凿在崖壁上的小型龛窟，风化现象更为严重，部分造像已无法识别。

（4）生物病害

在裂隙渗水和毛细水丰富的洞窟中，有霉菌、地衣、苔藓等生物繁衍生存。其遗骸附着在造像的表面与表层，如第144窟、第145窟等。在部分洞窟的造像表面还有鸟粪及虫穴等，如第169窟、第172窟等。

（5）人为损害

人为活动对炳灵寺石窟的损害主要有两方面。一是早期朝拜或生活活动在各重点洞窟中留下的很多烟熏积垢；二是游客在造像及窟壁上留下的刻划遗迹。

（6）窟前冲沟淤积问题

由于炳灵寺地区植被不发育，水土保持作用差，每到夏季，骤发性暴雨常常形成山洪水暴发，携带大量泥沙而下。又由于刘家峡水库水位上升，淤积库底抬升，炳灵寺前冲沟淤积泥沙的自我清理能力受阻，水库建成至今已淤积几十米，对石窟造成严重的淤积掩埋问题，而且形势愈来愈严重。

6. 麦积山石窟主要病害

麦积山历经地震破坏和风雨侵蚀，坍塌剥落严重，中部窟群荡然无存，仅存东、西两部分。1977～1984年采用"喷锚粘托"方案综合治理，使现存窟群转危为安。窟内造像保存较多，大多完好，少许残损。壁画因潮湿而剥落，仅存少许；残存壁画中清晰完好者约占一半，其余或剥蚀残损，或烟熏色褪，较为模糊。对危险塑像、壁画的分期、分批修复加固，保证了安全。

1976～2005年间，麦积山石窟进行了渗水治理工程和防风化工程，并做了大量的修复维修工作，对麦积山石窟起到了重要作用。现在石窟存在的主要病害有风化剥落破坏、渗水病害、飞禽生物侵害、地震破坏和危石剥落。

（1）风化剥落破坏

由于麦积山石窟的岩石多为泥质胶结，强度低，抗风化能力较差。泥胎和洞壁地仗层的成分蒙脱石含量较高，接近30%。在干湿变化频繁的条件下，蒙脱石易受含水量变化的影响，遇水发生膨胀，失水收缩。胀缩变化造成泥胎和地仗层的大面积崩解垮落。风化剥落呈板状、片状和粉末状。

（2）渗水病害

麦积山现存石窟194处，其中明显受渗水病害影响的有9处，约占4.6%。渗水主要分布在西崖高程1620～1630米范围，以第57窟和第94窟为中心形成两个渗水区。石窟内的渗水主要出现在窟顶、后壁上部和侧壁的后上角部位。渗水多呈带状或片状出现，渗水部位多表现为滴水、浸水和潮湿。出水点附近常有白色盐类物质析出。石窟渗水与大气降水的动态关系十分密切。现存洞窟中产生明显渗水病害的洞窟有第47窟、第52窟、第57窟、第78窟、第80窟、第94窟、第127窟、第133窟和第173窟。

（3）飞禽生物侵害

麦积山石窟飞禽的生物侵害主要有两类，鸟类粪便对泥塑造像的侵害；木蜂对木制窟门的蛀咬，造成窟门严重损坏。

（4）地震破坏

岩体结构十分疏松，历史上在地震的作用下曾几次造成石窟大规模的严重坍塌，中部窟群已荡然无存，现仅存东、西两部分。据国家地震局兰州地震大队兰震烈字第003号《关于天水麦积山地震基本烈度意见》，麦积山地震基本烈度定为7度。

（5）危石崩落

1977～1984年，采用"喷锚粘托"方案，进行了全面的大规模加固治理工程，使麦积山的山体稳定性得到了极大的改善，基本消除了危岩体崩落的隐患。由于砂砾岩结构疏松，在大风季节或雨季，常有少量的砾石崩落，危及游人安全。

7. 库木吐喇千佛洞主要病害

石窟现存编号洞窟112个，窟形完整的约100个。石窟曾在20世纪70年代因附近的电站蓄水发电遭受水淹，20余个洞窟下层壁画受损。现存病害有潮湿、起甲、酥碱、烟熏、刻画等。该处石窟处于天山地震带上，地震频繁。过去曾长期处于无人看护的状态。1975～1998年的综合整治保护工程和加固、治水工程，整治环境，加固石窟岩体，建造、修缮石窟，保护亭、檐，建造水坝防止石窟被水淹没和风化等，对库木吐喇千佛洞的保护起到了重大作用。

现在石窟存在的主要病害有风化破坏、渗水病害、裂隙切割形成危岩、壁画开裂破损、洪水冲蚀破坏和毛细水病害等（图18）。

（1）风化破坏

库木吐喇千佛洞石窟的岩石胶结较差、强度低，抗风化能力较差。风化病害以物理风化作用为主，风蚀作用十分强烈。

（2）水害问题

库木吐喇千佛洞水害问题有二种。一种为裂隙渗水，大气降雨沿石窟岩体中发育的裂隙网络构成渗水通道，雨水沿卸荷裂隙垂直入渗形成洞窟裂隙渗水。另一种为毛细水，窟群区第10～37窟区段的窟底高程低于现渭干河岸的地面。窟群区前的堆积物为砂卵石冲积物、坡积物，透水性好，与渭干河的水力联系良好。渭干河水位受大气降水、上游克孜尔水库调控水量、下游东方红水电站放水的综合控制。当渭干河水位处于高水位时，河岸的地下水位上升，毛细水的上升高度超过石窟底面，造成石窟崖

第 21~24 窟外景图

岩体开裂病害

第 13 窟窟内岩体开裂

第 58 窟窟内壁画开裂

第 45-1 窟窟前风积沙及道路掩埋现场

图 18 库木吐喇千佛洞病害

壁、壁画含水量加大。当渭干河水位降低时，石窟崖壁、壁画含水量随之消失，岩体中的可溶性盐类聚集在岩石的表面，产生表面盐化作用，形成一层坚硬的外膜，膜下岩体表面已被胀裂风化，导致岩体表层翻卷、起鼓，产生坍塌掉块，层层剥落破坏，对石窟岩体和壁画造成严重破坏。

（3）裂隙切割形成危岩

在长期的自然营力作用下，库木吐喇石窟岩体结构十分破碎，风化严重。层面裂隙、构造裂隙和卸荷裂隙交切立壁岩体使之与后侧山体开裂脱离，形成多个危岩体，时刻威胁着石窟和游人的安全。

（4）壁画开裂破损

壁画历经水浸、冻融及地震等地质营力作用以及人为的破坏，使洞窟四壁的壁画毁损十分严重。如新 1 窟、新 2 窟穹隆中下部壁画的地仗层大部分均已与第三系砾岩层脱离，形成空腔。在空腔区域，壁画的表面产生了纵横交错的裂纹。穹隆底部的地仗层在重力作用下，局部发生脱落，现已用泥胎充填修补，并在穹隆底部四周用木柱支撑。

（5）洪水冲蚀破坏

由于山中植被稀少、基岩裸露，雨季来临时，地表径流极易汇聚到沟谷中形成季节性洪水。洪水发生时，水体中夹带大量泥沙、砾石沿沟谷向外涌出，由于沟谷坡降较大（平均大于7%），洪水流速高，对沟谷两侧洞窟的根基极具侵蚀破坏作用。特别是沟谷被坍塌的岩石截流，当其被突然冲开后，水量大，流速高，破坏力极强。1991年，窟群区横跨大沟连接两个围堰的小桥被洪水冲毁。暴雨产生的洪水对石窟岩体产生冲刷破坏，影响石窟岩体的稳定性。

第三章 石窟保护地质学基础

　　石窟赋存于地质体中，与地质环境关系十分密切。实际上我国石窟发展史就是利用自然地质条件进行地质工程活动的历史。我们的祖先在进行石窟开凿时，是经过地质选址考察的，一般多选择完整性好、具有自稳能力、未经构造变动的区域，在成层厚度大且岩性均一的岩体中进行开凿。我国石窟大多开凿在依山傍水的崖壁上，组成崖壁的地层大都未经历过强烈构造变动，岩体的完整性好，地层产状多近水平状或缓倾状。岩性较软的砂岩、灰岩、砂砾岩等最适合于石窟的开凿，60%以上的石窟开凿于砂岩或夹薄层泥岩的砂岩之中，著名的有云冈石窟、大足石窟和乐山大佛等。著名的龙门石窟、杭州飞来峰石刻造像、河北响堂山石窟等则开凿于灰岩之中。闻名中外的敦煌莫高窟、天水麦积山石窟、新疆库木吐喇千佛洞部分石窟分别赋存于砂砾岩和含砾泥岩中。此外，尚有少量的造像位于坚硬的岩浆岩中，如泉州老君岩造像，连云港孔望山造像等。辽宁义县的万佛堂石窟岩体属于凝灰岩。

　　千百年以前修建的石质文物，在长期自然营力和人类生产活动作用下，产生了各种环境地质病害，这些病害时刻严重威胁石窟文物的长期保存。由于石窟的岩性类型和所处的自然地质环境的不同，诱生的环境地质病害类型、机理也各不相同。在实际保护工作中，应首先查明石窟的赋存地质环境，在此基础上分析产生各种地质病害的机理，研究病害的防治对策，进行合理有效的防治工程设计和治理。

第一节 地质构造

　　地质构造是指组成地壳的岩层和岩体在内、外动力地质作用下发生的变形、变位，从而形成诸如褶皱、节理、断层、劈理以及其他各种面状和线状构造等组成地壳的岩层和岩体，在内外地质作用下（多为构造运动），发生变形和变位后形成的几何体，或残留下的形迹。在石窟文物保护工程中常见的地质构造现象为裂隙、节理和断层。

　　当作用于岩石的地应力超过岩石的破裂强度极限时，岩石便会发生破裂。岩石破裂后，如果破裂面两侧岩石未发生明显错开，这称为节理；如果破裂面两侧岩石发生了明显错开，则称为断层[1]。

1. 裂隙

石窟窟区裂隙主要包括构造裂隙、卸荷裂隙、层面裂隙、风化裂隙等，多分布在窟内顶板或洞窟侧壁上。崖壁面卸荷裂隙与构造裂隙、层面裂隙相交，多组裂隙的切割，将岩体分离成块体，常常在石窟造像区造成崩塌和危岩体，把保护区域立壁岩体切割得较为破碎，这些裂隙是造成石窟及窟内造像破坏的最主要的原因。裂隙之间的连通，在岩体中形成渗水网络通道，导致岩体的渗水病害。

（1）卸荷裂隙

由于崖壁岩体临空，山体向临空方向产生位移变形，拉裂岩体，形成许多与崖壁平行的卸荷裂隙。卸荷裂隙具有延伸长、张开度大的特点。开凿龛窟，在龛窟顶板、侧壁和后壁，由于岩体应力释放，卸荷拉裂，也会造成龛窟顶板、壁面、棱边的开裂、变形，甚至垮塌。如果卸荷裂隙发育在造像上，会对造像造成严重破坏。卸荷裂隙是诱发渗水病害的主要渗流通道。

（2）成岩裂隙（层面裂隙）

成岩裂隙是沉积岩固结脱水及岩浆岩冷凝收缩形成的裂隙。一般情况下，成岩裂隙多为闭合，但陆地喷溢的玄武岩裂隙发育且张开，可构成良好含水层。岩脉及侵入岩体与围岩的接触带，冷凝后可形成张开的呈带状分布的裂隙。熔岩流冷凝过程中未冷凝的熔岩流走，在岩体中留下的巨大熔岩孔道，易形成管状裂隙。层面裂隙与构造裂隙、卸荷裂隙相互交切，诱发岩体垮塌破坏。层理裂隙与其他裂隙相连，构成连通网络，常常为渗水病害提供渗流通道。

（3）构造裂隙

构造裂隙是固结岩石在构造应力作用下形成的最为常见的裂隙。构造裂隙分布不均匀，连通性不好，小到节理，大到断层，大小悬殊，具有方向性。

（4）风化裂隙

赋存于岩体的风化带中。风化作用与卸荷作用决定了岩体的风化裂隙带在近地表处呈壳状分布，通常厚数米至数十米。风化裂隙通常分布比较均匀，连通性好，从地表至地下逐渐闭合。风化裂隙有两种类型，在成岩裂隙、构造裂隙、卸荷裂隙上进一步扩展，具有继承性；在表生作用下，在岩体表层形成不规则网状微裂隙网络。第一类风化裂隙，使各类裂隙的性能进一步恶化。第二类风化裂隙，如果发育在石刻造像

---

[1] 杨坤光，袁晏明. 地质学基础. 北京：中国地质大学出版社，2009.

上，危害性极大。

2. 节理

岩石中的断裂，沿断裂面没有明显（或有很微小的）位移的裂缝，亦称节理。

石刻岩体中裂隙的组合分布规律与石质文物的各类病害有着十分密切的关系。若岩体中的节理非常密集，则会使岩体破碎，影响岩体的稳定性。

2.1　节理的分类[2]

2.1.1　根据节理的力学性质分类

（1）剪节理

剪节理是由剪应力作用而产生的破裂面。它具有下列主要特征：① 节理产状稳定，沿走向和倾向延伸较远；② 节理面平直光滑，有时可见因剪切留下的擦痕，若被后期矿物质充填，其矿脉产状稳定，脉宽均匀；③ 发育在砾岩或含各种结核层中的剪节理，一般切穿砾石和结核；④ 节理面上常发育羽状微裂，羽状微裂面与节理面呈 10°～15° 夹角，其相交锐角指示剪切运动方向；⑤ 剪节理常发育两组，相互交切形成 X 形共轭节理。

（2）张节理

张节理是由张应力产生的破裂面。它具有下列主要特征：① 张节理产状不稳定，往往延伸不远；② 节理面粗糙不平，无擦痕，若被后期矿物质充填，矿脉厚度变化较大，常呈楔状、透镜状或不规则状；③ 在胶结不太坚实的砾石或含结核层中，张节理绕砾石或结核而过，如切割砾石，其破裂面也粗糙不平；④ 张节理常发育稀疏、间隔不均、呈"侧列尖灭"，即延伸不远而尖灭，尖灭尾端呈分叉状或树枝状。

2.1.2　裂隙的类型按成因分类

（1）原生裂隙

在成岩过程中形成的裂隙。如岩浆岩冷却时收缩形成，沉积岩的脱水压密形成等。

（2）次生裂隙

岩石形成后遭受外力作用形成的裂隙。根据力的来源分为构造裂隙和非构造裂隙。

（3）构造裂隙

由构造力的影响随岩石变形而产生的裂隙。一般延伸较长、较深，且有规律，可切穿不同岩层。

（4）非构造裂隙

由外力地质作用造成的裂隙。如风化裂隙、滑坡、崩塌和陷落裂隙及边缘减压裂

---

〔2〕　杨坤光，袁晏明 . 地质学基础 . 北京：中国地质大学出版社，2009.

隙等。这类裂隙多局限于地表,规模不大,分布不规则。

2.2　节理裂隙资料的统计整理

为了简明、清晰地反映不同性质节理、裂隙的发育规律,需将野外所测产状要素进行统计整理,绘制成多种图件。一般常绘制有走向、倾向玫瑰花图,节理极点图和节理等密度图。

(1) 走向玫瑰花图

对于倾角近直立的节理常制成走向玫瑰花图,因节理走向的两个方向可用一个方向表示,所以用半圆方位角度,便可表示所有节理方向。在半圆弧上以10°为单位算出每个间隔总条数,以径向长度代表该方向总条数,然后将每个点相连便为走向玫瑰花图。

(2) 倾向玫瑰花图

对于缓倾角节理可制成倾向玫瑰花图。具体做法是以0°～360°圆周为倾向,以圆半径条数代表发育条数(图19)。

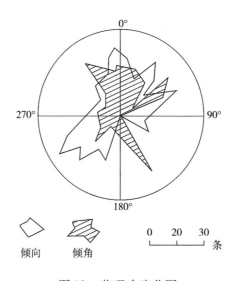

图19　节理玫瑰花图

(3) 极点图

上述两种玫瑰花图只分别反映走向和倾向分布特点,而不能反映倾角,但极点图可以弥补这个不足。节理极点图是用节理面产状或节理面法线的极点来投影的,投影网有等面积和等角距两种。图20节理极点图是直接将节理面产状投影到等面积投影网上的节理极点图。这种放射线代表节理倾向方位角(0°～360°),同心圆代表节理倾角,自圆心向圆周为0°～90°。从图中看出,该统计点节理倾向主要向SE倾,倾角变化较大(15°～85°),但平均在30°～40°。

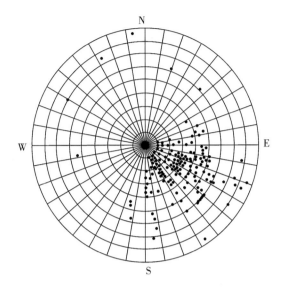

图 20 节理极点图

3. 断层

断层是指破裂面两侧岩石沿破裂面发生了明显位移，是地壳发育中极为广泛且最为重要的一种构造。

3.1 断层的几何要素

（1）断层面

断层面是将岩层或岩块断开分成两部分，并沿着该面发生滑动的破裂面。断层面是一种面状构造，其空间方位由走向、倾向和倾角来表示。断层面产状往往不稳定，沿走向和倾向都会发生变化，以致形成曲面。大的断层面往往不是一个简单的面，而是有一系列破裂面或次级断层所组成的带，即断层带。断层带中夹有搓碎的岩块、断层岩，故又称破碎带。一般来说，断层规模越大，断层带越宽。

（2）断层线

断层线是断层面与地面的交线，即断层在地面的出露线。断层面产状和地面的起伏可确定断层线的弯曲形态，断层面倾角缓且地形起伏大，断层线形态复杂，断层线形态分布也遵循 V 字形法则。

（3）断盘

断盘是断层面两侧沿断层面滑动的岩块。如果断层面是倾斜的，位于断层面上方的为上盘，位于断层面下方的为下盘。如果断层面直立，则按断盘相对于断层走向的方位描述，如东盘、西盘等。根据两盘的相对位移，上升者称为上升盘，下降者称为

图 21　断层几何要素及图示

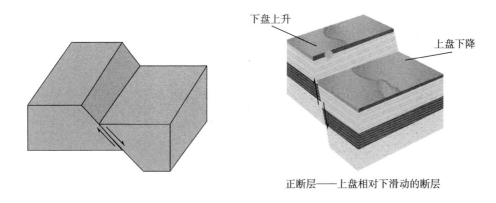

图 22　正断层示意图

下降盘（图 21）。

3.2　断层的分类

3.2.1　按断层与有关构造的几何关系分类

（1）断层走向与岩层走向的关系

走向断层：断层走向与岩层走向基本一致。

倾（横）向断层：断层走向与岩层走向直交。

斜向断层：断层走向与岩层走向斜交。

顺层断层：断层面与岩层面基本一致。

（2）断层走向与褶皱走向的关系

纵断层：断层走向与褶皱轴向平行。

横断层：断层走向与褶皱轴向垂直。

斜断层：断层走向与褶皱轴向斜交。

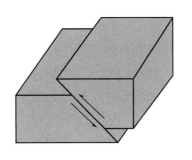
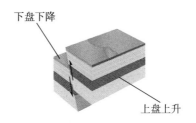

下盘下降

上盘上升

逆断层——断层上盘相对下盘向上滑动的断层
逆掩断层——指断层倾角<45° 的逆断层

图 23　逆断层示意图

3.2.2　按断层两盘相对运动分类

（1）正断层

上盘下降、下盘上升的断层。一般为陡倾角断面（图 22）。

（2）逆断层

上盘上升、下盘下降的断层。进一步细分为：① 低角度逆断层：倾角＜45°；② 高角度逆断层：倾角＞45°；③ 逆冲断层：位移量较大的低角度逆断层（倾角＜30°）；④ 推覆构造：大型逆冲断层，伴有飞来峰和构造窗，并有外来系统，原地系统的称谓（图 23）。

（3）平移断层

两盘岩块沿断层走向做相对水平运动的断层（也称走滑断层）。根据两盘的相对滑动方向，分为左行或右行平移断层。

（4）枢纽断层

枢纽断层的断层面上下的断盘不是呈相对直线运动，而是呈旋转运动。旋转运动有两种情况：一种是旋转位于断层的一端，另一种是旋转轴不位于断层的端点。枢纽断层在自然界较少。

4. 产状和产状要素[3]

4.1　产状的概念

产状是不同成因的天然地质体（包括沉积岩层、层状火山岩、侵入岩及变质岩等）在三维空间中产出的状态和方位的总称。天然产出的地质体规模不同、形态多样、结构复杂，但从几何学观点分析，均可归纳为面状构造和线状构造两大类型，即面状或线状构造可用以确定天然地质体的空间方位或产出状态。

---

〔3〕　杨坤光，袁晏明. 地质学基础. 北京：中国地质大学出版社，2009.

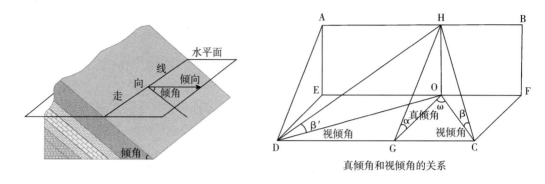

真倾角和视倾角的关系

图 24　面状构造的产状要素

　　为了确定及表示面状构造、线状构造的产出方位和空间状态，地质学中建立了产状要素的概念。产状要素用来表示面状、线状构造要素与水平参考面、地理方位之间的关系。因此，产状可简单理解为面状和线状构造的空间方位。在石窟保护工程中常见常用的是岩层产状，下面对面状构造的产状进行重点介绍。

　　4.2　面状构造的产状要素

　　平面的产状是以其在空间的延伸方位及倾斜程度来确定的。任何面状构造或地质体界面的产状均以走向、倾向和倾角的数据来表示（图 24）。

　　（1）走向

　　倾斜岩层层面与任意水平面的交线称为走向线，走向线指示的地理方位（与地理北极沿顺时针方向的夹角）叫走向。走向线有无数条平行线，但走向只有两个，并且相差 180°。

　　（2）倾向

　　倾斜平面上与走向线相垂直的线叫倾斜线，倾斜线在水平面上的投影所指的、沿平面向下倾斜的方位即为真倾向，简称为倾向。在平面上凡与该点走向线不直交的任意直线均为视倾斜线，其在水平面上投影线所指的倾斜方向，称为视倾向或假倾向。

　　（3）倾角

　　平面上的倾斜线与其在水平面上的投影线之间的夹角即为倾角。视倾斜线和它在水平面上的投影线之间的夹角，叫视倾角或假倾角。从平面上任一点都可以引出许多条倾斜线，也就是有许多视倾角，而这些视倾角都比该点的真倾角值小，即真倾角总大于视倾角。真倾角与视倾角的关系可以用数学公式表示为 $\tan\beta = \cos\omega\tan\varphi$。

　　4.3　岩层产状

　　岩层产状是以其在空间的延伸方位及其倾斜程度来确定的。除水平岩层成水平状态产出外，任何面状构造或地质体界面的产状均以其走向、倾向和倾角的数据表示，称为岩层产状三要素。岩层面与水平面的交线或岩层面上的水平线，即该岩层的走向线，其两端所指的方向为岩层的走向，可由两个相差 180°的方位角来表示，如 NE30°与 SW210°。垂直走向线沿倾斜层面向下方所引直线为岩层倾斜线，倾斜线的水平投影线所指的层面倾斜方向就是岩层的倾向。走向与倾向相差 90°。岩层的倾斜线与其水平投影线之间的夹角即岩层的（真）倾角。所以，岩层的倾角就是垂直岩层走向的剖面上层面（迹线）与水平面（迹线）之间的夹角。

4.4　岩层产状要素的测定与表示方法

岩层的产状要素可以使用地质罗盘直接在岩层面上测得。在某些情况下，可利用钻孔编录资料或几何作图法从地形地质图上求出岩层的产状要素。

岩层产状有两种表示方法：① 方位角表示法。一般记录倾向和倾角，如 SW205∠65，也可写为 205∠65（多用这种表示法），即倾向为南西 205°，倾角 65°，其走向则为 NW295°或 SE115°。② 象限角表示法。这是以北和南的方位作为 0°，一般则记走向和倾角，如 N65°W/25°SW，即走向为北偏西 65°，倾角为 25°，向南西倾斜。

5. 罗盘的结构和使用方法

5.1　罗盘的结构

（1）磁针

一般为中间宽、两边尖的菱形钢针，安装在底盘中央的顶针上，可自由转动，不用时应旋紧制动螺丝，将磁针抬起压在盖玻璃上避免磁针帽与顶针尖的碰撞，以保护顶针尖，延长罗盘使用时间。在进行测量时放松固动螺丝，使磁针自由摆动，最后静止时磁针的指向就是磁子午线方向。由于我国位于北半球磁针两端所受磁力不等，使磁针失去平衡，为了使磁针保持平衡，常在磁针南端绕上几圈铜丝，用此也便于区分磁针的南、北两端。

（2）水平刻度盘

水平刻度盘的刻度是采用这样的标示方式：从 0°开始按逆时针方向每 10°一记，连续刻至 360°，0°和 180°分别为 N 和 S，90°和 270°分别为 E 和 W，利用它可以直接测得地面两点间直线的磁方位角。

（3）竖直刻度盘

专用来读倾角和坡角读数，以 E 或 W 位置为 0°，以 S 或 N 为 90°，每隔 10°标记相应数字。

（4）悬锥

是测斜器的重要组成部分，悬挂在磁针的轴下方，通过底盘处的觇扳手可使悬锥转动，悬锥中央的尖端所指刻度即为倾角或坡角的度数。

图 25　罗盘

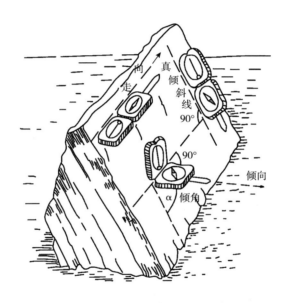

图 26　岩层产状确定方法示意图

（5）水准器

通常有两个，分别装在圆形玻璃管中，圆形水准器固定在底盘上，长形水准器固定在测斜仪上。

（6）瞄准器

包括接物和接目觇板，反光镜中间有细线，下部有透明小孔，使眼睛、细线、目的物三者成一线，作瞄准之用。

5.2　岩层产状确定方法

在野外通常使用地质罗盘来测量岩层产状的三要素（图25、26）。

（1）测量走向

使罗盘的长边（即南北边）紧贴层面，将罗盘放平，水准泡居中，读指北针所示的方位角，就是岩层的走向。

（2）测量倾向

将罗盘的短边紧贴层面，水准泡居中，读指北针所示的方位角，就是岩层的倾向。

（3）测倾角时

需将罗盘横着竖起来，使长边与岩层的走向垂直，紧贴层面，待倾斜器上的水准泡居中后，读悬锤所示的角度，即为倾角。

第二节　岩石的地质特征

1. 岩石的分类

岩石由多种矿物组成，岩石按成因可分为岩浆岩（火成岩）、沉积岩（水成岩）和变质岩三大类。

1.1　岩浆岩

岩浆岩又称火成岩，是由地壳下面的岩浆沿地壳薄弱地带上升侵入地壳或喷出地表后冷凝而成的。岩浆是存在于地壳下面高温、高压的熔融状态的硅酸盐物质（主要成分是 SiO_2，还有其他元素、化合物和挥发成分）。岩浆内部的压力很大，不断向压力低的地方移动，以至冲破地壳深部的岩层，沿着裂缝上升，喷出地表；或者当岩浆内部压力小于上部岩层压力时迫使岩浆停留下，冷凝成岩。侵入岩按距地表的深浅程度又分为深成岩和浅成岩。此类石窟或造像较少，泉州老君岩造像为伟晶花岗岩，泉州西塔的塔体也是用花岗岩作为主要建筑材料。

（1）岩浆岩的主要特征

① 构造特征。岩浆岩中有一些自己特有的结构和构造特征，比如喷出岩是在温度、压力骤然降低的条件下形成的，造成溶解在岩浆中的挥发成分以气体形式大量逸出，形成气孔状构造。当气孔十分发育时，岩石会变得很轻，甚至可以漂在水面，形成浮岩等。

② 冷凝特征。岩浆岩是由岩浆直接冷凝形成的岩石，因此，具有反映岩浆冷凝环境和形成过程所留下的特征和痕迹，与沉积岩和变质岩有明显的区别。

（2）岩浆岩的分类

依冷凝成岩时的地质环境的不同，将岩浆岩分为三类（见表3）。

喷出岩（火山岩）：岩浆喷出地表后冷凝形成的岩浆岩称为喷出岩。在地表的条件下，温度下降迅速，矿物来不及结晶或者结晶差，肉眼不易看清楚。如流纹岩、安山

表3 岩浆岩分类

化学成分	含 Si、Al 为主			含 Fe、Mg 为主	
酸基性	酸性		中性	基性	超基性
颜色	浅色（浅灰、浅红、浅黄）			深色（深灰、绿色、黑色）	
矿物成分成因及结构	石英、云母、角闪石	黑云母、角闪石、辉石	角闪石、辉石、黑云母	辉石、角闪石、橄榄石	橄榄石、辉石
深成 等粒状，有时为斑状，所有矿物均能用肉眼辨别	花岗岩	正长岩	闪长岩	辉长岩	橄榄岩、辉岩
浅成 斑状（斑晶较大且能分辨出矿物名称）	花岗斑岩	正长斑岩	玢岩	辉绿岩	未遇到
喷出 玻璃状，有时为细粒斑状，矿物难用肉眼辨别	流纹岩	粗面岩	安山岩	玄武岩	未遇到
玻璃状或碎屑状	黑耀岩、浮石、火山凝灰岩、火山玻璃				

岩、玄武岩等。

浅成岩：岩浆沿地壳裂缝上升至距地表较浅处冷凝形成的岩浆岩。由于岩浆压力小，温度下降较快，矿物结晶较细小。如花岗斑岩、正长斑岩、辉绿岩等。

深成岩：岩浆侵入地壳深处（约距地表 3 公里）冷凝形成的岩浆岩。由于岩浆压力大，温度下降缓慢，矿物结晶良好。如花岗岩、正长岩、辉长岩等。

其中，深成岩和浅成岩又统称侵入岩。

1.2 沉积岩

沉积岩是由岩石、矿物在内外力的作用下破碎成碎屑物质后，再经水流、风吹和冰川等的搬运、堆积在大陆低洼地带或海洋，再经胶结、压密等成岩作用而成的岩石。沉积岩的主要特征是具层理，矿物成分除原生矿物外，还有碳酸盐类、硫酸盐类、磷酸盐类和高岭土等次生矿物（见表4）。

（1）沉积岩的主要特征

① 层理构造显著，富含次生矿物、有机质。

② 沉积岩中常含古代生物遗迹，经石化作用即成化石，即生物化石。

表 4   沉积岩的分类

岩类		结构	分类名称	主要亚类
碎屑岩类	火山碎屑岩	碎屑结构	粒径 >100mm 火山集块岩	主要大于 100mm 的熔岩碎块、火山灰尘等经压密、胶结而成
			粒径 2～100mm 火山角砾岩	主要由 2～100mm 的熔岩碎屑、晶斜、玻屑及其他碎屑混入物组成
			粒径 <2mm 凝灰岩	由 50% 以上粒径 <2mm 的火山灰组成，其中有岩屑，晶屑、玻屑等细粒碎屑物质
	沉积碎屑岩		砾状结构粒径 >2mm 砾岩	角砾岩有带棱角的胶粒径胶结而成 砾岩由辉园的砾石经胶结而成
			沙质结构粒径 2～0.06mm 砂岩	石英砂岩石英含量 >90%、长石和岩屑 <10%；长石砂岩石英含量 <75%、长石 >25%、岩屑 <10%；岩屑砂岩石英含量 <75%、长石 <10%、岩屑 >25%
			粉状结构粒径 0.05～0.005mm 粉砂岩	主要由石英、长石的粉、黏粒及黏土矿物组成
黏土岩类		泥质结构粒径 <0.005mm	泥岩	主要由高岭石、微晶高岭石及水云母等黏土矿物组成
			页岩	黏土质页岩由黏土矿物组成 凝质页岩由黏土矿物及有机质组成
生物及化学岩类		结晶结构及生物结构	石灰岩	石灰岩中白云石含量 >90%、黏土矿物 <10%；泥灰岩中方解石含量 50%～75%、黏土矿物 25%～50%
			白云岩	白云岩中白云石含量 90%～100%、方解石 <10%；灰质白云岩中白云石含量 50%～75%、方解石 25%～50%

③具有碎屑结构与非碎屑结构之分，有的具有干裂、孔隙、结核等。通常情况下沉积岩由岩石碎屑、矿物碎屑、火山碎屑及生物碎屑等构成，其中包括砾、沙、粉砂和泥等不同粒级的物质。各粒级沉积物使沉积岩具有砾状结构、砂状结构、粉状结构或泥状结构。

④沉积岩层面呈波状起伏，或残留波痕、雨痕、干裂、槽模、沟模等印模，或层内出现锯齿状缝合线或结核，均属沉积岩的原生构造特征。

（2）沉积岩的分类

砾岩：由直径大于3mm的砾和磨圆的卵石及被其他物质胶结而形成。

砂岩：由2～0.05mm直径的沙粒胶结而成的。

页岩：由颗粒细小的黏土矿物组成。

石灰岩：由方解石为其主要成分，硬度不大等。

开凿在砂岩或砂岩夹薄层泥岩、页岩中的石窟约占总数的60%以上。如新疆拜城克孜尔石窟就开凿在新第三纪的砂岩夹泥岩地层中，砂岩疏松，成岩程度差；甘肃永靖炳灵寺石窟也是开凿在砂岩夹泥岩中；陕西彬县大佛寺石窟开凿在早白垩世洛河组紫红色中粗粒砂岩夹砾岩或薄层页岩中，岩石疏松，孔隙率高达20%～25%，成岩程度较好；云冈石窟开凿在侏罗纪砂岩夹泥质、粉砂质页岩中；重庆大足龙岗山和宝顶山石窟均开凿在早、晚侏罗世蓬莱镇组和遂宁组的红色砂岩夹泥岩地层中。属于这一类岩性类型的石窟还有新疆的库车森木塞姆、吐鲁番柏孜克里石窟；甘肃固原须弥山石窟、凉州天梯山石窟；河南巩县石窟、渑池鸿庆寺石窟；四川乐山凌云寺大佛造像；江西通天岩石窟等。

闻名中外的甘肃敦煌莫高窟就开凿在鸣沙山东麓的老第四纪酒泉砂砾岩中；天水麦积山石窟开凿在老第三纪紫红色砂砾岩夹薄层含砾泥岩中。此类砂砾岩较疏松，成岩程度差，地层产状呈水平，岩体完整性好。

著名的龙门石窟群开凿在中、晚寒武纪的白云岩和鲕状灰岩、泥质条带灰岩中，岩体受轻微构造变动，无断裂构造，岩体完整性好。属于灰岩型的还有杭州飞来峰造像、河北邯郸响堂山石窟等。

1.3　变质岩

变质岩是岩浆岩或沉积岩在高温、高压或其他因素作用下，经变质所形成的岩石。原来母岩经变质作用后，不仅矿物重新结晶，或变成新矿物，同时岩石的结构、构造亦得到变化，但一般情况下，仍保存着原岩的产状。岩石的变质作用过程和方式是极其复杂的，变质作用的方式主要包括重结晶作用、变质结晶作用、交代作用、变质分异作用以及变形和碎裂等。这些作用受各种物理、化学原理及力学原理的控制，其产物特征既取决于外部条件（即变质作用因素），又与原岩成分和性状有关。大多数变质岩具有片麻状、片状或片理，有的有变质矿物产生，这是识别变质岩的特征，此类岩石中石窟和造像较少。江苏连云港孔望山摩崖造像修建于汉代，距今1600多年的历史，开凿在前震旦纪花岗岩中，母岩矿物变质作用后重新结晶，岩石坚硬，开凿困难。

（1）变质岩的主要特征

① 有的具有片理（片状）构造如片岩。

② 有的呈片麻构造（未形成片状），岩石断面上看到各种矿物成带状或条状等，

如花岗片麻岩。

③有的呈板状构造，颗粒极小，肉眼难辨，如板岩。

（2）变质岩的分类（见表5）

表5　　　　　　　　　　　　　　　变质岩的分类

岩类	岩石名称	主要亚类及矿物成分
片理状岩类	片麻岩	花岗片麻岩：长石、石英、云母为主，其次角闪石，有时含有石榴子石 角闪石片麻岩：长石、石英、角闪石为主，其次为云母，有时含有石榴子石
	片岩	云母片岩：云母、石英为主，其次有角闪石等 滑石片岩：滑石、绢云母为主，其次有绿泥石、方解石等 绿泥石片岩：绿泥石、石英为主，其次有滑石、方解石等
	千枚岩	以绢云母为主，其次有石英、绿泥石等
	板岩	黏土矿物、绢云母、石英绿泥石、黑云母、白云母等
块状岩类	大理岩	方解石为主，其次有白云石等
	石英岩	方解石为主，其次有绢云母、白云母等
	蛇纹岩	蛇纹石、滑石为主，其次有绿泥石、方解石等
混合岩类	混合岩	脉体含量15%～50%，基体含量50%～85%。脉体与基体界线明显或较明显，具各种混合岩构造
	混合片麻岩	脉体含量50%～85%，基体含量50%～15%。脉体与基体界线不明显，片麻状构造，与正常片麻岩不易区分
	混合花岗岩	脉体含量＞85%，基体含量＜15%，不能区分脉体与基体的界线，似岩浆花岗岩，具块状构造，有时可见残留体的网影

大理岩：由方解石或白云石重新经过结晶而成的。

板岩：由页岩和黏土经过变质而形成原解理状的。

片岩：由片状、柱状岩石组成。

片麻岩：多由沉积岩和岩浆岩变质而成。

石英岩：由砂岩变质而成的。

2. 岩石的物理与力学性质

岩石是由各种造岩矿物或岩屑在地质作用下按一定规律通过结晶联结或借助于胶

结物黏结组合而成物质，岩石矿物颗粒之间存在较强的黏结性。在岩体中存在着各种不同的地质界面，这种地质界面称为结构面，如层理面、节理面、裂隙和断层等，由这些结构面所切割或包围的岩体称为结构体。

2.1 岩石的结构和构造

岩石的物理力学性质除与其组成成分有关外，还取决于岩石的结构和构造。岩石的结构是指矿物颗粒的形状、大小、结晶程度和彼此间的组合方式。岩石的构造则是指各种不同结构的矿物集合体的各种分布和排列方式。一般来说，岩石"结构"一词是针对构成岩石的微细粒子部分而言，而岩石"构造"是指较大的部分，"构造"比"结构"使用更广泛。矿物颗粒间具有牢固的联结是岩石区别于土壤并使岩石具有一定强度的主要原因。受风化作用或土壤化作用侵蚀的地壳表层岩石称为土壤。岩石颗粒间联结分为结晶联结和胶结联结两类。结晶联结是矿物颗粒通过结晶相互嵌合在一起，如岩浆岩、大部分变质岩和部分沉积岩具有这种联结。它是通过共用原子或离子使不同晶粒紧密接触，故一般强度较高。胶结联结是矿物颗粒通过胶结物联结在一起，这种联结的岩石的强度取决于胶结物成分和胶结类型。岩石的矿物颗粒结合胶结物质有硅质、铁质、钙质、泥质等。一般来说，硅质胶结的岩石强度最高，铁质和钙质胶结的次之，泥质胶结的岩石强度最差，且抗水性差。以风化程度划分，岩石又分为微风化、中等风化和强风化岩石。在岩石力学中，根据岩石坚硬程度可分为坚硬岩、较硬岩、较软岩、软岩和极软岩。

2.2 岩石的基本物理性质[4]

2.2.1 岩石的密度指标

（1）颗粒密度

颗粒密度（ρ_s）是指岩石固体相部分的质量与其体积的比值。颗粒密度不包括空隙在内，因此其大小仅取决于组成岩石的矿物密度及其含量。一般为 $2.5\text{g/cm}^3 \sim 3.2\text{g/cm}^3$。

$$\rho_S = \frac{m_S}{V_S}$$

式中：m_S——岩石的固体部分的质量（g）；

V_S——固体体积（cm^3）。

（2）岩石的比重（相对密度）

岩石固体部分的重量与同体积4℃时纯水重量的比值。

（3）岩石密度

单位体积内岩石的质量称为岩石的密度，密度单位：kg/m^3。岩石密度不仅与矿物

---

〔4〕 刘佑荣等. 岩体力学. 北京：中国地质大学出版社，2010.

组成有关，还与岩石的孔隙性及含水状态密切相关。岩石的密度可分为天然密度、干密度和饱和密度。岩石的天然密度一般在 2500kg/m³ 左右。

$$\rho = \frac{m}{V}$$

式中：m——岩石的质量（g）；

    V——岩石的体积（cm³）。

单位体积的岩石的重力称为岩石的重度（容重）。所谓单位体积就是包括孔隙体积在内的体积。相应地，岩石的重度可分为天然重度、干重度和饱和重度。

$$\gamma = \rho h \quad (kN/m^3)$$

2.2.2 岩石的孔隙性[5]

岩石的孔隙性是指岩石中孔洞和裂隙的发育程度。

（1）岩石的孔隙度

孔隙度是岩石中各种孔洞、裂隙体积的总和与岩石总体积之比，常用百分数表示，故也称为孔隙率。

$$n = \frac{V_v}{V}$$

式中：V_v——岩石的空隙体积；

    V——岩样或试件的体积。

（2）岩石的空隙比

孔隙比是指岩石中各种孔洞和裂隙体积的总和与岩石内固体部分实体积之比。

$$e = \frac{V_v}{V_s}$$

式中：V_s——岩石固体骨架，即颗粒矿物的体积。

2.2.3 岩石的水理性质

（1）岩石的含水率

岩石的含水率是指岩石试件中含水的质量与固体质量的比值。由于大多岩块的含水率比较小，因此对岩块含水率试验也提出了相对比较高的要求，采集试样不得采用爆破或钻孔法。在试件采取、运输、储存和制备过程中，其含水率的变化不得大于1%。岩块的含水率试验采用烘干法，即将从现场采取的试件加工成不小于40g的岩块，放入烘箱内在105℃~110℃的恒温下将试件烘干，后将其放置在干燥器内冷却至室温称其质量，重复上述过程直至将试件烘干至恒重为止。恒重的判断条件是相邻24h两次称量之差不超过后一次称量的0.1%。

---

〔5〕 谷德振．岩体工程地质力学基础．北京：科学出版社，1979.

（2）岩石的吸水性

岩石的吸水性主要采用其吸水率来表示。岩石的吸水率是指岩石在某种条件下吸入水的质量与岩石固体的质量之比值。它是一个间接反映岩石中孔隙多少的一个指标。岩石的吸水率按其试验方法的不同可分成岩石吸水率和岩石饱和吸水率两个指标。岩石吸水率是指岩石试件在标准大气压力下吸入水的重量与岩石干重量之比。岩石的吸水率的大小，取决于岩石所含孔隙、裂隙的数量、大小、开闭程度及其分布情况，此外，还与试验条件（整体和碎块，浸水时间等）有关。岩石的饱水率指在高压（150个大气压）或真空条件下，岩石吸入水的重量与岩石干重量之比。

（3）岩石的透水性

地下水存在于岩石孔隙、裂隙之中，而且大多数岩石的孔隙、裂隙是连通的，地下水可以在岩石中渗透。因而在一定的水力梯度或压力作用下，岩石能被水透过的性质，称为透水性。衡量岩石透水性的指标为渗透系数（K）。一般来说，完整密实的岩石的渗透系数往往很小。

对孔隙介质岩体，一般认为，水在岩石中的流动，如同水在土中流动一样，也服从于线性渗流规律——达西定律。达西定律：$Q = KAI$，即单位时间内的渗水量 Q 与渗透面积 A 和水力梯度 I 有正比关系，其中的比例系数 K 称为渗透系数，数值上等于水力梯度为 1h 的渗流速度，单位：cm/s 或 m/d。渗透系数是表征岩石透水性的重要指标，其大小取决于岩石中空隙、裂隙的数量、规模及连通情况等，并可在室内根据达西定律测定。渗透系数现场测试一般是通过在钻孔中进行抽水试验或压水试验来测定。

岩石的渗透性一般都很小，远小于相应岩体的透水性，新鲜致密岩石的渗透系数一般均小于 10^{-7}cm/s 量级。同一种岩石，有裂隙发育时，渗透系数急剧增大，一般比新鲜岩石大 4～6 个数量级，甚至更大，说明孔隙对岩石透水性的影响是很大的。

应当指出，对裂隙岩体来说，不仅其透水性远比岩块大，而且水在岩体中的渗流规律也比达西定律所表达的线性渗流规律要复杂得多。因此，达西定律在多数情况下不适用于裂隙岩体，必须用裂隙岩体渗流理论来解决其水力学问题。

（4）岩石的溶解度

一般来说，可溶岩的溶解度从大到小依次为：岩盐 > 石膏 > 硬石膏 > 石灰岩 > 白云岩 > 泥灰岩。

溶解速度从大到小依次为：石灰岩 > 白云岩 > 泥灰岩；粗粒 > 细粒；多孔 > 致密；厚层 > 薄层。在各种碳酸盐类岩石互层情况下，岩溶发育取决于优势易溶岩石的含量。实验表明，碳酸盐类岩石的相对溶解度，与岩石中 CaO 或 MgO 比值密切相关。溶蚀作用取决于溶解度与溶解速度。

2.2.4　岩石的抗风化指标

（1）岩石的软化性

岩石的软化性是指岩石在饱水状态下其强度相对于干燥状态下降低的性能，可用软化系数 K 表示。

软化系数是岩石试样在饱水状态下的无侧限抗压强度 f 与在干燥状态下的无侧限抗压强度 F 之比。

$$K = f/F$$

软化系数是一个小于等于 1 的系数，该值越小，则岩石受水影响越大。

（2）岩石的膨胀性

岩石的膨胀性是指在天然状态下含易吸水膨胀矿物岩石的膨胀特性。这主要反映含有黏土矿物的岩石的性质。由于黏土矿物遇水后颗粒之间的水膜将增厚，最终导致其体积增大。这对于岩石的力学特性以及岩石工程的施工将造成较大的影响，有必要掌握这类岩石遇水时的膨胀性，以改进施工与支护设计的参数。岩石的膨胀性通常可用自由膨胀率、侧向约束膨胀率和膨胀压力来表示。

（3）岩石的耐崩解性

岩石的崩解性指岩石与水相互作用时失去黏结性并变成完全丧失强度而成为松散物质的性能。岩石的崩解现象是由于水化过程中削弱了岩石内部的结构联络引起的。常见于由可溶盐和黏土质胶结的沉积岩地层中。岩石的耐崩解性是表示黏土类岩石和风化岩石抗风化能力的一个指标。岩石耐解性试验是模拟日晒雨淋的过程，在特定的试验设置中，经过干燥和浸水两个标准循环后，试件残留的质量与原质量之比值。岩石的耐崩解性用岩石耐崩解性指数 I_{d2} 来表示。

2.3　岩石的力学性质

2.3.1　岩石强度

岩石抵抗外力破坏的能力（承受外力作用的能力），即岩石强度。一般包括抗压强度、抗拉强度、抗剪强度，其中抗压强度往往是确定岩石工程稳定性的主要因素。

岩石发生破坏时所能承受的最大载荷叫做极限载荷，用单位面积表示则称为（极限）强度。岩石强度单位为帕斯卡，用符号 Pa 表示。岩石的极限强度与应力条件紧密相关，应力环境（状态）不同，或外力作用时间不同，或外力作用速度不同，岩石的极限强度不同。根据实验方法不同可以派生出：单轴抗压/抗拉/抗剪强度、三轴抗压/抗拉/抗剪强度、瞬时强度、长时强度等。

抗拉强度是岩石抵抗拉伸破坏的能力，在数值上等于岩石单向拉伸破坏时的最大张应力。岩石的抗拉强度远小于抗压强度，故当岩层受到挤压形成褶皱时，常在弯曲变形较大的部位受拉破坏，产生张性裂隙。

抗压强度是岩石在单向压力作用下抵抗压碎破坏的能力，是岩石最基本、最常用的力学指标。在数值上等于岩石受压达到破坏时的极限应力。抗压强度主要与岩石的结构、构造、风化程度和含水情况等有关，也受岩石的矿物成分和生成条件的影响。

抗剪强度是指岩石抵抗剪切破坏的能力，在数值上等于岩石受剪破坏时的极限剪应力。在一定压应力下岩石剪断时，剪破面上的最大剪应力，称为抗剪断强度，其值一般都比较高。

2.3.2 岩石的变形

岩石受力作用会产生变形，在弹性变形范围内用弹性模量和泊松比两个指标表示。

弹性模量是应力与应变之比，以"帕斯卡"为单位，用符号 Pa 表示。相同受力条件下，岩石的弹性模量越大，变形越小。即弹性模量越大，岩石抵抗变形的能力越强。

泊松比是指材料在单向受拉或受压时，横向正应变与轴向正应变的绝对值的比值，也叫横向变形系数，它是反映材料横向变形的弹性常数。

岩石并不是理想的弹性体，岩石变形特性的物理量也不是一个常数。通常所提供的弹性模量和泊松比，只是在一定条件下的平均值。

第三节　地下水

1. 含水层与隔水层

饱水岩层中，根据岩层给水与透水能力而进行的划分为含水层、隔水层及弱透水层。

含水层：是能够透过并给出重力水的岩层——各类沙土、砂岩等。

隔水层：不能透过与给出水或透过与给出的水量微不足道的岩层——裂隙不发育的基岩、页岩、板岩、黏土（致密）。

弱透水层：渗透性很差，给出的水量微不足道，但在较大水力梯度作用下，具有一定的透水能力的岩层——各种黏土、泥质粉砂岩。

2. 包气带与饱水带

地下一定深度岩石中的空隙被重力水所充满，形成一个自由水面，以海拔高度表示称之地下水位，地下水面以上称为包气带；地下水面以下称为饱水带（图27）。

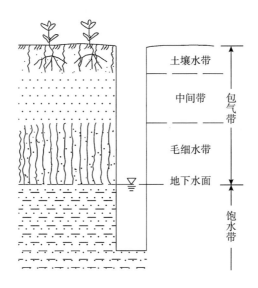

图 27　包气带与饱水带结构图

2.1　包气带

包气带主要有以下几种特点。

① 岩石空隙未被水充满。

② 固、液、气三相介质并存介质。

③ 水的存在形式（多样）：结合水、毛细水（各种）、重力水、气态水。

④ 包气带水的垂直分带：土壤水带、中间带（过渡带）、支持毛细水带、毛细饱和水带。

⑤ 包气带是饱水带中地下水渗与水文循环的一个重要通道。"重力水"通过包气带获得降水、地表水的入渗补给（补充），部分水又通过包气带将水分传输、蒸发、消耗出去。

2.2　饱水带

岩石空隙被水完全充满，空隙中水的存在形式有两种，即重力水和结合水。

重力水：连续分布（孔隙是连通）→传递压力→在水头差作用下，地下水（空隙中的水）可以连续运动。

结合水：颗粒及岩土空隙表面都带有电荷，距固相表面近的水分子，受静电引力强烈吸引，当固相表面引力大于自身重力的水，便是结合水。

2.3　上层滞水

当包气带存在局部隔（弱透）水层时，局部隔（弱透）水层上会积聚具有自由水面的重力水——上层滞水。

上层滞水分布最接近地表，接受大气降水的补给，通过蒸发或向隔水底板（弱透水层底板）的边缘下渗排泄。雨季获得补充，积存一定水量。旱季水量逐渐耗失。当分布范围小且补给不经常时，不能终年保持有水。

上层滞水有以下几个特点。

① 水量小，动态变化显著，只有在缺水地区才能成为小型供水水源或暂时性供水水源。

② 包气带中的上层滞水，对其下部的潜水的补给与蒸发排泄，起到一定的滞后调节作用。

③ 上层滞水极易受污染，利用其作为饮用水源时要格外注意卫生防护。

2.4 潜水

地表以下，第一个具有自由表面的稳定含水层中的水自由表面没有隔水层限制，与大气直接相通，除大气压强外不受其他力。潜水的基本特点是与大气圈、地表水圈联系密切，积极参与水循环，决定这一特点的根本原因是其埋藏特征——位置浅且上面没有连续的隔水层。

潜水面：潜水的表面为自由水面，称作潜水面。

潜水含水层厚度：从潜水面到隔水底板的距离。

潜水埋藏深度：潜水面到地面的距离。

潜水的补给：潜水含水层上面不存在完整的隔水或弱透水顶板，与包气带直接连通，其全部分布范围都可以通过包气带接受大气降水、地表水的补给。

潜水的径流：潜水在重力作用下由水位高的地方向水位低的地方径流。

潜水的排泄：除了流入其他含水层以外，泄入大气圈与地表水圈的方式有两类。一类是径流到地形低洼处，以泉、泄流等形式向地表或地表水体排泄，即径流排泄。另一类是通过土面蒸发或植物蒸腾的形式进入大气，即蒸发排泄。

第四节　地震

因地球内部缓慢积累的能量突然释放而引起的地球表层的振动叫地震。我国是一个多地震的国家。地震对震区的石质文物破坏作用非常大。甘肃凉州天梯山石窟因当地频繁的强烈地震而无法保存，被迫搬迁。麦积山石窟历史上几次大面积坍塌都是自然地震引起的。地震造成的石质文物破坏往往是致命的。因此，石质文物保护的防震减灾工作具有十分重要的意义。

1. 地震类型

按成因分为天然地震、诱发地震和人工地震。天然地震包括构造地震、火山地震、塌陷地震三类。诱发地震，如水库地震、矿山地震。人工地震，如地下核爆炸引起的振动。我们一般所说的地震，多指天然地震。它是一种经常发生的自然现象，是地壳运动的一种特殊表现形式。据统计，构造地震约占世界地震总数的 85% ～90% 。

从震中到震源的距离叫作震源深度。震源深度在 60 公里以内的地震为浅源地震；震源深度介于 60～300 公里之间的地震为中源地震；震源深度超过 300 公里的地震叫深源地震。

2. 震级和烈度

震级是表示地震本身强度大小的等级，它与震源释放出来的能量多少有关。能量越大。震级就越大；震级相差一级，能量相差 30 多倍。一般将 8 级和 8 级以上的地震称为特大地震；7 级和 7 级以上的地震称为大地震；7 级以下、6 级和 6 级以上的地震称为强震；6 级以下、4.5 级和 4.5 级以上的地震称为中强震；4.5 级以下、3 级和 3 级以上的地震称为有感地震；3 级以下、1 级和 1 级以上的地震称为弱震或微震；小于 1 级的地震称为超微震。

地震对某一地区的影响和破坏程度称为地震烈度，简称烈度。一般而言，震级越大，烈度越大；离震中越远，烈度越低。影响烈度的因素，除了震级、震中距外，还与震源深度、地质构造和地基条件等因素有关。

震级反映地震本身的大小，只跟地震释放的能量多少有关，是用"级"来表示的；而烈度则表示地面受到的影响和破坏程度，是用"度"来表示的。一次地震只有一个震级，而烈度则各地不尽相同。

3. 地震设计加速度

地震加速度是指地震时地面运动的加速度，可以作为确定烈度的依据。地震加速度值为 $2.5cm/s^2 ～8cm/s^2$ 时，多数人可以感到；达到 $25cm/s^2 ～80cm/s^2$ 时，房屋强烈摇动。

在以烈度为基础做出抗震设防标准时，往往对相应的烈度给出相应的峰值加速度。例如，中国的新地震烈度表（1980）规定，烈度为 Ⅶ、Ⅷ、Ⅸ、Ⅹ 时相对应的峰值加速度平均值分别为 0.125g、0.25g、0.5g、1.0g。

第五节　石窟保护中常见的不良地质现象

1. 风化

温度变化以及各种气体、水溶液和生物的活动使石窟造像岩体在结构构造，甚至化学成分上逐渐发生变化，使岩石由整块变成碎块，由坚硬变得疏松，甚至组成岩石的矿物也发生分解，产生在当时环境下稳定的新矿物。这种由于温度、湿度、大气、水溶液和生物的作用，使石窟造像岩体发生物理状态和化学成分变化的过程，称为风化。不可再生的石质文物在千余年的自然地质营力和人类工程活动的影响下，产生了种种不同程度的风化病害，严重危及了石窟艺术品的长期保存。实践经验表明，风化病害治理必须重视地质环境的研究，不同的地质环境决定了不同的风化类型。它是彻底根治风化病害的前提。例如中国北方石窟的岩体风化以冻融、干湿交替等作用引起的物理风化为主；而位于雨量充沛的中国南方石窟造像则以含有盐类的地下水渗入造像岩体的孔隙和裂隙中，使岩石中矿物产生以化学风化为主的蚀变，同时植物根系腐殖酸损害造像岩石的生物风化作用也很明显。

1.1　风化程度的分类

石质文物的风化按其程度分为五类。

（1）未风化

刚雕凿完成的石窟造像及其他石刻艺术品，岩质新鲜，未见风化痕迹。

（2）微风化

石刻岩体组织结构基本未变，仅沿裂隙面有铁锰质浸染或矿物略有变色，有少量风化裂隙存在。

（3）中等风化

组织结构部分破坏，沿石刻岩体裂隙面出现次生矿物，风化裂隙发育。如大足宝顶山卧佛沿层面裂隙产生的芒硝、石膏、方解石和白云石等。

（4）强风化

组织结构已大部分破坏，石刻岩体中的长石、云母已风化为次生矿物，裂隙很发育，石刻造像的突出部位易发生破碎掉块。

（5）全风化

组织结构已完全破坏，石刻造像已模糊不清，表层呈土状堆积。如云冈石窟第9、10窟窟前的5根石雕列柱，朝向窟外的列柱表层岩石组织结构被完全破坏，呈白色粉沙状堆积，用手轻轻一抹就散落地下。

1.2　风化成因分类

风化作用按成因可分为物理风化、化学风化和生物风化三类。

1.2.1　物理风化

物理风化作用也称为机械风化作用，是指岩石或矿物因温度变化及岩石孔隙中水和盐类物质的物态变化，使石窟造像岩体发生机械破坏而不改变其化学成分的过程。物理风化作用常使石窟造像产生许多裂缝、逐层剥离、崩解以致变成碎屑。物理风化作用以温度变化为主要影响因素，是一种不改变或很少改变岩石化学成分的破坏作用。

（1）温差风化

温差风化是由于岩石表层温度的周期性变化而使岩石崩解的过程。地表上气温有日变化和季节性变化，对于矿物的热胀冷缩来说，日变化影响较大，季节性变化影响较小。石窟岩体及石刻造像岩石是热的不良导体，裸露地表的石窟及石刻造像在白天受到阳光的照射时，向阳面温度迅速增高，表面体积膨胀，其内部则因热能缓慢传导而变化不大，岩石的表层与内部之间产生了温度差异，表现为受热膨胀程度的差异，形成外热内冷的差异现象。傍晚时岩石内部因白天传入的热力影响而逐渐膨胀，石窟造像表面却因无阳光照射而迅速降温，岩石表层体积收缩，所以夜间岩石形成外冷内热的差异现象，在岩石表层与内部之间造成细小的裂隙。如此反复进行，裂隙不断扩大增多。

大多数岩石是由多种矿物组成的，各种矿物的膨胀系数不一致，原先紧密联结在一起的矿物颗粒在热量交替变化的作用下，颗粒间的联结会遭到破坏。特别是当岩石受到暴晒表层膨胀时，突然受到暴雨的浇淋；夜晚岩石内热外冷，潮湿空气进入岩石孔隙甚至在岩石表层结露时，某些矿物同水的结合或吸水作用而使体积膨胀。这两种情况都会加速破坏石刻造像岩石颗粒间的联结和岩石表层与里层的联结。久而久之，岩石表层就会变得疏松，出现与表层平行的裂隙和与表面垂直的裂隙，岩石就会由表及里逐渐破碎瓦解。

温差风化作用盛行于昼夜温差变化较大的干旱、半干旱地区，多造成石窟造像的鳞片状剥落。如云冈石窟的石刻表面多见鳞片状剥落现象，鳞片厚度与岩石中矿物颗粒的直径有关，粗砂岩中的鳞片厚度约为 3~4mm，细砂岩中形成的薄片厚约 0.5~1mm。这是由于当地的温差大，而岩石中的矿物膨胀系数不同造成了平行石刻造像表面的开裂脱落。

（2）冰劈作用

冰劈作用又称为冻融作用，是指岩石裂隙中充填的水，因结冰体积膨胀而使岩石裂隙扩大的过程。在高纬度寒冷地带和中低纬度高山区，特别是昼夜温度变化在 0℃ 上下的雪线地区，渗入石刻造像裂隙中的水，当气温降到 0℃ 以下时就冻结成冰。水结冰时，体积增大 1/11 左右，而且渗入裂隙中的水常是裂隙口处先冻结成冰，气温进一步降低时裂隙内的水才逐步结冰，被封闭在裂隙中的水在冻结时体积膨胀，对裂隙面产生 960kg/cm^2~2000kg/cm^2 的压力。显然，在裂隙水冻结成冰而产生巨大压力的反复作用下，裂隙将逐渐扩大、加深，造成石窟岩体的崩解掉块。

（3）盐类的结晶与潮解作用

当岩石裂隙中充填含有盐分的水溶液时，白天烈日暴晒、水分蒸发，盐类物质因过饱和而结晶。结晶后体积膨胀，撑开裂隙。据实验资料，明矾结晶后体积增加

0.05%，可对裂隙两壁施加 $40kg/cm^2$ 的压力。夜晚，气温降低，结晶出的固体盐从大气中吸收水分变成盐溶液而潮解，并渗透到白天所产生的裂隙中。如此反复进行，裂隙不断扩大，岩石破裂直至崩解。盐类的结晶与潮解作用主要出现在降水量少，蒸发强烈的干旱、半干旱地区。

1.2.2　化学风化

化学风化作用主要是水溶液与地表附近的造像岩石中的矿物进行化学反应，使石窟造像岩石逐渐分解的作用。在这过程中造像岩石的结构、构造遭到破坏，岩石的成分受到改造，并产生一些在地表条件下稳定的新矿物。因此，在进行化学防治时应特别注意，根据新鲜岩石的化学成分全分析结果制定的化学处理方案，可能会因为忽略了新矿物成分而达不到满意的效果。化学风化作用主要有以下几种方式。

（1）溶解作用

在自然界中的水，特别是含有 CO_2 的水，对许多矿物来说是一种很好的溶剂，组成岩石的矿物中，部分矿物如卤化物、硫酸盐溶解度大，易溶入水。碳酸盐岩中造像艺术品，在纯水中碳酸盐岩不易溶解，但当水中含有 CO_2 时则易于溶解。其化学反应式如下：

$$CaCO_3（方解石）+H_2O+CO_2 \rightarrow Ca（HCO_3）_2（重碳酸钙）$$

重碳酸钙易溶于水，可被流动的水带走，这将导致造像岩石产生溶孔和溶洞。

在砂岩造像中，大多数造岩矿物是硅酸盐。它们较难溶解于水中，但当水中含酸或碱度较大时，则其溶解硅酸盐矿物的能力显著加大。温度和压力也能促使矿物的加速溶解。如石英（SiO_2）在常温常压下几乎不溶于水。但在较高的温度和压力下，SiO_2 也能部分溶解于水中。在含 SiO_2 较高的岩石裂缝或空洞中，常常发现石英脉或水晶晶洞，就是由这种水溶液析出的 SiO_2 形成的。

（2）水解作用

水具有微弱的离解性质，即一部分水可离解成 H^+ 和 OH^- 离子的溶液。一些矿物在水中也出现离解现象，并与水中 H^+ 和 OH^- 离子分别结合而生成新的化合物，原矿物的结构就被分解了，这种化学作用称为水解作用。水解作用的反应是不可逆的，离解与化合继续进行下去，直至原有矿物离解完为止。例如砂岩造像岩石中的长石属于强碱弱酸盐类，它经水解作用而形成高岭石、氢氧化钾和二氧化硅，其化学反应式如下：

$$4K（ALSi_3O_8）（钾长石）+6H_2O \rightarrow AL_4（Si_4O_{10}）（OH）_8（高岭石）+8SiO_2+4K（OH）$$

其中，氢氧化钾和二氧化硅呈溶液或溶胶状态随水迁移，只有难溶的高岭石呈粉末状残留在造像表面。

（3）氧化作用

矿物中的低价元素与水中或大气中的氧结合变成高价元素，这种化学作用叫氧化作用。例如黄铁矿可以被氧化成褐铁矿，其反应式如下：

$$4FeS_2（黄铁矿）+5O_2+mH_2O \rightarrow 2Fe_2O_3 \cdot nH_2O（褐铁矿）+8H_2SO_4$$

空气中氧占 20% 以上，许多元素具有与氧结合的能力，所以，氧化作用是地壳表面极为普遍的现象。氧化的结果使石窟造像的表面产生黑褐色浸染，影响艺术品的美观。干燥空气中氧化作用不强，如果是潮湿空气，氧便非常活泼。地表以下潜水面以上的地带是饱气带，土壤和风化的岩石结构较疏松，含有毛细水、薄膜水，空气也能出入，所以第一地带进行氧化作用很有利，称为氧化带。例如，含有金属硫化物的岩石或矿物，当他处在氧化带的条件时，由于硫的氧化和硫酸根的形成便加速其他矿物的溶解或水解，使岩石的化学风化加速进行。

（4）水化作用

有些矿物与水接触后发生化学反应，矿物吸收一定量的水作为自己的组成部分，形成含水的新矿物，称为水合作用，又称水化作用。其反应式如下：

$$CaSO_4（硬石膏）+2H_2O \rightarrow CaSO_4 \cdot 2H_2O（石膏）$$

水化作用形成的含水新矿物，其结构已不同于原来矿物，其硬度一般低于原矿物。水化作用使造像岩石沿裂隙产生堆积物或浸染。此外，水化作用常使新矿物体积膨胀，如硬石膏变为含水石膏，体积要增大 30%。增大体积的过程必然对周围环境产生强大的压力。这些又有利于物理风化作用的进行。

1.2.3 生物风化

生物风化作用是指由于生物的活动而对石刻岩体所产生的破坏作用。它可分为生物的机械风化作用和生物的化学风化作用两种。

（1）生物的机械风化作用

生物的机械风化作用主要表现在生物的生命活动上，如穴居动物不停地挖掘洞穴，蚯蚓不停地翻动土壤等都可以使岩石受到破坏；人类活动如采矿、筑路等工程，更是大规模对岩石进行机械破坏作用。

植物也对岩石进行机械破坏作用，如生长在岩石裂隙中的树木，随着树木的长大，树根也变粗大，对裂隙两壁产生的压力也相当大。据实验测算，这种压力可达 $10kg/cm^2 \sim 15kg/cm^2$。久而久之，可引起岩石的破裂，这种作用称为根劈作用。

（2）生物的化学风化作用

生物的化学风化作用是指生物的新陈代谢产生的分泌物和生物死亡后有机体的腐烂分解产物对石刻岩体的化学破坏作用。植物和细菌在新陈代谢中常常析出有机酸、硝酸、亚硝酸、碳酸和氢氧化铵等溶液，腐蚀石窟造像岩体并在表面形成沉淀物。生物死亡后的有机体在还原环境中经过缓慢的分解，形成一种黑色的胶状物质，叫腐殖质。它也是一种有机酸，对石窟岩体起腐蚀作用。

据研究，微生物对岩石的化学风化作用是较强烈的。他们不停地创造各种酸类物质，其分解能力远远超过全部动植物所具有的化学分解能力。同时，在微生物的参与下可加速石窟岩体的化学分解作用。

2. 滑坡与崩塌（危岩）

2.1 滑坡

滑坡是指斜坡上的土体或者岩体，受河流冲刷、地下水活动、雨水浸泡、地震及人工切坡等因素影响，在重力作用下，沿着一定的软弱面或者软弱带，整体地或者分散地顺坡向下滑动的自然现象。滑坡是斜坡岩土体沿着贯通的剪切破坏面所发生的滑移地质现象。滑坡的机制是某一滑移面上剪应力超过了该面的抗剪强度所致。

2.1.1 滑坡要素

一个完全发育的滑坡，一般都有下列要素。

滑坡体：指滑坡的整个滑动部分。

滑坡周界：指滑坡体和周围不动体在平面上的分界线。

滑坡壁（破裂壁）：指滑坡体后缘和不动体脱开的暴露在外面的分界面。

滑动面：指滑坡体沿下伏不动的岩、土体下滑的分界面，简称滑面。

滑动带：指平行滑动面受揉皱及剪切的破碎地带，简称滑带。

滑坡床：指滑坡体滑动时所依附的下伏不动的岩、土体，简称滑床。

滑坡舌：指滑坡前缘形如舌状的凸出部分，简称滑舌。

滑坡台阶：指滑坡体滑动时，由于各种岩、土体滑动速度差异，在滑坡体表面形成台阶状的错落台阶。

滑坡洼地：指滑动时滑坡体与滑坡壁间拉开，形成的沟槽或中间低四周高的封闭洼地。

滑坡鼓丘：指滑坡体前缘因受阻力而隆起的小丘。

滑坡裂缝：指滑坡活动时在滑体及其边缘所产生的一系列裂缝。位于滑坡体上（后）部多呈弧形展布者称拉张裂缝；位于滑体中部两侧，滑动体与不滑动体分界处者称剪切裂缝；剪切裂缝两侧又常伴有羽毛状排列的裂缝，称羽状裂缝；滑坡体前部因滑动受阻而隆起形成的张裂缝，称鼓张裂缝；位于滑坡体中前部，尤其在滑舌部位呈放射状展布者，称扇状裂缝。

以上滑坡诸要素只有在发育完全的新生滑坡才同时具备，并非任一滑坡都具有（图28）。

2.1.2 滑坡形成的条件

产生滑坡的基本条件是斜坡体前有滑动空间，两侧有切割面。例如中国西南地

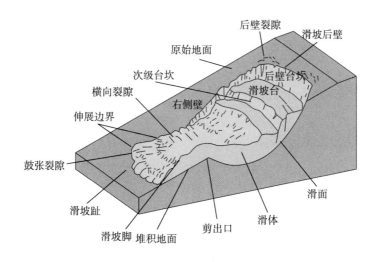

图 28　滑坡组成要素图

区，特别是西南丘陵山区，最基本的地形地貌特征就是山体众多，山势陡峻，土壤结构疏松，易积水，沟谷河流遍布于山体之中，与之相互切割，因而形成众多的具有足够滑动空间的斜坡体和切割面。广泛存在滑坡发生的基本条件，滑坡灾害相当频繁。

一是地质条件与地貌条件；二是内外营力（动力）和人为作用的影响。第一个条件与以下几个方面有关。

①岩土类型。岩土体是产生滑坡的物质基础。一般说，各类岩、土都有可能构成滑坡体，其中结构松散，抗剪强度和抗风化能力较低，在水的作用下其性质能发生变化的岩、土，如松散覆盖层、黄土、红黏土、页岩、泥岩、煤系地层、凝灰岩、片岩、板岩、千枚岩等及软硬相间的岩层所构成的斜坡易发生滑坡。

②地质构造条件。组成斜坡的岩、土体只有被各种构造面切割分离成不连续状态时，才有可能向下滑动。同时，构造面又为降雨等水流进入斜坡提供了通道，故各种节理、裂隙、层面、断层发育的斜坡，特别是当平行和垂直斜坡的陡倾角构造面及顺坡缓倾的构造面发育时，最易发生滑坡。

③地形地貌条件。只有处于一定的地貌部位，具备一定坡度的斜坡，才可能发生滑坡。一般江、河、湖（水库）、海、沟的斜坡，前缘开阔的山坡、铁路、公路和工程建筑物的边坡等都是易发生滑坡的地貌部位。坡度大于10°，小于45°，下陡中缓上陡、上部成环状的坡形是产生滑坡的有利地形。

④水文地质条件。地下水活动，在滑坡形成中起着主要作用。它的作用主要表现在软化岩、土，降低岩、土体的强度，产生动水压力和孔隙水压力，潜蚀岩、土，增

大岩、土容重，对透水岩层产生浮托力等。尤其是对滑面（带）的软化作用和降低强度的作用最突出。地表水的下渗，增加山坡土体的含水量，使土达塑性状态，降低土体的稳定性。当水渗入不透水层上时，使接触面润湿，减少摩擦力和黏聚力，使山坡失去稳定而下滑。

就第二个条件而言，现今地壳运动和人类工程活动频繁的地区是滑坡多发区，外界因素和作用可以使产生滑坡的基本条件发生变化，从而诱发滑坡。主要的诱发因素有地震、降雨和融雪、地表水的冲刷、浸泡、河流等地表水体对斜坡坡脚的不断冲刷，不合理的人类工程活动，如开挖坡脚、坡体上部堆载、爆破、水库蓄（泄）水、矿山开采等，还有如海啸、风暴潮、冻融等作用也可诱发滑坡。

2.2　崩塌（危岩）

崩塌是指陡峻山坡上岩块、土体在重力作用下，发生突然的急剧的倾落运动。崩塌的物质，称为崩塌体。崩塌体为土质者，称为土崩。崩塌体为岩质者，称为岩崩。崩塌可以发生在任何地带。崩塌体与坡体的分离界面称为崩塌面，崩塌面往往就是倾角很大的界面，如节理、片理、劈理、层面、破碎带等。崩塌体的运动方式为倾倒、崩落。

危岩是由多组岩体结构面切割并位于陡崖或陡坡上稳定性较差的岩石块体及其组合。目前将危岩分为滑塌式危岩、倾倒式危岩及坠落式危岩三类。

2.2.1　形成条件

岩土类型、地质构造、地形地貌三个条件，通称为地质条件，它是形成崩塌的基本条件。

（1）岩土类型

岩土是产生崩塌的物质条件。不同类型岩土所形成崩塌的规模大小不同，通常岩性坚硬的各类岩浆岩（又称为火成岩）、变质岩及沉积岩（又称为水成岩）、碳酸盐岩（如石灰岩、白云岩等）、石英砂岩、砂砾岩、初具成岩性的石质黄土、结构密实的黄土等形成规模较大的岩崩，页岩、泥灰岩等互层岩石及松散土层等，往往以坠落和剥落为主。

（2）地质构造

各种构造面，如节理、裂隙、层面、断层等，对坡体的切割、分离，为崩塌的形成提供脱离体（山体）的边界条件。坡体中的裂隙越发育越易产生崩塌，与坡体延伸方向近乎平行的陡倾角构造面，最有利于崩塌的形成。

（3）地形地貌

江、河、湖（岸）、沟的岸坡及各种山坡、铁路、公路边坡，工程建筑物的边坡及各类人工边坡都是有利于崩塌产生的地貌部位，坡度大于45°的高陡边坡，孤立山嘴或凹形陡坡均为崩塌形成的有利地形。

（4）外界因素

地震引起坡体晃动，破坏坡体平衡，从而诱发坡体崩塌，一般烈度大于7度以上的地震都会诱发大量崩塌。融雪、降雨特别是大暴雨，暴雨和长时间的连续降雨，使地表水渗入坡体，软化岩土及其中软弱面，产生孔隙水压力等从而诱发崩塌。地表冲刷、浸泡河流等地表水体不断地冲刷边脚，也能诱发崩塌。不合理的人类活动，如开挖坡脚，地下采空、水库蓄水、泄水等改变坡体原始平衡状态的人类活动，都会诱发崩塌活动。还有一些其他因素，如冻胀、昼夜温度变化等也会诱发崩塌。

2.2.2　评价方法

（1）工程地质类比法

对已有的崩塌或附近崩塌区以及稳定区的山体岩体形态、坡度、岩体构造、结构面分布、产状、闭合及填充情况进行调查对比，分析山体及岩体的稳定性、危岩体的分布范围，判断产生崩塌落石的可能性及其破坏力。

（2）力学分析法

在分析可能崩塌体及落石受力条件的基础上，用"块体平衡理论"或"极限平衡理论"计算其稳定性。计算时应考虑当地的地震力、风力、地下水冲刷、雨水等的影响。

3. 岩溶

岩溶是指可溶性岩层，如碳酸盐岩层（石灰岩、白云岩）、硫酸盐类岩层（石膏）和卤素类岩层（盐岩）等受水的化学和物理作用产生沟槽、裂隙和空洞，以及由于空洞顶板塌落使地表产生陷穴、洼地等类地貌现象和水文地质现象总称，国际上通称喀斯特。

岩溶作用的结果表现在以下两方面。一方面形成地下和地表的各种地貌形态，如石芽、溶沟、溶孔、溶隙、落水洞、漏斗、洼地、溶盆、溶原、峰林、孤峰、溶丘、干谷、溶洞、地下湖、暗河及各种洞穴堆积物。另一方面形成特殊的水文地质现象，如冲沟很少，地表水系不发育；喀斯特化岩体是溶隙—溶孔并存或管道—溶隙网—溶孔并存的高度非均质的介质，岩体的透水性增大，常构成良好的含水层，其中含有丰富的地下水，即喀斯特水；岩溶水空间分布极不均匀，动态变化大，流态复杂多变；地下水与地表水互相转化敏捷；地下水的埋深一般较大，山区地下水分水岭与地表水分水岭常不一致等[6]。

---

〔6〕 唐辉明. 工程地质学基础. 北京：化学工业出版社，2008.

洛阳龙门石窟和杭州飞来峰造像等石质文物赋存于灰岩之中，由于灰岩地区的岩溶十分发育，溶蚀病害成为此类石窟的主要环境地质病害之一。

3.1 岩溶发育条件

岩溶不是简单的溶蚀作用，而是溶蚀作用及其所形成的地貌和水文地质现象的综合。岩溶发育的基本条件应为以下四个。

① 具有可溶性岩层（石灰岩、白云岩、泥灰岩等）。

② 具有溶解能力（含 CO_2）和足够流量的水，随着水中二氧化碳含量的增加溶解能力也不断提高。

③ 具有良好的水循环交替条件，即有良好的地下水补给、径流和排泄条件。地表水有下渗、地下水有流动的途径，岩溶地区地下水的交替循环运动是形成岩溶的必要条件。

④ 岩石的裂隙性，主要表现为透水性。

3.2 岩溶发育机理

碳酸盐是化学上的难溶盐，如碳酸钙在纯水中的溶解度很低。在常压下，温度为 8.7^0C 时，方解石的溶解度为 $10mg/L$；温度为 25^0C 时，方解石的溶解度为 $14.3mg/L$。而在每升天然地下水中，碳酸钙的含量可达数百毫克。据研究其原因为地下水并非纯水，而是化学成分十分复杂的溶液。水中除了最常见的碳酸外，还有无机酸、有机酸和其他盐类。这些化学成分对碳酸盐岩共同起着溶蚀作用。此外，硫酸盐和卤化物的溶蚀是一种纯溶解的过程，在一定温度和压强条件下，其溶解度为一常数。而碳酸盐的溶蚀涉及多相体系的化学平衡的复杂溶解过程；同时，又有某些特殊效应使其溶蚀能力加强。致使岩溶发育既有由表及里的趋势，又有地下岩溶优先并强烈发育的现象。

天然水对灰岩的溶解作用是二氧化碳、水和碳酸钙之间的化学反应过程，并且这一反应是可逆的。南斯拉夫学者伯格里把石灰岩的溶蚀过程分为四个化学阶段。

第一阶段是与水接触的石灰岩在偶极水分子作用下发生溶解：

$$CaCO_3 \rightleftharpoons Ca^{2+} + CO_3^{2-} \tag{3-1}$$

这时溶解很快，并立即达到平衡。如果水中存在由碳酸、有机酸、无机酸等酸类所解离的 H^+ 时，与 CO_3^{2-} 结合成 HCO_3^-，使上式中右边的 CO_3^{2-} 不断减少而破坏其平衡，进而促进 $CaCO_3$ 的再度溶解。

第二阶段是原溶解于水中的 CO_2 的反应：

$$H_2O + CO_2 \rightleftharpoons H_2CO_3 \rightleftharpoons H^+ + HCO_3^- \tag{3-2}$$

碳酸电离的 H^+ 与式（3-1）CO_3^{2-} 的化合成碳酸氢根：

$$H^+ + CO_3^{2-} \rightleftharpoons HCO_3^- \tag{3-3}$$

这两个阶段的最终反应是：

$$CaCO^3 + H_2O + CO_2 \rightleftharpoons Ca^{2+} + 2HCO_3^- \qquad (3-4)$$

第三阶段是水中物理溶解的 CO_2 一部分转入化学溶解，即水中部分游离 CO_2 与水化合成为新的碳酸，这样构成一个链反应，其反应式与式（3-2）相同。其结果是不断补充 H^+ 消耗及促进 $CaCO_3$ 的溶解。

第四阶段是由于水中 CO_2 含量和外界（土壤和大气）CO_2 含量也有一个平衡关系，水中 CO_2 减少，平衡就受到破坏，必须吸收外界 CO_2 以便使水中 CO_2 含量重新达到新的平衡，这样又构成一个链反应。

3.3 岩溶地貌及洞穴堆积物

岩溶作用形成的地貌形态，根据其所在位置可分为地表和地下两类。岩溶裂隙空洞中所有的堆积物，称为洞穴堆积物。

3.3.1 地表岩溶地貌

① 溶沟和石芽。雨水在可溶岩石表面，沿其层面或裂隙流动而刻划出的凹槽，称为溶沟。溶沟间凸出的部分称为石芽。当溶沟与石芽成片分布在地表时，形成崎岖不平的地面，称为溶沟原野。

② 石林和石柱。在质纯厚层的石灰岩地区，水流沿两组以上垂直裂隙溶蚀，可形成巨大的貌似树林的石芽，上尖下粗的形态称为石林，上下一样粗的形态称为石柱。

③ 漏斗。漏斗时地面凹坑汇集雨水，沿节理裂隙垂直下渗，并溶蚀扩展成漏斗状的洼地。漏斗底部常有垂直裂隙或管道与地下暗河相连接。

④ 落水井和竖井。落水井是连接地表水流和地下溶洞暗河的垂直通道。这种通道能迅速吞吸地表水流，使其转入地下。我国地方俗称"无底洞"或天坑的都属于此类落水洞。竖井是溶洞或暗河顶部岩石沿裂隙崩塌，而形成的一种井状管道，其直径一般小于1m，井壁近乎直立，往往可以从竖井中看到暗河的水面。

⑤ 干谷与盲谷。干谷是岩溶地区的旧河谷。由于地壳上升，原地面河水沿落水洞或溶蚀漏斗转入地下，遗留在地表干涸的河谷，称为干谷。

盲谷是死胡同式的河谷。河流前端常遇到石灰岩陡壁阻挡，灰岩陡壁脚下常发育落水洞，遂使地表水转为地下暗河，这种向前没有通路的河谷，称为盲谷。

3.3.2 地下岩溶地貌

① 溶洞。溶洞是碳酸盐岩石经溶蚀，形成近乎水平或倾斜的大型空洞。它可以是集中岩溶水流的通道，也可以因地下水面下降而成干洞。

溶洞多沿岩层层面裂隙、断层或构造裂隙带发育，主要是地下水水平流动带的产物。它虽然沿水平流动带发育，但其相邻的各种裂隙会延伸扩展。所以，溶洞的平面和纵剖面形态都十分曲折。如果水平溶洞与其上下、左右扩展的各种垂直或倾斜的孔道相连通，再加上其大小支洞，则可形成十分复杂的地下洞穴体系。

② 地下暗河。地下巨大水平溶洞的底部为集中的岩溶水所占据，且成为强大的地下径流时，称为地下暗河。

③ 天生桥。天生桥多系水平溶洞或暗河顶部洞顶发生崩塌后，残留的洞顶宛若架起的拱桥，称为天生桥。

④ 地下湖。地下湖是不规则溶洞的底部局部段地势深凹可积存滞流的岩溶水体。

⑤ 溶孔。溶孔是地下水在神捕的滞流带所形成的一种微观岩溶形态。地下水沿碳酸盐类矿物颗粒间的原生空隙、解理及隐闭节理进行溶解，形成直径仅几毫米至几厘米的蜂窝状小孔洞称为溶孔。

3.3.3 洞穴堆积物

溶洞及其他岩溶裂隙与管道内的堆积物，称为洞穴堆积物。根据成因可分为以下几类。

① 化学沉积物。溶有重碳酸钙的岩溶水，当温度、压力改变时，可逸出 CO_2，产生 $CaCO_3$ 的沉淀，形成石灰华。从洞顶裂隙渗水滴水，常形成垂悬于洞顶的灰华沉积，叫石钟乳。滴水至洞底，自下向上增长的叫石笋。二者上下相连的叫石柱。沿洞壁裂隙渗出的帘幕状沉积物，称为石幔。

② 溶蚀残留黏土。石灰岩被溶蚀后，残留下富含 AL_2O_3 和 Fe_2O_3 的黏土矿物，细腻均一，呈红色或黄色。

③ 生物或文化堆积层。一些离水源近，洞口向阳，出入方便的洞穴，常成为原始人类和各种动物居住和栖息的地方。如北京周口店猿人头盖骨出土洞穴。

3.4 岩溶渗漏问题

碳酸盐岩经岩溶作用后，形成各种复杂的岩溶通道和洞穴，使岩体水文地质条件更加复杂，透水性加大且不均一。在这种地质环境中的石窟寺或摩崖造像，由于渗水非常严重，造成窟内文物造像或崖壁面造像、题刻由于渗水的影响加剧了石质文物表面风化程度。因此，岩溶地区岩溶渗漏是我国石窟保护工程中主要的工程地质问题之一。

3.4.1 渗漏的形式

按渗漏通道分类，岩溶渗漏可分为裂隙分散渗漏和管道集中渗漏。

（1）裂隙分散渗漏

岩溶作用的分异性不明显，以溶隙为主。地下水通过溶隙或顺层面渗漏，为裂隙脉状分散型渗漏，其分布范围常较大。地下水既有层流运动，也有紊流运动。从宏观上可以近似认为是均匀裂隙中的层流运动。

（2）管道集中渗漏

在岩溶发育强烈的地段，岩溶作用分异性明显，地下水通过岩溶管道系统集中渗漏，渗漏量较大。地下水以紊流运动为主。

3.4.2　影响渗漏的因素

（1）岩溶的影响

碳酸盐岩经过岩溶作用后，形成各种地下岩溶，如溶隙、溶洞、暗河等，使岩体的透水性加大，是石窟寺及摩崖造像渗漏的主要通道。岩溶发育的程度是决定渗漏通道大小的根本因素。当以溶孔、溶隙为主时，对文物区渗漏的影响不大；当岩溶发育强烈，分布广泛，深度较大，又有大型溶洞及地下暗河存在时，如果存在渗漏问题，其量很大，治理工程难度非常大。

（2）地质构造的影响

如果说渗漏通道的大小主要受控于岩溶规模，那么渗漏通道的连通性主要决定于地质构造的特点。一个地区的岩溶在平面分布上常具有分带性规律，即在平面上呈现非岩溶区和不同程度的岩溶区（如弱岩溶区、中等岩溶区、强岩溶区等）的带状分布。这种现象受控于地层岩性、地质构造、地形地貌和水文地质条件的综合因素。因此，质纯易溶的灰岩、褶皱核部、断层和裂隙密集带、可溶岩与非可溶岩接触带和碳酸盐岩硫化矿床的氧化带等的位置和分布处，就可能是岩溶发育较其他地带更为强烈的地带。

在新构造运动影响下，山区岩溶在剖面上具有成层性，即多层水平溶洞（或暗河）分布在剖面的不同高程上，各层溶洞之间多为溶隙或规模不大的垂直洞穴所沟通。水平溶洞是一定的地质时期中，岩溶分异作用的优胜者，其规模在该地质时期所形成的洞穴中最大，故对渗漏的意义最大。

4. 渗水

4.1　渗水成因分析[7]

（1）地层岩性的影响

石窟区的地层多为沉积岩，如砂岩、砂砾岩、泥岩、半胶结的砾石岩、灰岩，产状平缓稳定，呈软硬互层状，硬岩性脆，易断裂破碎，为地表水的入渗提供了通道和储存空隙，而软岩不易折断，往往形成隔水层，从而控制地下水的排泄条件和渗水点的分布、高程。如炳灵寺石窟，在高程1788m以下的岩性变软，相对密实隔水，沿此

---

〔7〕　肖碧，王逢睿，李传珠. 石窟水害成因的工程地质分析与防治对策. 岩土力学与工程学报. 北京：科学出版社.

高程在崖面上形成了多个渗水点。庆阳北石窟寺崖面，在距地面8.5m左右有一条软弱夹层带，为灰色泥岩，隔水，雨天有水沿其顶面向临空方向渗流，同时也是岩体分级破坏的界面。洛阳龙门石窟潜溪寺，主要地层为灰岩和白云岩，岩层倾向北，层间裂隙发育，基岩裂隙水由南向北运移，后被潜溪寺北侧东西向裂隙断层错断，基岩裂隙水以下降泉的形式在崖面上出露。因此，石窟区的地层、岩性部分控制基岩裂隙水的排泄条件和渗水部位。

（2）地质构造的影响

石窟区的基岩裂隙水的储存、运移和排泄受地质构造控制。根据调查，许多石窟区的岩体，大都存在三组主要的构造面：① 层面裂隙和层间风化裂隙；② 基本平行于崖面的卸荷裂隙；③ 基本垂直于崖壁面的构造裂隙。窟前的河流或沟谷就是沿该组裂隙发育而成的，临近崖面的卸荷裂隙，也是在该组构造裂隙基础上发育形成的。如石窟区存在断层，应分清断层的性质与基岩裂隙水的关系。正断层导水，是地下水的排泄通道，在正断层的两端，有基岩裂隙水排出，形成泉水。逆断层阻水，断层破碎带和上盘储水，逆断层可形成一定规模的破碎带，下有断层泥阻隔，形成储水构造。平移断层为基岩裂隙水排泄提供通道，其动盘或动距较大的盘，岩体稍松弛，因而裂隙也较不动盘更为发育。

（3）地下水赋存运移路线分析

石窟区基岩裂隙水属于重力水，主要受重力作用，因此最容易沿重力方向向下运动，在特殊情况下，受到类似"连通器"作用影响，形成承压水。地表水沿第四系覆盖层的空隙进入坡体表面，再顺基岩裂隙进入岩体，总体上沿铅垂方向运动。随着岩体裂隙张开度变小、尖灭，或遇到不透水的隔水层，如软弱夹层、层间风化裂隙、溶蚀面等，地下水运移在垂直方向受阻，于是改变运动方向，沿裂隙作横向运动或沿软弱面倾向、层间裂隙面的倾向作近似水平方向运动。随着隔水软弱夹层的变薄、尖灭，或被另一组裂隙切割，被断层错断，会再次改变运动方向。因此，其运移排泄路线多呈曲折的台坎状，受构造裂隙面、地层产状及岩性的控制。总的排泄方向指向河侧或临空方向，最终以崖面渗水、窟内渗水和泉水的形式排出。在岩溶发育的地区，部分基岩裂隙水运移到深部溶洞中储存或排泄。

4.2　岩体的渗透性

岩体的渗透性是一个复杂的问题，目前的研究成果在解决实际问题时还有很多不足的地方。根据目前的研究，岩体的渗流大体可划分为准均匀介质渗流、裂隙性介质渗流和岩溶性介质渗流三种。

（1）准均匀介质渗流

属于这一类型的有全、强风化带及弱风化带的中上部的多孔隙砂岩。在该渗流场中，达西定律基本上适用，主要参数仍然是渗透系数。

（2）裂隙性介质渗流

裂隙性介质渗流是岩体渗流的基本形式，水的渗流主要受裂隙的类型、裂隙的大小、裂隙的产状及裂隙充填情况所控制。

（3）岩溶性介质渗流

岩溶性介质渗流是岩体渗流最复杂的一种形式，由于受岩溶的发育规律所控制，岩溶的渗流具有间歇性、隐伏性、封闭性和地下水系等特点。岩溶性介质渗流的复杂性主要表现在以下三个方面。① 多循环系统共存，这是岩溶介质渗流最突出的特点之一，如一个泉眼可能是一个循环系统的排泄点，也可能是几个循环系统的排泄点，同时单个系统在空间上可以相互交叉；② 裂隙性渗流与管道型渗流共存；③ 多种渗流特征参数共存。

4.3 岩土渗透性分级

根据《水利水电工程地质勘察规范》（GB50287-99）规定，岩土渗透性可按表6分级。

表6　　　　　　　　　　　岩土渗透性分级表

渗透性等级	标准		岩体特征	土类
	渗透系数 K（cm/s）	透水率 q（lu）		
极透水性	$K<10^{-6}$	$q<0.1$	完整岩石，含等价开度<0.025mm裂隙的岩体	黏土
微透水	$10^{-6}\leq K<10^{-5}$	$0.1\leq q\leq1$	含等价开度0.025~0.05mm裂隙的岩体	黏土—粉土
弱透水	$10^{-5}\leq K<10^{-4}$	$1\leq q\leq10$	含等价开度0.05~0.1mm裂隙的岩体	粉土—细粒土质沙
中等透水	$10^{-4}\leq K<10^{-2}$	$10\leq q\leq100$	含等价开度0.1~0.5mm裂隙的岩体	沙—沙砾
强透水性	$10^{-2}\leq K<1$	$q\geq100$	含等价开度0.5~2.5mm裂隙的岩体	沙砾—砾石、卵石
极强透水性	$K\geq1$		含连通孔洞或等价开度>2.5mm裂隙的岩体	粒径均匀的巨砾

　＊　Lu为吕荣单位，是1Mpa压力下，每米试段的平均压入流量，以L/min计

第四章 石窟测绘技术应用简述

测绘是一门具有悠久历史的应用科学与技术，主要指的是针对自然界的地理、地表设施的形状、位置、大小以及属性进行测定、衡量的数据采集过程。它在当今社会经济发展中伴随传感技术、信息技术、计算机技术的发展而不断创新与优化，出现了许多新的测绘仪器和技术。针对石窟寺不可移动文物保护工程来说，石窟测绘技术主要用于石窟的保护、资料留存与数字化展示等方面。目前，我们常见的测绘技术主要包含了地形测绘、近景摄影测量、航空摄影测量、三维激光扫描技术、正射影像制图方法、数字化制图、GPS测绘技术、地理信息系统以及遥感技术等方法。本章节内容主要介绍涉及石窟寺保护工程方面的常规测绘方法与技术。

第一节 地形图

石窟保护工程中最基础的工作就是地形测量，地形测量的任务是测绘地形图。地形图测绘是以测量控制点为依据，按以一定的步骤和方法将地物和地貌测定在图之上，并用规定的比例尺和符号绘制成图。

1. 地形图和比例尺

1.1 地形图、平面图

地形图是通过实地测量，将各种地物、地貌的平面位置，按一定比例尺，用《地形图图式》规定的符号和注记，缩绘在图纸上的平面图形，既表示地物的平面位置与地貌形态。

平面图只表示平面位置，不反映地貌形态。

1.2 比例尺

（1）比例尺：图上任一线段 d 与地上相应线段水平距离 D 之比，称为图的比例尺。

$$\frac{d}{D} = \frac{1}{M}$$

（2）比例尺

直接用数字表示的比例尺用分子为 1 的分数式来表示的比例尺，称为数字比例尺，即式中 M 称为比例尺分母，表示缩小的倍数。M 愈小，比例尺愈大，图上表示的地物地貌愈详尽。通常把 1∶500、1∶1000、1∶2000、1∶5000 的比例尺称为大比例尺；1∶10000、1∶25000、1∶50000、1∶100000 的称为中比例尺；小于 1∶100000 的称为小比例尺。在文物地形测绘中，由于文物的特殊性及需要更精确的表明地物、地貌变化，通常需要更大比例尺的地形图，如 1∶50～1∶200 的地形图来表示地形变化和地貌位置。

（3）比例尺精度

人眼正常的分辨能力，在图上辨认的长度通常认为 0.1mm，它在地上表示的水平距离 0.1mm×M，称为比例尺精度。

比例尺精度与比例尺大小的关系为比例尺精度越高，比例尺就越大。利用比例尺精度，根据比例尺可以推算出测图时量距应准确到什么程度。例如，1∶1000 地形图的比例尺精度为 0.1m，测图时量距的精度只需 0.1m，小于 0.1m 的距离在图上表示不出来。反之，根据图上表示实地的最短长度，可以推算测图比例尺。例如，欲表示实地最短线段长度为 0.5m，则测图比例尺不得小于 1∶5000。

2. 方格网和地物

（1）方格网（公里网）

在绘制大比例尺地形图时，先要建立方格网，以 10cm×10cm 绘制，当比例尺为中比例尺或小比例尺时，则绘制 2cm×2cm 网格，这时称为公里网。

（2）地物

地面的各类建筑物、构筑物、道路、水系及植被等就称为地物，表示这些地物的符号，就是地物符号。地物符号又根据其表示地物的形状和描绘方法的不同，分为以下几种。

比例符号轮廓较大的地物，如房屋、运动场、湖泊、森林、田地等，凡能按比例尺把它们的形状、大小和位置缩绘在图上的，称为比例符号。这类符号表示出地物的轮廓特征。

非比例符号轮廓较小的地物，或无法将其形状和大小按比例画到图上的地物，如三角点、水准点、独立树、里程碑、水井和钻孔等，则采用一种统一规格、概括形象特征的象征性符号表示，这种符号称为非比例符号，只表示地物的中心位置，不表示地物的形状和大小。

半比例符号对于一些带状延伸地物，如河流、道路、通讯线、管道、垣栅等，其长度可按测图比例尺缩绘，而宽度无法按比例表示的符号称为半比例符号，这种符号一般表示地物的中心位置，但是城墙和垣栅等的准确位置在其符号的底线上。

地物注记对地物加以说明的文字、数字或特定符号，称为地物注记。如地区、城镇、河流、道路名称；江河的流向、道路去向以及林木、田地类别等说明。

3. 等高线

（1）等高线原理

等高线是一簇等高线在图上不仅能表达地面起伏变化的形态，而且还具有一定立体感。设有一座小山头的山顶被水恰好淹没时的水面高程为50m，水位每退5m，则坡面与水面的交线即为一条闭合的等高线，其相应高程为45m、40m、35m。将地面各交线垂直投影在水平面上，按一定比例尺缩小，从而得到一簇表现山头形状、大小、位置以及其起伏变化的等高线。所以我们得到等高线的定义是地面上高程相等的各相邻点相连接的闭合曲线。

用等高线表示地貌，等高距选择过大，就不能精确显示地貌；反之，选择过小，等高线密集，失去图面的清晰度。因此，应根据地形和比例尺参照表7选用等高距。

表7　　　　　　　　　　　　　地形图的基本等高距

地形类别	比例尺				备注
	1：500	1：1000	1：2000	1：5000	
平地	0.5m	0.5m	1m	2m	等高距为0.5m时，特征点高程可注至cm，其余均为注至dm。
丘陵	0.5m	1m	2m	5m	
山地	1m	1m	2m	5m	

按表7选定的等高距称为基本等高距，同一幅图只能采用一种基本等高距。等高线的高程应为基本等高距的整倍数。按基本等高距描绘的等高线称首曲线，用细实线描绘。为了读图方便，高程为5倍基本等高距的等高线用粗实线描绘并注记高程，称为计曲线。在基本等高线不能反映出地面局部地貌的变化时，可用二分之一基本等高距用长虚线加密的等高线，称为间曲线。更加细小的变化还可用四分之一基本等高距用短虚线加密的等高线，称为助曲线。

（2）等高线表示典型地貌

地貌形态繁多，但主要由一些典型地貌的不同组合而成。要用等高线表示地貌，关键在于掌握等高线表达典型地貌的特征。典型地貌有山头和洼地（盆地）。其特征等高线表现为一组闭合曲线。

在地形图上区分山头或洼地可采用高程注记或示坡线的方法。高程注记可在最高点或最低点上注记高程，或通过等高线的高程注记字头朝向确定山头（或高处）。示坡线是从等高线起向下坡方向垂直于等高线的短线，示坡线从内圈指向外圈，说明中间高，四周低，由内向外为下坡，故为山头或山丘；示坡线从外圈指向内圈，说明中间低，四周高，由外向内为下坡，故为洼地或盆地。

山脊和山谷：山脊是沿着一定方向延伸的高地，其最高棱线称为山脊线，又称分水线。山谷是沿着一方向延伸的两个山脊之间的凹地，贯穿山谷最低点的连线称为山谷线，又称集水线。山脊线和山谷线是显示地貌基本轮廓的线，统称为地性线，它在测图和用图中都有重要作用。

鞍部：鞍部是相邻两山头之间低凹部位呈马鞍形的地貌。鞍部（K 点处）俗称垭口，是两个山脊与两个山谷的会合处，等高线由一对山脊和一对山谷的等高线组成。

陡崖和悬崖：陡崖是坡度在 70°以上的陡峭崖壁，有石质和土质之分。悬崖是上部凸出中间凹进的地貌。

（3）等高线的特性

根据等高线的原理和典型地貌的等高线，可得出：

① 同一条等高线上的点，其高程必相等；

② 等高线均是闭合曲线，如不在本图幅内闭合，则必在图外闭合，故等高线必须延伸到图幅边缘；

③ 除在悬崖或绝壁处外，等高线在图上不能相交或重合；

④ 等高线和山脊线、山谷线成正交；

⑤ 等高线的平距小，表示坡度陡，平距大则坡度缓，平距相等则坡度相等，平距与坡度成反比；

⑥ 等高线不能在图内中断，但遇道路、房屋、河流等地物符号和注记处可以局部中断。

（4）等高距与等高线平距的关系

相邻等高线之间的高差 h，称为等高距或等高线间隔，在同一幅地形图上，等高距是相同的，相邻等高线间的水平距离 d，称为等高线平距。d 愈大，表示地面坡度愈缓，反之愈陡。坡度与平距成反比。$i = h/D$；$D = d \times M$

第二节　测图技术及要求

地形图的获取方法有很多种，目前常用的方法是全野外数字地形测绘法和航测数字化成图法。随着三维激光扫描技术的日臻成熟，三维激光扫描正逐步成为一种高效率、多用途的测图方式。其中，主要以全野外数字地形测绘的方式为主，特别是涉及文物本体部分。对部分高山陡崖和河谷等地形极端危险和破碎的区域可采用航空摄影测量的方法进行测绘，而对于部分寺庙遗迹、建筑遗迹、建筑与山崖交混在一起的遗迹、残窟和窟外建筑遗构共存的遗迹、矿业遗迹等，可以利用地面三维扫描数据加工生成大比例尺地形图的方式进行作业，并嵌套到周边传统地形测绘数据成果中，形成文物专题图。

1. 近景摄影测量

近景摄影测量是摄影测量的一个专业分支，20 世纪 80 年代初在文物领域开始应用，20 多年来已经形成了一套完整的技术体系，近年来更是随着计算机技术和测量技术的发展，特别是数字摄影测量工作站的兴起而发挥着越来越显著的作用。其突出优势表现在以非接触方式获取目标表面高精度的现状数据方面，特别适用于体量高大、形态复杂以及不可触摸的文物目标的测绘。

近景摄影测量利用立体摄影仪和测量仪器配合，拍摄立面成像，得到摄影物体信息载体的相片。然后在室内采用纠正法、解析法或模拟法加以处理，再由电脑控制的绘图仪上线划轮廓图或等值线图，最后经形象加工修正成正式图件。近景摄影测量技术在石窟文物保护中大量应用于崖壁和洞窟的立面测绘工作之中。

通过近景摄影测量可获得文物目标的立面图和等值线图，从而达到现状记录的目的。

1.1 制图投影面分类

就近景摄影测量而言，石窟文物类型大体可分为以下几类。

① 洞窟外立面（即崖壁面），即自然山体（崖壁面总体平展，局部有转折）。

② 洞窟内壁、刻于崖壁面的僧人题刻、中央坛基，即人为加工的近似平面。

③ 佛像，即典型的立体目标。

④ 穹顶，即特殊的异型目标（不可展开曲面）。

上述文物目标按照其几何特征原则可分成以下三类。

① 平面型文物：洞窟内壁、僧人题刻、中央坛基。

② 立体型文物：佛像、崖壁面。

③ 异形文物：穹顶。

为了真实描述各类文物目标的自然形态，制图投影面的选取工作至关重要，直接影响到图件的形态（其实质是两点空间长度的投影变形）及其与测绘对象之间的视觉差异，尤其是对于非平面型摄影对象而言这种差异更为突出。

1.2 投影面选取原则

针对上述几类文物目标各自的几何特征，石窟近景摄影测量制图投影面的选取按照以下原则进行。

（1）平面型文物投影面的选取

在立面上选取具有代表性的三点，以三点所共面的平面（即本身所在的自然面）

作为其制图投影面。洞窟内壁、题刻等采用此方法进行了制图投影面的选取。

（2）造像测绘投影面的选取

通常，造像会有一定程度的前倾或后仰，为了获得良好的视觉效果，一般以通过造像两肩和两胯特征点的倾斜立面作为其制图投影面。

（3）崖壁测绘投影面的选取

以崖壁转折所形成的自然段为单元，分别按照垂直立面进行投影面选取（特殊情况下，当崖壁总体呈较大倾斜时以其所在的自然斜面为投影面），并通过数据转换、数据接边和必要的技术处理进行崖壁立面展开，尽量减少投影变形，以实现对崖壁立面的真实描述。

（4）穹顶测绘投影面的选取

按照高斯投影理论，以投影误差不大于一定的限度（绝对误差或相对误差）为原则进行制图投影面选取。

投影面选定后，按照下列公式对像控制点进行坐标转换，并通过内业测图过程的进一步调整获得最佳的投影效果，以便为内业测图准备控制测量数据。

$$X = X_0 + x\cos\theta - y\sin\theta$$
$$Y = Y_0 + x\sin\theta + y\cos\theta$$

其中，X、Y 为制图投影面坐标系坐标，x、y 为控制测量坐标系坐标，X_0、Y_0 为坐标原点平移量，θ 为坐标系旋转角。

1.3 像片控制测量

像片控制测量的目的在于通过测定立体像对内足够数量特征点的三维坐标，为内业影像模型的相对定向、绝对定向、比例规化等提供控制资料，使得测图仪上建立起来的立体模型具有真实性和可量测性，以正确反映摄影对象的实际形态。

具体作业时，在每个立体像对内选定了 6 个以上均匀分布的特征点（人工标志和自然特征点）作为像控点，有条件时应考虑相邻像对像控点的公用问题。

像控点测量精度是影响图件几何精度的主要因素。因此，一般情况下采用空间前方交会法，当受空间限制时采用极坐标法，以保证像控测量的精度与测图精度相匹配。同时，为了图件的整体拼接和相互检查，像控点测量时进行了整体联测。

1.4 近景摄影

在完成投影面选取、像控点布设与测量后，进行文物目标的近景摄影，即影像数据获取工作。

1.4.1 立体摄影

根据测绘对象的具体情况，采用单像对（佛像、坛基等）或单航带连续基线法（崖壁、洞窟内壁、题刻等），使用摄影经纬仪（崖壁采用 300mm，其余采用 100mm 镜头，以获得理想的摄影比例尺），并尽可能采用正直摄影方式拍摄文物目标的物理影像。

具体摄影时，在综合考虑测图比例尺、测图精度和最佳摄影构形等因素的前提下，对摄影站点进行总体设计，以实现摄影比例尺（1/m）与测图比例尺（1/M）之间、摄影基线（B）与摄影距离（Y）之间比例关系的合理性。

一般情况下，B/Y 控制在 1/8～1/4 之间，（1/M）/（1/m）控制在 3～8 之间。

1.4.2　摄影材料及摄影处理

国产红特硬光谱玻璃干板为摄影底版，D76 微粒显影液和 F5 酸性坚膜定影液为显影和定影药液，该类型的摄影和冲洗材料具有底片变形小、成像颗粒细、感光度低等性能，对记录细小信息和进行野外冲洗具有突出优势。

1.4.3　现场测量技术注意要求

① 测控方案应遵循整体到局部的布设原则。首先需建立文物区总体的平面控制网。技术上应采用导线测量和四等水准测控。

② 实测中应多采用短基线、竖直基线、提高摄影光轴等措施以减少摄影死角。

③ 摄影机的选择取决于现场条件和成图要求。量测摄影机是获取资料的主要设备。非量测的普通相机作为辅助手段，可从不同角度拍摄不同比例尺的照片，为内业制图、整饰、局部大洋测绘等提供修补纹饰的资料。

④ 为避免环境光线的干扰，可考虑夜间摄影以提高工作效率和成像质量。

⑤ 为提高测绘制图的拼接质量，应首先在分析外业摄影资料，确定最关键部位和最理想像对的基础上，安排好主体像对的工作程序。当采用摄影物方相对控制方式时，明显地物特征点可作为接边参照点。在测绘等值线图时，必须事先建立统一的物方控制系统，方能将相邻像对用公共的控制点完成等值线的拼边。

1.5　内业制图及图形整饰

（1）内业制图

内业制图是近景摄影测量中工作量最大，作业时间最长，也是最为重要的一个环节。相片质量（底灰、密度、反差等）的优劣、摄影比例尺的大小、像控数据的精度等物理和数学精度都直接影响图件的测绘效果、精度和作业效率。因此，包括相片、像控数据、摄影草图和摄影记录等野外资料必须经过严格的自检后向内业输送。

外业资料检查、数据分类和预处理（像控数据转换、影像减薄或加厚等）后进行内业制图工作。采用解析摄影测量方式进行近景摄影测量内业制图。在 Microstation 95 联机测图平台上，使用德国 Zeiss Planicomp P2、P3 解析测图仪，经过立体像对的内定向、立体模型的相对定向和绝对定向，建立摄影目标的空间立体模型后，采用手扶跟踪的方式进行各类文物目标立面图、等值线图的测绘和其他有关数据（特征点坐标等）的采集工作。

Riegl vz400

海克斯康关节臂式

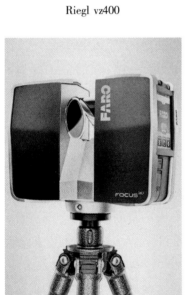

FARO focus3D

Leica HDS6000

图29　三维扫描仪器

（2）图形整饰

为了真实、艺术地再现文物目标的空间姿态和艺术特征，除按照制图学原理对线型、线宽、线条连接及压盖关系进行专门设计外，还需在文物工作者与文物专家的指导下进行文字校对和艺术特征微调，最终形成了规范、形象逼真的数字文物图件。

数字图件由若干条向量线构成，这些图形数据在计算机中可自由缩放和量算，具有 1 : 1 回放的精度和性能。因此，数字图件不仅是文物的真实记录，同时具备文物复原复制的数据功能。

2. 三维扫描技术的应用

激光技术以其单一性和高聚积度成为继 GPS 空间定位系统之后又一项新的测绘技术，它推动了三维空间数据获取向着集成化、实时化、动态化、数字化和智能化的方向发展，通过高速激光扫描测量的方法，可以快速、大量的采集空间点位信息，为快速建立物体的三维影像模型提供了全新的技术手段。近些年文化遗产保护领域已引入了三维激光扫描技术，这对文化遗产的保护与展示产生了重要的社会文化意义。

2.1 外业数据采集

常用的三维激光扫描仪器有 Riegl vz400、FARO focus3D、海克斯康关节臂式扫描仪，其中 Riegl vz400 扫描仪精度均可达到 1mm，FARO focus3D 扫描仪精度可达 0.3mm，海克斯康关节臂式扫描仪精度可达 0.05mm。根据被测物体的体量不同和残损不同来确定使用的扫描仪和扫描精度（图 29）。

对于石窟本体及崖壁外立面，可先采用 Riegl vz400 、FARO focus3D 中近程三维激光扫描仪，以 1.5mm 精度进行扫描，主要采集洞窟本体和崖壁外立面三维激光扫描数据，为绘制洞窟剖面和外立面图提供依据。

2.2 内业数据处理

（1）数据配准

首先，针对石窟及崖壁外立面，由于整个场景较大，而且精度要求相对来说不高，可采取中远程扫描仪进行数据采集，这样不可能只由一个测站进行全部测量，需要多次设置测站，这样就需要点云数据配准。在进行配准之前，先要进行数据预处理，因为在扫描待测物体时，由于遮挡、人为因素等原因的影响，特别是树木杂草的遮挡，采集的数据不止是我们需要的数据，其中还包括很多我们不感兴趣的数据，例如物体周围的花草树木、人群等，这样就必须在配准之前要利用数据的预处理把我们感兴趣的数据提取出来。预处理的方法很多，可以利用激光强度把同一类物体同时选中后删除、人工选取等方法。

三维激光扫描数据整合的配准工作，即是将所有具有独立坐标的三维激光扫描数据转换到一个共同的基准坐标系下，以构成完整的点云模型。配准的精确程度对最终形成的数据有关键性的作用，只有在配准完成后，才能实现三维激光扫描数据的应用。

此外，在进行数据采集完成后，还要对相应数据不完整的部分有针对性的补扫，如遮挡较严重的地方、细部、漏扫的地方等。

（2）点云剖切图

由于点云数据是最真实和完整的数据信息，所以直接从点云数据上采集信息是最准确的，为了后期制作三维模型和矢量线画图可以对已配准好的点云数据通过软件创建各层次和立面的点云剖切图。

2.3 三维模型

2.3.1 基于点云模型的三角网模型

三维激光扫描仪所得到的点云模型，是空间不规则的离散的点构成的，这些点云之间并没有构成待测物体的实际的表面，所以要得到待测物体的有拓扑关系的真实表面，还要通过特殊的算法来恢复表面的这种拓扑关系，构建表面三角网模型就是其中一种比较简单而实用的方法，而且能保证三维模型的精度同点云精度一致或者高于点云精度，有助于进一步研究石窟的形制及石窟本体构建变化。

三角网模型的构建拟采用分块单独建立的方法，对其进行合理的分块处理，分别构建三角网模型，然后根据坐标系统来融合到一起。

这种建模方法对于散乱点、栅格点、等值线格式的"点云"都适用。具体步骤如下。

① 对"点云"进行三角剖分，使散乱的"点云"在空间连成一个最优的三角网格。

② 计算三角网格边界条件，构造初始三角曲面。

③ 构造整体 G1 连续的插值曲面。

由于遮挡的原因，这种三角网面可能存在空洞现象，这种现象是不可避免的，只能相对的减少，在采集数据时要注意边边角角的地方以免存在漏扫现象，当存在这种问题时，可以利用专业软件来进行弥补，根据其表面的复杂程度来选取补洞方法。

2.3.2 基于点云模型的 NURBS 曲面

该曲面只描述待测物体的表面几何形状，没有体的信息。曲面分为规则曲面、自由曲面、复杂曲面三种。针对不同的曲面，有不同的曲面造型方法。

（1）四分法

将整个曲面先看成一个整体，拟和成单一曲面，然后检验是否满足误差要求，不满足就一分为四，然后再对每一部分重复以上操作，直到所有的部分都满足要求为止。

（2）放样法

构造跨越一系列平行或近似平行的曲线，依次保证曲线的连续。当然，这些曲线是在"点云"的基础上，通过一系列的平行截面构造"新云"。在"新云"的基础上拟和而来的。

（3）旋转法

对于旋转成形类的曲面，只需要有由"点云"拟和来的母线和轴就可以构造出满足要求的曲面。

（4）边界曲线法

利用这种方法可以构造四条边的 B 样条曲面片。但是这个功能不考虑封闭在轮廓线内部的数据点。

（5）用"点云"和曲线拟和曲面

这种方法可以用边界曲线和曲线内部的数据点来拟和曲面，但是此方法要求内部的"点云"必须是"单值"的。

（6）构造过渡曲面

在两个已经构造好的曲面之间生成第三个曲面，经过调整相切比例，可以得到过渡光滑的新的曲面。

（7）特征线的方法

对于特征点和线格式的数据，最好的建模方法就是使用特征线方法。具体做法为对数据进行预处理时，对点云的特征进行了提取，在这些特征云的基础上，拟和曲线，在这些特征曲线的基础上再构造曲面，这时构造出的曲面很光滑。此外，曲面还可以经过裁剪、倒圆角、缝合等操作获得新的曲面。

2.3.3　实体模型

复杂几何形状的实体模型由规则的实体（体素）经过布尔运算得到。在实际建模中，要把曲面造型和实体造型结合起来，这样才能构造精确的曲面实体。实体造型基本沿着两个方向发展。

（1）基于曲面的实体造型

在实际的加工软件中，如果曲面的间隙不超过规定范围，就可以用包封实体的方法生成相应的实体，对于棱镜物体，可以将曲面沿着法线方向产生一定的厚度从而生成实体。

（2）基于体素的实体建模

这种方法把复杂的实体定义为简单的实体体素的组合，用布尔运算——交、并、差实现这种组合，这种建模方式对于基本上有规则面构成的待测物体是适合的。对于散乱点、栅格点、等值线格式的"点云"，用基于体素的实体建模方法是很难实现的。因为首先需要解决对密集的"点云"数据进行识别的问题即确定哪些点属于哪个体素，这在计算机视觉领域也仍然是有待解决的难题。从工程实用的角度来看，采用特征点、线格式的"点云"数据进行实体建模是比较可行。

3. 洞窟及崖壁剖面图测绘

（1）剖面数据采集

为了获取洞窟内部及窟外崖壁详实的立面结构数据，使用 Wild T1000 + DI 1001 组合式全站仪，采用精密工程测量方法，沿洞窟纵轴及其延长线和洞窟特征部位横轴逐点采集洞窟和崖体特征点的三维坐标，经数据处理后，生成洞窟和崖壁剖面图。

（2）剖视图生成

以洞窟的纵、横剖面为基准投影面，将洞窟内壁近景摄影测量数据经投影变换后获取剖面两侧左、右（或前、后）视图的制作工作。

（3）选取断面位置注意事项

横竖断面位置的选取应首先考虑最大程度地表现主造像及主造像龛的形态特点，一般要求首选横断面切过主造像胸部，首选竖断面切过主造像的鼻尖。

对于大型洞和重要摩崖造像龛为更全面的表现空间形态特点，横断面应选择至少三个层位，而竖断面至少选择三个方向。

4. 正射影像图制作

把已经构建好的测绘的文物三角网模型按照照片尺寸划分，然后利用模型和相片共同的特征点，对相片定向，改变相片的参数，贴在模型上，最后生成整体彩色仿真模型。将该模型，用正射投影生成初始的正射影像图，经过图形图像处理软件进行修饰、拼合，最后生成其整体正射影像图。

（1）确定测绘坐标系

根据不同的测绘物体来确定其点云坐标系，主要是为了把其主要的部位朝向一个坐标轴，这样有助于其各个立面正射影像图的制作。转换坐标系可以在专业的逆向工程软件中来进行，可根据周围建筑物、特征或者人为定义特征来作为坐标轴的参考，最终以这些参考完成坐标系的转换。

（2）拍摄高清影像

采用高清晰数码相机，采取正直方式进行影像拍摄。对于平面型壁画（含坛基壁画）和僧人题刻，采用分行、分列方式进行影像数据获取。其中，航向重叠控制在80%以上，旁向重叠控制在30%以上，以满足正射影像图选片以及构成立体像对的要求。

拍摄时光线的运用是保证壁画色彩还原的重要因素，摄影时尽量采用自然光，以获取良好的影像质量。

（3）影像处理与正射影像图制作

将影像数据传入计算机，在影像处理软件中进行影像检查及预处理。将像控点坐

图30　修饰完的正射影像图

标进行计算处理后，在成图软件中生成像控点图形，在影像矢量处理软件中调入影像，经过纠正处理后生成正射影像图。多幅影像拼接时，利用控制点进行影像数据拼接并进行接边精度检验。

应当指出，平面型文物的影像基本等同于实际大小，而穹顶、弧形部位则产生了不同程度的投影变形（但均在一定的限差之内），这是在所难免的。

（4）纠正高清影像

利用设定好坐标系的点云数据创建相应精度的三角网模型，基于这个模型依据近景摄影测量的原理对高清影像进行纠正，形成无畸变的正射影像原型。

$$x_a + \Delta x = -f\frac{(X_a - X_S)\ m_{11} + (Y_a - Y_S)\ m_{12} + (Z_a - Z_S)\ m_{13}}{(X_a - X_S)\ m_{31} + (Y_a - Y_S)\ m_{32} + (Z_a - Z_S)\ m_{33}}$$

$$y_a + \Delta y = -f\frac{(X_a - X_S)\ m_{21} + (Y_a - Y_S)\ m_{22} + (Z_a - Z_S)\ m_{23}}{(X_a - X_S)\ m_{31} + (Y_a - Y_S)\ m_{32} + (Z_a - Z_S)\ m_{33}}$$

（5）修饰纠正完的影像

最后对纠正完的影像对其进行适当的修饰和色彩还原，最终形成正射影像图（图30）。

5. 石窟测绘技术要求

5.1　地形测绘

（1）测绘范围

测绘范围的确定应以正式公布的文物保护范围为依据并结合保护对象特点、勘察等级、保护工程类别及设计实际需要，确保地形、地貌及地物单元的完整性，必要时可将建设控制地带纳入测绘范围。

（2）比例尺

测绘比例尺宜选用 1∶200、1∶500、1∶1000 或 1∶2000。

（3）测控网的建立

测控网宜基于国家或地方统一坐标高程系统，以永久性控制点方式，按照 GB 50026 有关规定建立，为现状测绘和文物保护工程提供基准的同时，最大限度地满足文物基础信息数据采集和数据共享的需要。

（4）技术要求

具体测绘技术要求应按照 GB 50026 相关规定执行，并结合文物类型、规模和工程要求，通过对文物本体的位置、范围以及散落遗迹和其他遗存可能分布范围的重点测绘和突出表现进行地形测绘。具体要求如下。

① 洞窟及造像龛的宽、深，在地形图上大于 0.5mm 的应按实际尺寸绘制；小于 0.5mm 的可用特定的符号在其中心位置标注。

② 地下石质构筑物地形测绘应对其地下结构进行平面测绘，并在地形图上以虚线形式表示其平面形态。

③ 地形测绘图上应标明直径大于 50cm 的树木或其他名贵植物位置。

④ 与排水防渗工程设计有关的地形测绘应标明地面及地下排水沟和附属物，尽量标明冲沟、明显的裂隙等主要病害现象，并对排水防渗工程设计区域内的微地形进行详细测绘。

⑤ 与结构加固工程设计有关的地形测绘应标明陡坎、斜坡及人工砌筑物，并标明滑坡、危岩体等主要病害现象。

5.2　文物本体测绘

5.2.1　文物形制测绘

文物形制测绘应详细表现文物本体的空间形态，测量坐标系宜与地形测量坐标系统一。

（1）崖壁立面、洞窟（洞室）内立面测绘技术要求

① 崖壁立面图重要位置应标注标高。

② 重点洞窟（洞室）应绘制内壁面展开图。

（2）崖壁、洞窟（洞室）剖面测绘

石窟寺及摩崖造像、摩崖题刻崖壁、石窟寺单体洞窟（包括大型造像）、崖墓洞室等的水平剖面、垂直剖面测绘。具体技术要求如下。

① 石窟寺及摩崖造像、摩崖题刻崖壁剖面测绘位置的选取应能真实、完整地表现壁面形态，崖壁剖面图重要位置应标注标高。

② 洞窟（洞室）水平、垂直剖面位置的选取应能真实、完整地表现洞窟（洞室）的形态特点，洞窟（洞室）剖面图应标注标高。

③ 对于大型洞窟（洞室）（面积 >10m^2）或大型摩崖造像龛（造像多于 3 尊），剖面不少于三条。

④ 洞窟（洞室）应绘制剖视图，绘制方法可按照 WW/T0035 相关规定执行。

⑤ 根据工程设计和保护工作需要，还可包括洞窟（洞室）水平剖面仰视或俯视图。

⑥ 比例尺宜选用 1∶20、1∶50、1∶100 或 1∶200。

（3）碑刻及单体石刻测绘

碑刻及单体石刻测绘内容应包括平、立、剖面测绘。具体技术要求有以下几点。

① 平、剖面测绘位置的选取应能真实、完整地表现文物的空间形态特点。

② 测绘成果至少有两个立面图和两处剖面图。

③ 比例尺宜选用 1∶10、1∶20。

5.2.2　表面造型及图案测绘

（1）一般规定

① 表面造型及图案测绘测量坐标系宜与地形测量坐标系统一。

② 文物表面造型及图案测绘应包括立面和剖面测绘。

③ 比例尺宜选用 1∶5、1∶10、1∶20、1∶50、1∶100 或 1∶200。

（2）立面测绘

① 根据设计要求宜选取适宜的制图投影面，石窟寺及摩崖造像应选择垂直面为投影面，摩崖题刻及岩画宜选择与题刻或岩画所在岩壁面平行面为投影面。

② 立面测绘根据病害调查、保护工程设计和监测工作要求可以线划图、正射影像图、正射影像线划套合图、等值（等厚）线图等为成果形式。

（3）剖面测绘

① 剖切位置的选取应能最大程度地表现表面造型的空间形态变化特点。对于造像剖面测绘，垂直剖面剖切位置应选取在造像正中，水平剖面剖切位置根据设计需要宜选取在头部、胸部和膝部等部位。

② 根据保护工程设计和保护工作要求，中、大型造像和石质文物（高度 >5m 或宽度 >5m）可根据造型复杂程度确定剖面数量。

第五章　地质勘察技术

　　勘察就文物保护工程而言，是指对文物所存问题和赋存环境的调查与分析。它是岩土文物保护工程技术体制中的一个重要环节，是一切保护工程首先必须开展的基础性工作。其基本任务和目的在于探明文物所存问题的类型、严重程度和产生的原因；对有关工程问题做出论证、评价；为工程设计提供基础资料和必要的技术参数。

第一节　地质勘察阶段及基本方法

1. 勘察工作基本原则[1]

（1）"最小干预"原则，具体要求如下。

① 在确定勘察技术路线时，应选择对文物本体及环境影响最小的技术手段，优先考虑无损检测技术。

② 在确定勘察工作量时，满足设计要求前提下，岩土工程勘察与石质文物病害勘察工作应有机结合，优化工作流程，严格控制勘探点和取样数量，避免重复工作。

③ 在确定勘探点和取样位置时，满足设计要求前提下，应尽量避免在文物本体范围内布设。

（2）工程实践与科学研究相结合的原则。应针对石质文物病害及赋存环境特点，围绕设计要求开展必要的研究工作。

（3）宏观分析与微观研究相结合的原则。在进行区域地质条件调查分析的基础上，对环境工程地质问题及石质文物病害应开展专项研究。

（4）定性分析与定量分析相结合的原则。对于石质文物病害专项研究，应注重现代检测、分析技术的综合应用。

---

　　〔1〕　中华人民共和国文物保护行业标准 WW/T0063－2015《石质文物保护工程勘察规范》．

2. 勘察的阶段性

岩土工程勘察阶段应与设计阶段相适应，不同勘察阶段要侧重解决的问题不同。岩土工程勘察阶段按先后顺序分为可行性研究勘察、初步勘察、详细勘察和施工勘察四个阶段。根据文物保护工程的特点，尤其是针对石窟保护工程而言，勘察阶段按先后顺序应分为初步勘察、详细勘察和施工勘察三个阶段。当场地条件简单或已有充分的工程地质资料和工程经验并对石窟产生的病害原因和机理基本掌握时，可以简化勘察手段合并为一次性勘察。

2.1 初步勘察

初勘的任务是满足初步设计的要求。初步设计内容一般包括设计指导思想、文物保护工程治理范围、石窟病害治理内容、对不良地质条件或抢救性保护工作的防治方案。

初勘应初步查明：① 石窟文物保护区域内的主要地层分布、年代、成因类型、岩性、岩土的物理力学性质；② 文物本体及载体病害现象的成因、分布范围、性质、发生发展的规律及危害程度等，并提出主要治理措施；③ 保护区域内地下水类型、埋藏条件、补给径流排泄条件，可能的变化及侵蚀性；④ 保护区域地震效应的影响。

2.2 详细勘察

经过初勘后，石窟保护区域内工程地质资料及现状概况基本查明，文物病害治理的思想及整体治理方案设计也已清楚。详细勘察的任务是针对保护区域内具体地段、具体位置的地质、病害问题所进行的勘察，以便为施工图设计阶段和合理选择施工方法提供依据。对石窟而言，在进行详细勘察工作进行之前，应附有坐标及等高线的石窟总平面布置图和周边一定保护范围的较大比例尺的地形图（最好有 1∶50 或 1∶100），并在图上标明大裂隙、构造、层理面的产状和尺寸，以及危岩体、不良地质体等病害的位置、发育程度等。另外，需有石窟内三维扫描图或精细测量的造像图纸，并在图上标明各种病害的分布区域面积及危害程度等。

详细勘察主要以勘探、室内实验、原位测试和现场详细病害调查为主。

2.3 施工勘察

施工勘察指的是直接为施工服务的各项勘察工作。它不仅包括施工阶段所进行的勘察工作（如窟顶覆盖层揭开后对裂隙进行的压水实验），也包括在施工完成后可能要进行的勘察工作（如检验石窟防渗灌浆的效果）。但并非所有的工程都要进行施工勘察，仅在石窟防渗治理、石窟危岩体治理等工程中，开挖顶部覆盖层后，地质条件较复杂、岩溶地区岩溶较发育或与原勘察报告不符、施工中出现边坡失稳需进行勘察处理、灌浆防渗工程施工完后的防渗效果检验等情况下需进行施工勘察。

3. 勘察的基本方法

石窟勘察工作的基本方法主要有工程地质调查、石窟文物病害调查、工程地质勘探、工程地质实验、工程地质原位测试、工程地质现场观测和工程地质勘察资料的室内整理等。

3.1　工程地质调查

主要采用直接观察和资料收集整理的方法，可配合适量的勘探和试验工作。

3.1.1　直接观察法

直接观察法是石窟病害调查最重要最基本的方法。它主要利用文物本体及载体存在的自然迹象，进行由此及彼、由表及里的观察分析工作，以达到认识影响文物长期保存病害产生的根源、机理的目的。

3.1.2　工程地质调查的内容

调查的内容应根据不同的文物保护工程要求和石窟保存状况而定，其基本内容分以下几个方面。

① 文物区地形、地貌。地形、地貌的类型、成因、特征与发展过程；地形、地貌与岩性、构造等地质因素的关系；地形、地貌与工程地质条件的关系等。

② 地层、岩性。地层的层序、厚度、时代、成因及其分布情况；岩性、风化破碎程度及风化层厚度。

③ 地质构造。断裂、褶曲的位置、构造线走向、产状等形态特征和地质力学特征岩层的产状和接触关系，软弱结构面的发育情况等。

④ 地表水及地下水。河、溪的水位、流量、流速、冲刷、淤积、洪水位与淹没情况；地下水的补给与排泄条件，地下水的埋藏深度、水位变化规律与变化幅度；地面水及地下水对石窟文物的影响等。

⑤ 水文气象资料。搜集区域气象、水文、植被、土的最大冻结深度等资料，并查明文物区大气降水水质的特性。在河道附近应调查最高洪水位及其发生的时间、周期及淹没范围。

⑥ 不良地质条件。查明文物区岩溶、土洞、滑坡、泥石流、崩塌、冲沟、断裂、地震震害和岸边冲刷等不良地质现象的形成、分布、形态、规模、发育程度及其对石质文物主体的影响程度。

⑦ 地震。根据沿线地震基本烈度的区划分资料，结合岩性、构造、水文地质等条件，通过调查访问，确定大于等于7度的烈度界限。

⑧ 人类活动的影响。查明文物区及周边人类工程活动对文物安全、保存、稳定、

环境变化的影响，包括人工洞穴、地下采空、边坡开挖、基坑开挖、爆破采石及水库诱发地震等。

3.2 石窟文物病害的调查

由于自然地质作用和人类生产活动所引起的石窟文物主体和相关环境的破坏现象，我们称之为病害。病害类型大致可分为两大类。第一类病害是指由于自然地质作用如温差、酸雨、地震等所引起的病害，如岩溶、风化、渗漏、崩塌、风蚀等病害。第二类病害是由于人类活动对石窟造像的影响破坏，如人为破坏、不当修复、爆破震动、采矿引起的地面和边坡岩体的变化破坏；酸雨、煤尘引起的岩石表面的风化加剧；改变河道引起的洪水淹没等现象。

3.2.1 石窟病害主要类型

① 边坡、洞窟岩体整体失稳。

② 石质构建结构缺失、失稳。

③ 裂隙渗漏侵蚀破坏。

④ 石窟造像表层风化的程度与深度。

3.2.2 病害调查的基本内容

① 查明石窟文物保护区岩体裂隙发育情况，并获取裂隙隙宽、产状、填充物质、分布位置等有关情况。

② 石窟崖壁面及石窟内渗水分布位置、渗漏程度、形成条件、发育程度、附属病害等，并测量渗漏点的渗水速度及滞后时间等。

③ 查明文物保护区各种不良地质现象，包括保护范围内存在的可能滑坡体、危岩体分布位置、体量和规模，以及不良的地基沉降等的分布范围、形成条件、发育程度、分布规律及其对石窟文物长期保存的影响程度等，并做出分析评估。

④ 石刻造像及石窟病害包括石窟造像的缺失、风化、裂隙等病害分布位置、面积、发育程度、影响程度、影响因素等。

⑤ 查明文物保护区内人类活动及保护工程中产生的病害，如污水、旅游、刻划、不当修复等分布和产生的位置、程度等。

⑥ 对已有类似石窟保护工程技术进行调查访问，以兹借鉴。

⑦ 将相应病害及区域按规定的符号形式经测量后标注于文物地图上或用数码图像照片拍摄保留资料。

3.3 工程地质勘探

勘探是在石窟文物保护工程勘察过程中，查明地质情况，定量评价地质病害对石质文物破坏影响程度的一种必要手段。

石窟文物保护工程中常用勘探方法包括钻探、井探（坑探、槽探、洞探）和地球物理勘探（物探）等。

（1）钻探

钻探是勘探方法中应用最广泛的一种，它采用钻探机具向下钻孔，用以鉴别和划分地层、测定地下水位，并采取原状土样、岩样和水样以供室内试验，确定土和岩石的物理、力学性质指标和地下水的化学成分。需要时还可以在钻孔中进行原位测试。钻探的钻进方式可以分为回转式、冲击式、振动式、冲洗式四种。

（2）井探

探井、探槽主要是人力开挖，也有用机械开挖的。利用探井、探槽可直接观察地层结构的变化，取得准确的资料和采取原状土样。

这种方法用于所要了解的土层埋藏不深，且地下水位较低的情况。

（3）地球物理勘探

地球物理勘探简称为物探。它是利用仪器在地面、空中、水上测量物理场的分布情况，通过对测得的数据和分析判译，并结合有关的地质资料推断地质性状的勘探方法。各种地球物理场有电场、重力场、磁场、弹性波应力场、辐射场等。

近年来发展起来的方法主要有瞬态多道面波法、地震 CT 法、电磁波 CT 法等。当前常用的工程物探方法有电法、电磁法、地震波法和声波法、地球物理探井等。其中最普遍的是电法探测，初步了解石窟勘察地区的地下地质情况，例如地下溶洞的分布位置和深度、土层的厚度、岩层的厚度等。

3.4　实验

实验工作可分为室内实验与野外实验两种。室内实验是对现场勘探过程中所采集的样品进行试验，这种实验通常在实验室中进行。野外实验是在现场自然条件下进行的。

（1）室内实验

土的实验一般包括土的成分、物理性质、水理性质与力学性质等四个主要部分。岩石的实验一般包括岩石的化学成分、矿物组成、物理性质、水理性质、力学性质五个主要部分。

（2）野外实验

野外实验与室内实验不同之处在于实验是在当地自然条件下，并不脱离周围环境的条件下进行的。在石窟文物保护工程中，常用的野外实验如现场锚固力实验、灌浆实验、连通实验、降雨实验等。

3.5　长期观测

长期观测是石质文物保护过程中的重要方法，在某些情况下是必须的。因为物理地质现象与作用是在自然环境不断变化的情况下发生与发展的。例如石窟内的凝结水的变化、地下水和毛细水位的变化、渗水点随降水雨量的变化、新加固材料的加固效果等方面。长期观测不仅可以为设计直接提供依据，而且可以为科学研究积累资料，掌握长期的变化发展规律。观测的工具、仪器很多，有专业的窟内温度、湿度检测仪，也有自制的凝结水分析仪，但最常用的就是手工记录、描绘及相机拍摄照片记录。

4. 勘察纲要的编写

勘察纲要是勘察工作的设计书，是开展勘察工作的计划和指导性文件。

在勘察工作开始以前，由设计单位会同建设单位提出《勘察任务书》，其中应说明工程的意图、设计阶段、要求提出的勘察资料内容，提供勘察工作所需的各种资料（石窟区地形图、崖壁面立面等值线图、历年保护工程资料等）。勘察单位以此为依据，搜集保护区范围已有的地质、地震、水文、气象等资料，编写勘察报告纲要。其基本内容有以下几个方面。

（1）文物保护工程名称、建设单位及建设地点。

（2）勘察报告编制依据、编制原则、文物概况及以往勘察情况。

（3）勘察阶段及勘察的目的和任务（根据保护工程设计需求分析勘察拟解决的主要问题）。

（4）石窟保护区域自然条件（包括地质概况、地形地貌、主要岩性、地层、水位地质、不良地质作用、气象、地震等）及历年保护工程的简要说明。

（5）勘察工作的方法和工作量布置，以及对各项工作的要求。

（6）工程勘察质量目标和质量管理，组织机构、人员及设备配制。

（7）资料整理及报告编写的内容和深度要求。

（8）勘察工作进行中可能遇到的问题及采取的相应措施。

（9）附件，包括工程地质勘察技术要求表、勘探试验点布置图及工作进度计划表等图表。

第二节　石窟病害调查方法

1. 调查的基本内容

（1）查明文物区岩体内裂隙发育情况，并划分出可能不稳定区域和危岩体，获取裂隙隙宽、产状、填充物的有关情况和数据及危岩体的体量和规模。

（2）查明石窟岩体失稳破坏的位置和类型，并获取基础变形的确切数据，如下沉量、开裂的最大宽度、裂缝的外表形态和倾斜程度等。

（3）查明石窟岩体内部的裂隙分布情况、部位及类型，并获取裂缝变形的位移量，如拉裂宽度、压碎面积、水平错移量、垂直错移量等。

（4）查明文物区内渗漏点的分布情况，并标明其位置和渗漏程度。测量渗漏点的渗水速度及滞后时间、季节等。

（5）查明石质文物表面的风化类型及分布区域，测量剥落的面积、深度、板片剥落物的厚度、长短轴的平均长度、空鼓的区域、风化裂隙的平均长度和隙宽以及表面沉积物的厚度。对表面物质引起的风化现象应调查潜在病害源的情况。

（6）查明文物区内人类工程活动产生的病害源，如污水、厂矿、工程爆破等分布和产生的位置。

（7）查明文物历史上的维修情况及可能由于不当的维修方法所造成的影响。

将相应病害类型及区域以素描或符号形式经测量后标注在实测图或数码图像上。

2. 病害调查方法

2.1　石窟三维扫描

激光技术以其单一性和高聚积度成为继 GPS 空间定位系统之后又一项新的测绘技术，推动了三维空间数据获取向着集成化、实时化、动态化、数字化和智能化的方向发展。它通过高速激光扫描测量的方法，可以快速、大量地采集空间点位信息，为快速建立物体的三维影像模型提供了全新的技术手段。近些年，文化遗产保护领域已引入了三维激光扫描技术，利用最新的多图像三维数字化技术和大地测量技术相结合对文物本体进行全面的科学记录、测量，最大限度地记录文物本体历史信息、文物现状、文物病害等全面信息。这对文化遗产的保护与展示产生了重要的社会文化意义。

2.2　红外成像测试

红外热成像技术是利用红外探测仪将不可见的红外辐射转换成可见图像的一种技术。红外热像检测技术利用红外图像对物体表面温度场进行测定，进而评估其状态的一种技术。当外界温度场改变的时候媒介材料表面及表面下的物理特性和边界条件会以特定方式影响热的传输，并以某种方式在媒介材料表面的温度场变化，即热图上反映出来。通过监测物体表面的温度场变化，将可以获取材料的均匀性信息以及其表面以下的结构信息。由于岩体表面下有局部区域会出现风化现象，使该区域形成内部风化、裂纹、分层等现象。当外界温度场改变的时候，由于内部有空洞的区域热量无法很好地传进岩体内部，所以通过热像仪可以看到内部有空洞的区域的温度要明显高于内部没有缺陷的区域。

在石窟文物保护中，许多部位（如崖壁面、石窟内壁面等）是难以近距离观察，特别是已经开放、每天有大量游人参观的遗址，只有借助间接的手段对危岩体及裂隙渗水发育进行调查。另外，许多危岩体具有很强的隐蔽性，常规方法在调查过程中主观性较强，结果需要通过实测结果进行校正。

不同介质的热学参数具有明显差异，对于危岩体而言，控制危岩体发育的结构面导致岩体出现不连续性，结构面张开形成相对隔热的空气层（空气的热传导系数为0.023），导致热传导出现明显中断。而山体内部温度相对恒定，起着缓冲外部温度变化的作用（见表8）。

表8 常用介质热学参数表

材料	普通混凝土	烧结普通砖	冰	水	空气	砂岩
比热	0.84	0.88	2.09	4.18	1	0.63
导热系数	2.37	0.81	2.2	0.58	0.023	3.516

对于存在结构面的岩体，晚上低温表层受冻，而内部山体热量难以补给表层，有结构面影响的岩体温度将明显低于周边连续体。白天太阳照射导致崖壁表面温度升高，同样有结构面控制的岩体热量难以向山体内部传导，这样崖壁表面热量聚集，导致裂隙岩体温度高于周边。

另外，岩体表面温度的变化与岩石表面风化状态有密切关系，当岩石表面风化比较严重时，岩石结构疏松，内部充填大量空气，也会降低岩石的热传导效率。因此，通过对石质文物表面温度场的研究，也可用于辅助评价岩石表面的风化情况。

2.3 地球物理探测

近年来，在石窟病害调查中，应用地球物理方法越来越普遍。例如，利用超声波法探测岩体风化程度、灌浆效果及裂隙位置；利用微测深法探测裂隙延伸、风化层厚度；利用自然电场法等直流电阻率法探测窟顶基岩埋深、渗水途径；利用地质雷达探测造像岩体后部溶洞的分布位置、窟区分层；利用浅层地震法用于探测石窟岩体深部裂隙发育状况、石雕内部缺陷等。

2.4 人工现场调查

人工现场病害及现状调查工作应在初步调查的基础上，制定规范的工作内容，包括：① 调查方法及原则；② 取样原则及程序；③ 科学规范的记录方法（文字、照相和彩绘图）；④ 规范的病害分类术语；⑤ 规范的病害标识符号等。

2.4.1 病害调查目的及内容

（1）调查石窟文物本体保存的完整程度、残损破坏程度、保存形态特征等保存状态，并采取照片、三维成像、图件标识等技术手段记录、保存下来。其目的为现存状态的资料信息作记录，为下一步的保护修复工作提供基本分析评估资料，同时为修复前后效果进行比对评估。

（2）调查记录石窟文物本体及载体存在的各种病害的形态、类型、分布特征，分析病害分布的规律和特点，并对存在的病害进行危害性评估，为病害机理的研究和制定修复保护对策提供基础资料。

（3）针对石窟保护区病害的具体情况，确定病害调查工作的基本内容为病害类型的分类；病害记录符号及标注；病害位置、分布区域及面积；病害特征的现场描述；纸质图纸及 CAD 图纸病害记录、信息化分类；每个具体病害危害程度的判断评估，在此基础上建立石窟保护区病害 GIS 信息统计管理系统，对文物本体及载体的保存状态、存在的病害及危害性有比较全面、系统的了解和认识。

2.4.2　病害调查要求

（1）关于病害编号的要求。按调查的工作区域，病害类型、数量依序独立调查编录，最后统一分析统计。如病害类型符号：岩体开裂—K；小型危岩体—W；剥落—B；岩溶覆盖—Y；颜料层脱落—C；生物病害—S 等。病害数量标注按区域分类依序（1，2，3...）编录。

（2）病害类型图例标注，参考国家文物局发布的壁画病害图例标准、石质文物病害图例标准，根据石窟存在病害类型的特点进行设定。

（3）病害类型。根据现场情况，对病害类型的分类进行调整和细化。

2.4.3　病害及现状调查工作程序

病害调查的技术思路为以三维测绘图纸、正投影图片以及 CAD 矢量图纸为基本记录基图，进行现场调查记录、标注、描述、分类、分析、评估，建立纸质、电子信息记录，并应用 GIS 信息管理系统进行分类统计分析，得出分布规律、特征，判断危害程度。由此对岩画的保存状况、存在病害做出分析评估结果。

（1）三维图纸测绘或正投影照片拍摄及工作区域分区。按 1：20～1：50 比例校正、打印正投影照片，并划格进行分区和编号。

（2）制定详细的现状病害调查的工作计划、要求，尤其是对病害调查指标进行详细的讨论，提出明确的要求。

（3）组成调查工作组。在前期所做的试验性调查工作的基础上，整理出一套科学可行、简单操作的调查方法，对石窟存在的病害进行分组、分区、分批、分病害类型的调查和统计。

（4）进行病害分布 CAD 图件的绘制，调查电子表格的录入，并对调查资料进行分类整理与分析、统计。

（5）病害及现状调查资料现场补充与复核工作。在资料整理过程中，发现有不能反映病害特征的问题及有疑问的病害，要到现场进行复核及补充照片拍摄等工作。

（6）充分应用 GIS 信息化管理系统软件对病害进行管理、统计。

第三节　工程地质测绘

工程地质测绘是岩土工程勘察的基础工作，通过搜集资料、调查访问、地质测绘、遥感等方法，来查明石窟保护区域场地的工程地质要素，并绘制相应的工程地质图件的一种工程地质勘察方法。据测绘成果可以分析各种地质现象的成因、分布、发展变化规律以及对石窟造像的影响。

1. 工程地质测绘特点

（1）工程地质学对地质现象的研究，应围绕文物保护工程的要求进行。对影响石窟及造像稳定安全的不良地质现象，应详细研究其分布、规模、形成机制、影响因素，并预测其发展演化趋势，提出防治对策和措施。

（2）工程地质测绘要求的精度较高。对一些影响石窟稳定保存的地质现象的观测描述，除了定性阐明其成因和性质外，还要测定必要的定量指标。例如岩土物理力学参数及节理裂隙的产状、隙宽和密度等。

（3）根据文物保护工程设计和施工的特点和要求，工程地质测绘需采用大比例尺的测绘图。各种地质现象的观测点需借助于经纬仪、水准仪等仪器测定其位置和高程，并标测在地形图上。

2. 工程地质测绘的内容

（1）岩土体的研究

岩土体是产生各种地质现象的物质基础，是工程地质测绘的主要研究内容。对岩土体的研究要求查明文物保护区内地层岩性、岩土分布特征及成因类型、岩相变化特点等，要特别注意研究性质软弱及性质特殊的软土、软岩、软弱夹层、破碎岩体、膨胀土、可溶岩等；注意查清易于造成渗漏的砂砾石层及岩溶化灰岩分布情况。

（2）地质构造的研究

工程地质测绘中要研究断裂的性质、规模、产状、活动性以及构造岩的性质、胶结等；节理、裂隙的分布延伸、填充、粗糙度、网络系统特征；研究第四系土体的厚度、土层组合及空间分布情况。节理、裂隙的研究对石窟造像保护工程特别重要，它控制着造像岩体的稳定性，作为岩体节理、裂隙系统的研究要进行统计分析工作，找出其在不同方位发育的程度及相互切割组合关系。目前，常用玫瑰图、极点图和等密度图等图解法和计算机网络模拟分析方法。

（3）地形地貌研究

研究内容包括地形几何形态特征，如地形切割密度及深度，山坡形态、高程、坡度、沟谷发育形态及方向等；划分微地貌单元并研究各微地貌单元的特征、成因类型等；研究地形地貌发育与岩性、构造、物理地质现象之间的关系。

（4）水文地质条件研究

在研究水文地质条件时，尤其要搞清楚地下水的赋存与活动情况。通过地质构造和地层岩性分析，结合地下水的天然和人工露头以及地表水的研究，查明含水层和隔水层、埋葬与分布、岩土透水性、地下水类型、地下水位、水质、水量、地下水动态等，测定地表水水体的规模、水位、流量、水质和水温，查明地下水和地表水的补排关系，同时对地表植物进行必要的调查和研究。必要时应配合取样分析、动态长观、渗流实验等研究工作。分析地下水、地表水与石窟造像岩体、裂隙的关系及其影响，并预测其发展演化趋势，提出防治对策和措施。

（5）工程动力地质现象的研究

工程动力地质现象的存在常常给石窟岩体及窟内造像的安全保存带来很大的影响，如20世纪90年代龙门石窟研究院为减少火车震动对石窟文物的影响，1995年焦枝铁路龙门隧道废弃，东迁700m另辟新隧道。工程地质测绘中应以岩性、构造、地形地貌、水文地质调查为基础，查清工程动力地质现象的存在情况，进一步分析其发育发展规律、形成条件和机制，判明其目前所处状态对石窟文物及环境的影响。

第四节　工程地质勘探

勘探是在岩土工程勘察过程中，查明地质情况，定量评价建筑场地工程地质条件的一种必要手段。岩土工程常用勘探方法包括钻探、井探（坑探、槽探、洞探）、触探和地球物理勘探（物探）等。

1. 勘探工作基本要求

（1）石质文物保护工程的勘探方法，应根据勘察目的及岩土特性确定。在文物保护区内进行勘探工作，应遵循"少干预"与"不改变文物现状"的原则，尽可能少用勘探手段。

（2）勘探方法应以物探结合槽探为主。在满足设计要求前提下，应严格控制勘探工作量。

（3）必要时在合理和关键位置可布置少量钻探，但不应使用可能对文物本体造成损害的钻探方法。

（4）勘探点应根据保护工程设计需要和勘察目的布置。

（5）勘探布线、布点不得对文物本体及相关环境造成不良影响，并应避开文物本体。

（6）勘探线布设应不少于两条。

（7）对钻孔、探槽，在勘探结束后，应妥善回填，回填材料应选用原材料，不得使用对文物本体及环境有不良影响的材料，并尽可能恢复到原状。

2. 工程地质钻探

钻探是利用钻探机械和工具在岩土层中钻孔的勘探方法。可直接探明地层岩性、地质构造、地下水埋深、含水层类型和厚度、滑坡位置及岩溶情况，还可取岩芯，在钻孔中试验。

2.1 钻探方法和设备

在我国工程勘探中采用的钻探方法有冲击钻探、回转钻探和震动钻探等。按动力来源又可将它们分为人力的和机械的两种。机械回转钻探的钻进效率高，孔深大，又能采取岩芯，在工程地质钻探中使用最广泛。回转式转机是利用钻机的回钻器带动钻具旋转，磨削孔底地层而钻进，通常使用管状钻具，能取柱状岩芯标本。冲击式钻机则是利用卷扬机借钢丝绳带动有一定重量的钻具上下反复冲击，使钻头击碎孔底地层形成钻孔后以抽筒提取岩石碎块或扰动土样。

$$
钻探方示 - \begin{cases} 人为（洛阳铲、麻花钻） \\ 机械（各式钻机） - \begin{cases} 冲击钻探 \\ 回转钻探 \\ 振动钻探 \\ 静压钻探 \end{cases} \end{cases}
$$

2.2 钻探中的工程地质工作

在钻探工作中，工程地质人员主要完成三方面的工作，编制作为钻探依据的设计书；在钻探过程中进行钻孔的观测、编录；钻探结束后进行资料的整理。

2.2.1 钻探设计书编制

钻探工作开始之前，工程地质人员除编制整个工程地质勘探设计书外，还应逐个编制钻孔设计书。在设计书中，技术人员主要阐明钻孔附近地形、地质概况等内容；钻孔目的及钻进中应注意的问题；钻孔类型、孔深、孔身结构、钻进方法、钻进速度及固壁方式等；钻探结束后，钻孔留做长期观测或封孔等处理意见。另外，工程地质工作人员应在任务书中编制一份钻孔地质剖面图，以便钻探人员掌握一些重要层位的位置，加强钻探管理，并据此确定钻孔类型、孔深及孔身结构。

2.2.2 钻孔的观测和编录

钻孔观测与编录是钻进过程的详细文字记载，也是岩土工程钻探最基本的原始资料。因此在钻进过程中，工程地质人员应随时做好如下几方面的观测和编录工作。

（1）岩芯观察、描述和编录

在钻探过程中，每回次进尺一般为 0.5～0.8m；岩芯钻探的采取率对完整和较完整岩体一般不应低于 80%，较破碎和破碎岩体不应低于 65%；对需重点查明的部位（滑动带、软弱夹层等）应采用双层岩芯管钻进。应对岩芯进行细致的观察、鉴定，确定岩土体名称，进行有关物理性状的描述。每回次取出的岩芯应顺序排列，并按有关规定进行编号、装箱和保管，并应注明所取原状土样、岩样的数量和取样深度。通过对岩芯的各种统计，可获得岩芯采取率、岩芯获得率和岩石质量指标（RQD）等定量指标。

（2）水文地质观测

主要观测钻孔中的地下水位及动态含水层的水位标高、厚度，地下水水温、水质，钻进中冲液消耗量等。

（3）钻进情况记录和描述

在钻进过程中注意换层的深度、回水颜色变化、钻具陷落、孔壁坍塌、卡钻、埋钻和涌沙现象等，结合岩芯以判断孔内情况。如果钻进不平稳，孔壁坍塌及卡钻，岩芯破碎且采取率又低，就表明岩层裂隙发育或处于构造破碎带中。岩芯钻探时，冲洗液消耗量变化一般与岩体完整性有密切关系，当回水很少甚至不回水时，则说明岩体破碎或岩溶发育，也可能揭露了富水性较强的含水层。

2.2.3 钻探资料整理

钻探工作结束后，应进行钻孔资料整理。主要成果资料有编制钻孔柱状图；填写钻孔操作及水文地质日志；进行岩芯描述、说明。

3. 井（槽）探工程

探井、探槽主要是人力开挖，也有用机械开挖的。利用探井、探槽可直接观察地层结构的变化，取得准确的资料和采取原状土样。这种方法用于所要了解的土层埋藏不深，且地下水位较低的情况。

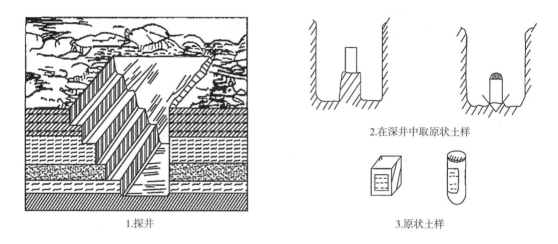

1.探井　　　　　　　　　　　　　　　　3.原状土样

2.在深井中取原状土样

图 31　坑探示意图

3.1　井（槽）探工程特点

与一般的钻探工程相比较，其特点有以下几点。

① 地质勘探人员能直接进入其中观察岩石及地层构造的细节，确切可靠。

② 可不受限制地采取原状结构的岩石（土）试样，或进行现场试验。

③ 可较确切地研究软弱岩石夹层及断裂破碎带等复杂地质体的空间展布和工程地质性质。

④ 还可以用来进行某些工程地质现象的监测。

3.2　常用的坑探方法

岩土文物保护勘探中常用的坑探方法有探槽、探坑、浅井等。探井的平面形状一般采用 1.5m×1m 的矩形或直径 0.8～1m 的圆形，深度视地层土质和地下水埋藏深度等条件而定，一般是 2～3m（图 31）。

3.3　探槽展示图

首先进行探槽的形态测量。用罗盘确定探槽中心线的方向及其各段的变化，水平（或倾斜）延伸长度、槽底坡度。在槽底或槽壁上用皮尺做一基线（水平或倾斜方向均可），并用小钢尺从零点起逐渐向另一端实测各地质现象，按比例尺绘制于方格纸上。展视图一般表示槽底和一个侧壁的地质断面，有时将两端壁也绘出。展开的方法有两种。一种是坡度展开法，即槽底坡度的大小，以壁与底的夹角表示。此法的优点是符合实际；缺点是坡度陡而槽长时不美观，各段坡度变化较大时也不易处理。另一种是平行展开法，即壁与底平行展开，这是经常被采用的一种方法（见表9）。

表9   坑探工程类型及使用条件

类型	特点	使用条件
探槽	沿垂直于岩层走向及构造线走向方向挖掘条形槽子，深度 2~5m	剥除地表覆土，揭露基岩，划分地层岩性，研究断层破碎带，取原状岩土样
探坑	由地表向下挖掘的方形或圆形探坑，深度一般小于 3~5m	剥除地表覆土，揭露基岩，确定地层岩性，做荷载试验，渗水试验，取原状岩土样
浅井	地表向下铅直的方形或圆形井，深度 5~15m	确定覆盖土层及风化岩层的岩性及厚度，可做荷载试验，取原状土样，了解地层构造及断裂带

4. 地球物理勘探

物探是地球物理勘探的简称，利用专门仪器探测地壳表层各种地质体的物理场，包括电场、磁场、重力场等的分布情况，通过测得的物理场特性和差异来进行地层划分，判定地质构造、水文地质条件及各种物理地质现象的勘探方法。

4.1 物探适应范围

（1）作为钻探的先行手段——了解隐藏的地质界线、界面或异常点。

（2）作为钻探的辅助手段——在钻孔之间增加物探点，为钻探资料的内插与外推提供依据。

（3）原位测试手段——测定岩土体的波速、动弹模等。

4.2 常用的物探方法

物探工作的种类很多，如电阻率法、磁法、地震法、重力法、放射性勘探等。目前，岩土文物勘探中最常用的物探方法是电磁波法、电阻率法、面波法和地震法。

（1）地震折射层析法

地震折射层析法是以人工激发的地震波，在地壳内的传播规律来探测地质结构的方法。工程地质勘察中应用最多的是高频（小于 200Hz~300Hz）地震波浅层折射法。地震折射层析法是近十年发展起来的一种新的地震折射解释方法。它利用折射波在速度分界面的几何关系，一般可以较好地解释地表层状介质的分层问题，有效地克服了一般折射解释方法的缺点，对地质情况可以给出合理、准确的解释，是目前较先进的折射解释方法。在速度横向不均匀、下覆地层起伏变化较大，或者速度渐变、存在透射地形、地质的情况下，利用折射波的几何关系进行的解释方法一般都不能给出较好的结果。

地震折射处理软件是美国一套集地震折射二维建模、处理及解释一体化的软件包，包含首波拾取、解释分析两个模块，具有建模、射线追踪、自动和手动首波拾取等功能，有时间场法、延迟时法、层析成像反演法等三种分析方法供选择或对比。

层析成像反演解释时需要一个初步的速度模型，通过对速度模型进行地震射线迭代，以达到观测时距曲线与理论时距曲线误差最小的目的。

（2）高密度电阻率成像法

高密度电阻率法成像是视电阻率法探测技术在工程勘探中的一种成功应用，是常规电阻率法阵列勘探与资料自动反演处理相互结合的综合方法，其基本原理与常规电阻率法相同，仍然是以岩土体的导电性差异为基础，通过电极向地下供电形成人工电场，其电场的分布与地下岩土介质的电阻率 ρ 的分布密切相关，通过对地表不同部位人工电场的测量，了解地下介质视电阻率 ρ_s 的分布，根据岩土介质视电阻率的分布推断解释地下地质结构。

高密度电阻率法有多种观测方式（温纳装置、二极法装置、单边三极装置、偶极装置、斯龙倍格法装置等）。以温纳装置为例，测量时，AM = MN = NB = AB/3，为一个电极间距，探测深度为 AB/3，A、B、M、N 同步向右移动，得到第一层深度的剖面线；接着 AM、MN、NB 增大一个电极间距，A、B、M、N 同步向右移动，得到第二层深度的剖面线。依此类推，通过对地表不同部位人工电场的扫描测量，得到视电阻率断面图像，由此来了解地下介质视电阻率 ρ_s 的分布。该方法尤其是对围岩的含水情况特别敏感，围岩破碎含水，其视电阻率明显降低，完整、坚硬岩土的视电阻率明显高于断层带或破碎带和富水带围岩的视电阻率。由于探测时是对目的体进行多排列不同极距的密集测量，相当于进行测点密集、多种排列的电测深，可以获得丰富的信息（图32）。

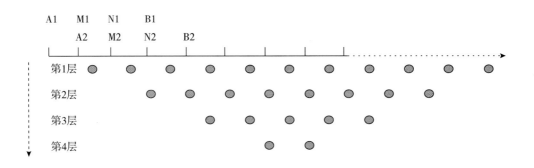

图32　温纳装置探测电极滚动和记录数据排列示意图

国内高密度电阻率法的反演方法有很多，如电阻率图像的左迪及 2D 积分法、改进的模拟退火方法重建电阻率图像、改进的左迪反演方法重建电阻率图像、共轭梯度法电阻率反演、改进的光滑约束最小二乘正交分解法实现反演方法重建电阻率图像电阻率三维反演等；国外主要研究计算机二维、三维自动反演。二维反演程序是基于圆滑约束最小二乘法的计算机反演计算程序，使用了准牛顿最优化非线性最小二乘新算法，使大数据量下的计算速度较常规方法快数倍。

这种方法原理清晰，图像直观，信息量大，是一种分辨率较高的物探方法。近年来随着计算机技术的发展和数据采集技术的改进，使其探测效率大大提高，并增大了剖面的覆盖面积和探测深度，在强干扰的环境下也能取得可靠数据，明显地提高了信噪比，可准确地探测地质体及其结构特征。该方法在工程与水文地质勘探和矿产、水利资源勘查和考古中有着广泛而成功的应用。

（3）探地雷达法

探地雷达是一种宽带高频电磁波信号探测介质分布的非破坏性的探测仪器，通过天线连续拖动的方式获得断面的扫描图像。雷达利用向地下发射高频电磁波，当电磁波信号在物体内部传播时遇到不同介质的界面时，就会反射、透射和折射。介质的介电常数差异越大，反射的电磁波能量也越大。反射的电磁波被与发射天线同步移动的接收天线接收后，通过雷达主机精确记录反射回的电磁波的运动特征，再经数据的技术处理，形成断面的扫描图。对图像的判读，可判断出地下目标物的实际情况。

雷达天线向物体内部发射电磁波，由于物体内部的填充物或其密实度不同，则它们的介电常数不同，使电磁波在不同介质的界面处发生发射，并由物体表面的接收天

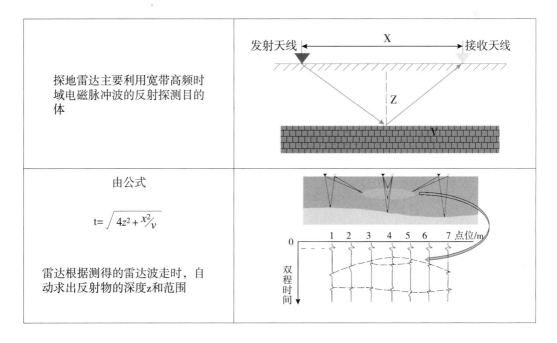

探地雷达主要利用宽带高频时域电磁脉冲波的反射探测目的体	
由公式 $t=\sqrt{4z^2+\dfrac{x^2}{v}}$ 雷达根据测得的雷达波走时，自动求出反射物的深度 z 和范围	

图 33　探地雷达的工作原理及其探测方法

线接收，根据发射电磁波至反射波返回的时间差和物体中电磁波的速度来确定反射体距表面的距离，达到检出物体内部的缺陷位置、深度及密实度等。

根据上述原理，可用探地雷达探测出岩层中的裂隙、节理面以及空洞、破碎区域的位置、深度和范围（图33）。

（4）面波法

瑞利面波在地层介质中传播时，携带所经过介质的丰富地质信息（如岩性、速度、深度、密实程度等），其中一些反映地层特殊属性的有用信息是其他波动测试方法所不及的。采用瞬态法瑞利波谱分析法，以地面人工激发瑞利波，通过按一定规律排列的检波器采集瑞利波信号，由所得到的面波波动曲线进行资料处理，最终得到所需的 $V_R - H$ 离散分布曲线，然后根据成果曲线来对测试区地层进行速度分层。

瑞利波的能量差不多只集中于深度 $Z \approx \lambda_R$，且主要能量集中在 $Z = 1/2\lambda_R$ 左右的范围内，也就是说在一定的深度范围内，可以选择一定的波长 λ_R，其速度提供的信息只在一个波长范围内，这对滑坡滑带测试在深度不大时，是极为有利的。

不同频率的瑞利波有不同的波长，f 的变化反映了不同深度内介质平均性质的变化，低频反映了深层的信息，高频则反映了浅层的信息。

瑞利波的另一重要特征就是当其在均匀介质中传播时，无频散特性。但是当瑞利波在非均匀介质中传播时，不同频率的瑞利波其传输速度是不同的，这种频散特性为将其应用于速度分层提供了理论依据。

第五节　工程地质测试与试验

1. 工程地质测试与试验内容

工程地质测试与试验工作在工程地质勘察中占有重要地位。它在石窟文物保护中同样占据着非常重要的位置，为石窟文物治理保护提供定量和计算的数据资料，包括科学的岩土体物理力学性质指标、地下水和地表水的运动、渗流参数等。

工程地质测试的对象——地质体，是由岩、土和水等组成的，具有一定的结构，赋存于一定的地质环境中，具有很大的不确定性。就岩土材料来说，在建造和改造过程中具有与成因有关的特征，一定尺寸的岩土体组成成分往往是不均一的，还与环境因素密切相关。环境因素常常是多变的，从而导致地质材料成分也常常具有多变的特点。

工程地质测试与试验方法主要包括原位测试和室内试验。原位测试是在现场制备试件，模拟工程作用对岩体施加外荷载，进而求取岩土体力学参数的试验方法，但由于试验设备笨重、操作复杂、工期长、费用高，在文物保护尤其在石窟保护工程中用的较少。室内试验使用时间较长、技术较成熟，在文物保护工程中应用较广。石窟工程地质测试的主要内容包括岩土体物理力学性质测试和地下水测试等。岩土体物理性质测试包括岩土体物理、水理性质（粒度成分、密度、稠度、可塑性、孔隙性和渗透性等）、岩土体力学性质指标（变形参数、强度参数等）。地下水测试包括岩土体渗透性、地下水水位、水质和孔隙水压力等。

工程地质测试与试验一般应遵循以下程序进行。

（1）试验方案制定和试验大纲编写。这是工程地质测试工作中最重要的一环，其基本原则是尽量使试验条件和试验内容符合石窟文物保护工程的实际情况和要求。因此，应在充分了解石窟岩土体工程地质特征及工程设计要求的基础上，根据国家有关规范、规程和标准要求制定试验方案和编写试验大纲。试验大纲应对试验项目、组数、试验点布置、试件数量、尺寸及试验内容、要求、步骤和资料整理方法做出具体规定，以作为整个试验工作中贯彻执行的技术规程。

（2）试验。包括试验准备、试验及原始资料检查、仪器校核等项工作。

（3）试验资料整理与综合分析。试验所取得的各种原始数据，需经数理统计、回归分析等方法进行处理，并且综合各方面数据（如经验数据、室内外实验数据、经验数据及反算数据）和工程地质条件提出计算参数的建议值，提交试验报告。

2. 取样采集要求[2]

2.1　取样采集基本原则

（1）在文物保护区内、文物表面或塌落、替换的构件上取样应征得文物主管部门的许可。

（2）尽量在文物本体外取样。

（3）根据工程设计需求和测试分析目的要求，需进行新鲜岩石、劣化岩石样品和岩石表面生物样品的采样时，应经业主单位许可，并共同确认取样地点后才能实施，同时应做好记录，取样点统一进行编号。

（4）需建立采样等级制度并填写取样登记表，记录取样编号、取样时间、取样位置、取样点岩石保存情况、取样分析目的、取样点照片、取样人等相关资料档案。

（5）采取的地下水试样必须代表天然条件下的客观水质情况。采集钻孔、观测孔、生

---

〔2〕　中华人民共和国文物保护行业标准 WW／T 0063-2015《石质文物保护工程勘察规范》.

产井和民井、探坑中刚从含水层进来的新鲜水，不能是"死水"。泉水应在泉口处取样。

2.2 土样采样要求

（1）土样可在钻孔、探槽中采取。

（2）软弱土层应连续取样。

（3）试样数量应根据试验项目确定。

（4）土样应及时妥善密封送交实验室，运输中应避免振动。

2.3 岩石试样采样要求

（1）取样过程不应对文物本体造成不良影响，取样结束后，应尽可能恢复到原状。

（2）试样数量和规格应根据试验项目确定，如有特殊要求时，试样形状、尺寸和方向由设计确定。

（3）试样应及时妥善密封，软岩岩芯需立即密封。

（4）试样应及时送交试验室，风化样品在运输中应避免振动。

2.4 水样采样要求

（1）采集水样时应先用水样洗涤采样容器、盛样瓶及塞子2～3次。

（2）采样器一般采用具塞聚乙烯瓶，特殊的水样要用专用采样器，如测定溶解氧要用溶解氧瓶等。取样前容器必须洗净，并经蒸馏水清洗。取样时先用所取的水冲洗瓶塞和容器3次以上，然后缓缓地将取得的水注入容器。容器顶应留出高为 10～20mm 空间。及时用石蜡或火漆封口，并做好采样记录，贴好水试样标签，填写水试样送检单。

（3）在河流、湖泊可以直接采集表层水样时，可由适当的容器如水桶、脸盆采样。采样时应注意不得混入漂浮于水面上的物质。在湖泊、水库采集一定深度的水样时，可用直立式或有机玻璃采水器。按相关操作规程进行采样。对于自喷泉水和涓流渗水，可在涌口处或出水点处直接采样。采集不自喷泉水时，应将停滞在抽水管的水汲出，新水更替之后，再进行采样。钻孔中地下水的采样应按 GB50021 的相关规定执行。雨水和渗漏滴水可由适当的容器如水桶、脸盆直接采样，采样时应注意不得混入携带的其他漂浮物质。

（4）水样采集量应根据检测项目确定。

（5）水样采集后应立即送往试验室，运输方式应根据检测项目确定。

（6）取不稳定成分的水试样时，应及时加入稳定剂，并严防杂物混入。

（7）水试样送检过程中，要防止冻裂或阳光照射，按规定采取存放措施，并不得超过水试样最大保存期限。

（8）水试样采集数量。简分析 500ml～1000ml；全分析 2000ml～3000ml；专门（特殊）分析，则应根据分析项目而定。

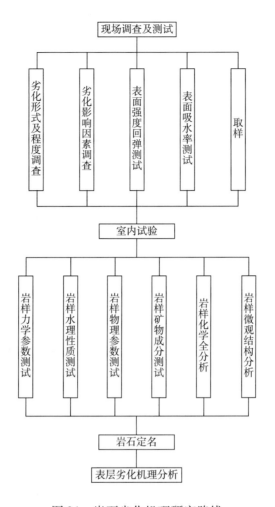

图 34　岩石劣化机理研究路线

3. 岩石劣化机理研究

　　岩石的物理力学性质除与其组成成分有关外，还取决于岩石的结构和构造。岩石的结构是指矿物颗粒的形状、大小和联结方式所决定的结构特征，岩石的构造则是指各种不同结构的矿物集合体的各种分布和排列方式。一般来说，岩石"结构"一词是针对构成岩石的微细粒子部分而言，而岩石"构造"是指较大的部分。受风化作用侵蚀的石窟造像表层岩石是石质文物价值与艺术价值体现的重点研究对象。因此，在石窟保护工作中，重要的工作之一为石质文物的表面劣化机理进行研究并对其工程性能和影响因素进行客观评价，为石窟造像表面保护工程的设计提供科学依据。其基本研究路线为图 34 所示。

　　3.1　岩石化学定量及结构分析

　　为给岩石定名，以及研究岩石风化过程中的变化规律，需要进行化学分析和矿物成分分析。最常用的定量全分析，主要分析岩石中各氧化物的相对含量，以便确定岩石类型、成因，为保护石窟造像文物防止继续风化提供依据。石质文物大多数是硅酸盐岩石，它的全分析项目一般为 SiO_2、AL_2O_3、Fe_2O_3、FeO、MgO、CaO、Na_2O、K_2O、TiO_2、P_2O_5、MnO、H_2O^+、H_2O^- 等项。对石质文物表面的风化产物，使用比较多的综合方法有 X 衍射分析，X 荧光分析，扫描电子显微镜观测，差热分析等。下面对石质文物分析常用的几种主要仪器的用途及使用方法进行简要介绍。

（1）X 衍射分析

这是利用晶体形成的 X 射线衍射，对物质进行内部原子在空间分布状况的结构分析方法。将具有一定波长的 X 射线照射到结晶性物质上时，X 射线因在结晶内遇到规则排列的原子或离子而发生散射，散射的 X 射线在某些方向上相位得到加强，从而显示与结晶结构相对应的特有的衍射现象。X 射线衍射方法具有不损伤样品、无污染、快捷、测量精度高、能得到有关晶体完整性的大量信息等优点。X 射线衍射法可提供矿物的结晶程度、类质同象和水化程度等重要的特征依据。在谱图上分析曲线的位向，鉴别每一种细微矿物，其相对含量也可以从曲线的强度上反映。

（2）X 荧光光谱分析仪

不同元素发出的特征 X 射线能量和波长各不相同，因此通过对 X 射线的能量或者波长的测量即可知道它是何种元素发出的，进行元素的定性分析。同时，样品受激发后发射某一元素的特征，X 射线强度跟这元素在样品中的含量有关，因此测出它的强度就能进行元素的定量分析。X 射线荧光光谱仪有两种基本类型，波长色散型和能量色散型。由于它分析简便快速，而且精度高，测定元素的范围广，不需要破坏样品，因而广泛应用于文物材质的分析。

（3）扫描电子显微镜

SEM 是 scanning electron microscope（扫描式电子显微镜）的简写，扫描电子显微镜的制造依据是电子与物质的相互作用。当一束高能的入射电子轰击物质表面时，被激发的区域将产生二次电子、俄歇电子、特征 X 射线和连续谱 X 射线、背散射电子、透射电子，以及在可见、紫外、红外光区域产生的电磁辐射。同时，也可产生电子—空穴对、晶格振动（声子）、电子振荡（等离子体）。原则上讲，利用电子和物质的相互作用，可以获取被测样品本身的各种物理、化学性质的信息，如形貌、组成、晶体结构、电子结构和内部电场或磁场等等。扫描电子显微镜正是根据上述不同信息产生的机理，采用不同的信息检测器，使选择检测得以实现。如对样品激发出的二次电子，经收集极、闪烁体、视频放大器、显像管等，变成可以观察到的，表面起伏立体感强的放大电子图像，这是二次电子成像。根据形态特征，可以确定矿物成分、结构及内部构造。它具有立体感强、放大倍数连续可调，制备样品简单等优点。在观察表面图像的同时，可通过装有的波长色散 X 射线谱仪或能量色散 X 射线谱仪对样品进行元素的综合分析。另外，还有一种用扫描电子显微镜和 X 射线荧光光谱仪组合成的仪器，简称电子探针。它是利用电子显微镜的电子光学系统，将电子束聚焦到直径 1μm 左右，打在待测样品上，然后用 X 射线谱仪探测被测样品所产生的 X 射线的波长和强度来进行分析，达到定量测定的目的。因为聚集很细的电子束能探测面积很小的样品，所以叫"显微分析"。

（4）偏光显微镜

偏光显微镜是用于研究所谓透明与不透明各向异性材料的一种显微镜。它将普通光改变为偏振光进行镜检的方法，以鉴别某一物质是单折射（各向同性）或双折射性（各向异性）用来鉴定岩石或矿物。偏光镜分别装在显微镜物台下或垂直照明器中及物镜与目镜间，用来观察偏光通过晶体时或从晶体表面反射时产生的各种光学现象。若单独使用偏光镜简称单偏光，可观察矿物的晶形、节理、突起、吸收性、反射率、双反射等。若上、下偏光同时使用，并使二者振动面垂直，简称正交偏光，可观察晶体的消光、干涉光、偏光色及旋转性等。正交偏光时，若再加上聚光镜和勃氏镜，简称锥光，可在高倍镜下观察晶体的干涉图或偏光图，用以测定其轴性、光性符号、光轴角和各种色散特征等。将矿物或岩石标本磨成薄片，在偏光显微镜下观察矿物的结晶特征，确定岩石的矿物成分，研究它的结构、构造、风化特征、裂隙通道等。

（5）差热分析仪

用以记录矿物在加热过程中的物理、化学变化的仪器。主要由加热电炉、升温控制装置、热电偶、差热电偶及记录装置组成。其温差信号由直流放大器放大后接入自动电子位差计记录曲线。

将待测试样和参比物（热惰性物质）置于同一条件的炉体中，按给定程序等速升温或降温，当加热试样在不同温度下产生物理、化学性质的变化（如相变、结晶构造转变、结晶作用、沸腾、升华、气化、熔融、脱水、分解、氧化、还原及其他反应）时，伴随吸热或放热，试样自身的温度低于或高于参比物质的温度，即两者之间产生温差。温差的大小（反应前和反应后二者的温差为零）和极性由热电偶检测，并转换为电能，经放大器放大输入记录仪，记录下的曲线即为差热曲线。差热分析仪是研究细小的黏土矿物和含水矿物的必不可少的工具。

（6）岩石高压渗透仪

岩石高压渗透仪是一种在室内对岩石渗透特性进行研究并建立岩石渗透系数与渗透压力之间关系的仪器。其工作原理是将岩石试件按要求放入压力室内，先用高压水泵通过高压胶管和供水管路向储水器加压，当压力表指针接近要试验压力值（一般为 P = 5Kg/cm² ）时，停止用水泵加压。打开氮水瓶用减压器把压力稳定在 P 上，高压水流经岩石试件进行渗透后，收集在带刻度的量杯内，根据渗流压力 P 和渗透流量 Q 即可计算该岩石在给定压力 P 下的渗透系数。

3.2 岩石主要物理性质实验

岩体物理力学性质测试的内容包括岩体物理、水理及力学性质指标测试等。测试方法可分为室内测试和原位测试。原位测试技术近年来发展迅速，测试精度、可靠性及自动化水平不断提高，目前工程中常用的原位测试主要有岩体变形试验、岩体强度试验、声波测试等。室内测试主要是以测试岩体材料物理、水理及力学性质指标为目的，包括岩石常规物理力学性质，如岩石密度、孔隙性、吸水性、变形与强度性质及特殊力学试验，如流变、三轴剪切等。室内土工试验包括三轴剪切、渗透与流变等。下面简要介绍文物保护工程中与岩石有关的常用室内试验相关参数实验及方法。

3.2.1 岩石的质量指标试验

（1）岩石的颗粒密度（原称为比重）

岩石的颗粒密度是指岩石的固体物质的质量与其体积之比值。岩石颗粒密度通常采用比重瓶法来求得。其试验方法见相关的国家标准。

（2）岩石的块体密度

岩石的块体密度是指单位体积岩块的质量。按照岩块含水率的不同，可分成干密度、饱和密度和湿密度。

岩石的干密度通常是指在烘干状态下岩块单位体积的质量。该指标一般都采用量积法求得，即将岩块加工成标准试件（所谓的标准试件是指满足圆柱体直径为 48 ~ 54mm，高径比为 2.0 ~ 2.5，含大颗粒的岩石，其试件直径应大于岩石最大颗粒直径的 10 倍，并对试件加工具有以下的要求，沿试件高度，直径或边长的误差不得大于 0.3mm；试件两端面的不平整度误差不得大于 0.05mm；端面垂直于试件轴线，最大偏差不得大于 0.25）。测量试件直径或边长以及高度后，将试件置于烘箱中，在 105℃ ~ 110℃ 的恒温下烘 24h，再将试件放入干燥器内冷却至重温，最后称试件的质量。

岩块的饱和密度是指岩块的空隙中充满水的状态下（饱和状态）所测得的密度。饱和密度的试验方法，通常也可采用量积法，只是在岩块称重前，使试件成为饱和状态。一般可采用真空抽气法和水浸法两种使试件饱和。而有关规范中建议采用真空抽气法，由此求得的指标偏差较小。

湿密度一般认为是指岩块在天然状态下的密度。由于岩块在取样，加工过程中都用水来冷却切割工具，因此在工程中不太采用这个参数而很少求该指标。但是，在有些工程中的特殊需要，必须提供该指标时，通常采用蜡封法求该指标。

3.2.2 岩石的水理性质试验

（1）岩石的含水率

岩石的含水率是指岩石试件中含水的质量与固体质量的比值。由于大都岩块的含水率比较小，因此对岩块含水率试验也提出了相对比较高的要求，采集试样不得采用爆破或钻孔法。在试件采取、运输、储存和制备过程中，其含水率的变化不得大于1%。岩块的含水率试验采用烘干法，即将从现场采取的试件加工成不小 40g 的岩块，放入烘箱内在 105℃～110℃ 的恒温下将试件烘干，后将其放置在干燥器内冷却至室温称其质量，重复上述过程直至将试件烘干至恒重为止。恒重的判断条件是相邻 24h 两次称量之差不超过后一次称量的 0.1%。

（2）岩石的吸水性

岩石的吸水性主要采用其吸水率来表示。岩石的吸水率是指岩石在某种条件下吸入水的质量与岩石固体的质量之比值。它是一个间接反映岩石中孔隙多少的一个指标。岩石的吸水率按其试验方法的不同可分成岩石吸水率和岩石饱和吸水率两个指标。

岩石吸水率：岩石吸水率一般都采用规则试件进行试验。该试验方法是先将试件放入烘箱，在 105℃～110℃ 温度下烘 24h，取出放入干燥器内冷却至室温后称量。将试件放入水槽，先放入 1/4 试件高度的水，以后每隔 2h 将水分别增至试件高度的 1/2 和 3/4 处，6h 后将试件全部浸入水中，放置 4h 后，擦干表面水分称量。

岩石饱和吸水率：岩石饱和吸水率是采用强制方法使岩石饱和，通常采用煮沸法或者真空抽气法。当采用煮沸法饱和试件时，要求容器内的水面始终高于试件，煮沸时间不得小于 6h。当采用真空抽气法时，同样要求容器内水面始终高于试件，真空压力表面读数为 100kPa。直至无气泡逸出为止，并要求真空抽气时间不得小于 4h，最后擦干饱和试件表面水分称量。

（3）岩石的耐崩解性

岩石的耐崩解性是表示黏土类岩石和风化岩石抗风化能力的一个指标。模拟日晒雨淋的过程，在特定的试验设置中，经过干燥和浸水两个标准循环后，试件残留的质量与原质量之比值。

3.3 岩石的力学强度试验

岩石的强度分成单轴抗压强度、抗拉强度、抗剪强度以及三向压缩强度等。下面主要介绍岩石在这些不同荷载作用下的强度特性。

3.3.1 岩石单轴抗压强度

岩石单轴抗压强度是指岩石试件在无侧限条件下，受轴向力作用破坏时，单位面积上所施加的荷载。按照国家《工程岩体试验方法标准》，岩石试件的加工应满足标准试件的要求，并其放在试验机中心，以每秒 0.5MPa～1.0MPa 的加载速度直至破坏。

同时，要求在试验前对试件作详细描述，内容包括岩性和岩石中所包含的节理之间的关系、含水状态等项目，并记录下试件破坏后的形态。在外荷载作用下，岩石试件破坏后的形态是表现岩石破坏机理的重要特征，它不仅表现出岩石受力过程中的应力分布状况，还反映了不同试验条件中对它的影响。

（1）岩石在单轴抗压试验破坏后的形态特征

岩石在单轴抗压强度试验中出现的破坏形态大约可分成两种。

圆锥形破坏。此类破坏形态的试件，由于中间的岩石被剥离使得岩石破坏后呈两个尖顶的圆锥体。经分析可知，产生这种破坏形态的主要原因是上、下压板在施加荷载时，与岩石试件端面之间产生了较大的摩擦力，促使岩石端部产生了一个相当于箍的约束作用。由于拉应力的作用使得这部分岩石被剥离而形成圆锥体。因此，从某种意义上来说圆锥体的破坏形态并没有真正反映其破坏特征，而是带有试验系统所给予的影响。

柱状劈裂破坏。在发现圆锥形破坏的真正原因之后有人在上、下压板与试件端面之间，涂上了一层薄薄的凡士林以减小接触面之间的摩擦力，最终岩石试件由于产生平行于所施加的轴向力的裂缝而破坏。对于不同的岩石所含的矿物成分和所含裂隙的不同，局部还会出现些较小的斜向裂缝。应该说柱状劈裂破坏是真正反映岩石单轴压缩破坏的形态。

（2）岩石单轴抗压强度的影响因素

岩石单轴抗压强度主要受以下几方面的影响。① 承压板的刚度影响试件端面的应力分布状态；② 岩石力学试验最早采用边长为 5cm 的立方体试件。经研究发现，试件的尺寸、形状、高径比都将影响岩石的强度值；③ 加载速率对单轴抗压强度的影响，岩石的单轴抗压强度通常随加载速率的提高而增大；④ 环境对岩石单轴抗压强度的影响，岩石力学试验一般是在室温的条件下进行的，温度对岩石强度的影响并不是很明显。然而，若对岩石试件进行加温，则岩石轴向压缩强度将产生明显的变化。

3.3.2　岩石的抗拉强度

岩石的抗拉强度是指岩石试件在受到轴向拉应力后其试件发生破坏时的单位面积所能承受的拉力。由于岩石是一种具有许多微裂隙的介质。在进行抗拉强度试验时，岩石试件的加工和试验环境的易变性，使得人们不得不对其试验方法进行了大量的研究，提出了多种求抗拉强度值的方法。目前常用的有以下四种方法。

（1）直接拉伸法

这是利用岩石试件与试验机夹具之间的黏结力或摩擦力，对岩石试件直接施加拉力，测试岩石抗拉强度的一种方法。通过试验可按下式求得其抗拉强度值：$R_t = P/A$（MPa）。进行直接拉伸法试验的关键在于，一是岩石试件与夹具间必须有足够的黏结力或者摩擦力；二是所施加的拉力必须与岩石试件同轴心。否则，就会出现岩石试件与夹具脱落或者由于偏心荷载，使试件的破坏断面不垂直于岩石试件的轴心等现象，致使试验失败。

（2）抗弯法

这是利用结构试验中梁的三点或四点加载的方法，使梁的下沿产生纯拉应力，使岩石试件产生断裂破坏的原理，间接地求出岩石的抗拉强度值。抗拉强度的成立是建立在以下四个基本假设基础之上：① 梁的截面严格保持为平面；② 材料是均质的，服从虎克定律；③ 弯曲发生在梁的对称面内；④ 拉伸和压缩的应力—应变特性相同。对于岩石而言，第 4 个假设与岩石的特性存在着较大的差别。因此，利用抗弯法求得的抗拉强度也存在着一定的偏差，且试件的加工也远比直接拉伸法麻烦，所以此方法应用要比直接拉伸法相对少些。

（3）劈裂法（巴西法）

劈裂法也称径向压裂法，因为是由南美巴西人杭德罗斯提出的试验方法，故被人称为巴西法。这种试验方法是用一个实心圆柱形试件，使它承受径向压缩线荷载直至破坏，求出岩石的抗拉强度。按我国岩石力学试验方法标准规定，试件的直径应为 5cm，其厚度为直径的 1 倍。根据布辛奈斯克半无限体上作用着集中力的解析解，求得试件破坏时作用在试件中心的最大拉应力为根据解析解分析的结果，要求试验时所施加的线荷载必须通过试件的直径，并在破坏寸其破裂面亦通过该试件的直径。否则，试验结果将带来较大的误差。

（4）点荷载试验法

点荷载试验法是一种简便的现场试验方法。该试验方法最大的特点是可利用现场取得的任何形状的岩块，可以是 5cm 的钻孔岩芯，也可以是开挖后掉落下的不规则岩块，不作任何岩样加工直接进行试验。该试验装置是一个极为小巧的设备，其加载原理类于劈裂法，不同的是劈裂法所施加的是线荷载，而点荷载法是施加的点荷载，点荷载强度指数 I 可按下式求得：$I = P/D^2$（MPa）（D 为两锥顶间距），经过大量试验数据的统计分析，提出了表示点荷载强度指数与岩石抗拉强度之间的近似的关系式，其式如下：

$$R_t = 0.96I = 0.96P/D^2$$

由于点荷载试验的结果离散性较大，因此要求每组试验必须达到一定的数量，通常进行 15 个试件的试验，最终按其平均值求得其强度指数并推算出岩石的抗拉强度。

3.3.3　岩石的抗剪强度

岩石的剪切强度是指岩石在一定的应力条件下（主要指压应力）所能抵抗的最大剪应力。岩石的剪切强度有三种，抗剪断强度、抗切强度和弱面抗剪强度

（包括摩擦试验）。室内的岩石剪切强度测定最常用的是测定岩石的抗剪断强度。一般用楔形剪切仪。

3.3.4 岩石在三向压缩应力作用下的强度

地层中的岩石绝大多数都处在三向压缩应力的作用下，从某种意义上来说岩石在三向压缩应力作用下的强度特性是岩石本性的反映，由此显得更为重要。三向压缩应力作用下的强度是指在不同的侧压力作用下的三向压缩强度。

（1）三向压缩试验方法简介

三向压缩应力试验根据施加侧向压力的不同，可分成真三轴试验、假三轴试验二者的区别在于侧压的不同。前者两个水平方向施加的压力不等，而后者相等。由于真三轴试验对试验机的特殊要求，使这试验要花费很大的人力、物力和财力。而假三轴试验要比真三轴试验容易得多，成为岩石力学中最常用的试验方法之一。

（2）三向压缩试验的破坏类型

岩石试件在低围压作用下其破坏形式主要表现为劈裂破坏。这一破坏形式与单轴压缩破坏很接近，说明围压对其破坏形态影响并非很大。当在中等围压的作用下，试件主要表现为斜面剪切破坏。其剪切破坏角与最大应力的夹角通常约为45°为岩石的内摩擦角。而当在高围压作用下，试件则会出现塑性流动破坏，试件不出现宏观上的破坏断裂面而呈腰鼓形。由此可见，围压的增大改变了岩石试件在三向压缩应力作用下的破坏形态。若从变形特性的角度分析，围压的增大使试件从脆性破坏向塑性流动过渡。

（3）岩石三向压缩强度的影响因素

岩石在三向压缩应力作用下的影响因素，除了类似于单轴强度的影响因素包括尺寸、加载速率等因素以外，还有如下所说的，其特有的影响因素。① 侧向压力的影响；② 加荷途径对岩石三向压缩强度的影响；③ 孔隙压力对岩石三向压缩强度的影响。对于一些具有较大孔隙的岩石来说，由于孔隙压力的存在使应力圆向左侧移动，即向强度包络线方向平移，因此降低了岩石的极限应力。

4. 地下水测试

石窟渗水目前是影响我国绝大多数石窟长期保存的最重要而且最难解决的病害之一，例如龙门石窟潜溪寺、奉先寺大佛、擂鼓台三洞等洞窟；大足石刻北山及宝顶山；杭州飞来峰造像等等都存在严重的渗水病害，而且渗水机理和渗水途径各不相同。因此，地下水测试工作在石窟渗水治理中显得尤为重要，其内容包括地下水水质、岩土体渗透性、地下水水位、流向、水质、孔隙水压力及动态变化等。其中，岩土体渗透性测试是地下水测试中最常见的内容。

4.1　地下水水质分析种类

地下水水质分析是指应用化学或其他检测技术，测定地下水中各组分含量的方法。它为解决各种水文地质理论和实际问题，提供水质数据。按目的常分为简分析、全分析及专门分析。石质文物保护工程中主要是环境水对石质文物的腐蚀性评价分析及石刻区地下水污染调查分析。

（1）简分析

其目的是一般地了解地下水的物理性质和化学成分。分析项目常为温度、色度、嗅、味及浊度及 Ca^{2+}、Mg^{2+}、K^+、Na^+、CO^-、HCO_3^-、Cl^-、SO_4^{2-}、总硬度、溶解性总固体、游离二氧化碳、pH 值等。

（2）全分析

其目的是详细地了解地下水的物理性质和化学成分，除简分析项目外，增加 Fe^{3+}、Fe^{2+}、NH_4^+、Al^{3+}、NO_2^-、NO_3^-、暂时硬度、永久硬度、化学需氧量、侵蚀性二氧化碳、硅酸、硼等。

（3）专门分析

根据专门任务的目的与要求，对地下水中某些组分进行的分析。

专项分析是指根据地质工作和用水目的，需要分析全分析项目以外的其他项目，如气体成分、微量元素、有毒有害组分、有机物、放射性元素及同位素等。如矿水研究要分析金属元素、有害元素和气体成分，卤水研究要分析稀有分散元素的 Li、Rb、Cs 等，水化学找矿要分析金属元素、油田水研究要分析微生物，水污染要分析有毒有害元素、有机农药、化学需氧量和生化需氧量等。

为水文地球化学目的检测铜、铅、锌、铁、锰、镍、钴等微量金属组分，1H、3H、18O、14C 等同位素及溶解和逸出的氧、氮、一氧化碳、二氧化碳、甲烷、硫化氢、氩、氦等气体或稀有气体成分。

4.2　抽水试验

抽水试验是确定含水层参数，了解水文地质条件的主要方法。采用主孔抽水、带有多个观测孔的群孔抽水试验，包括非稳定流和稳定流抽水实验，要求观测抽水期间和水位恢复期间的水位、流量、水温、气温等内容。

4.2.1　抽水试验的目的

（1）确定含水层及越流层的水文地质参数：渗透系数 K、给水度 μ、影响半径 R 等。

（2）通过测定井孔涌水量及其与水位下降（降深）之间的关系，分析确定含水层的富水程度、评价井孔的出水能力。

（3）查明某些手段难以查明的水文地质条件，如确定各含水层间以及与地表水之间的水力联系、边界的性质、地下水补给通道、强径流带位置等。

4.2.2　抽水试验分类

抽水试验主要分为单孔抽水、多孔抽水、群孔干扰抽水等。石窟文物保护中常用的为单孔抽水试验。

（1）单孔抽水试验。仅在一个试验孔中抽水，用以确定涌水量与水位降深的关系，概略取得含水层渗透系数。

（2）多孔抽水试验。在一个主孔内抽水，在其周围设置若干个观测孔观测地下水位。通过多孔抽水试验可以求得较为确切的水文地质参数和含水层不同方向的渗透性能及边界条件等。

（3）群孔干扰抽水试验。在影响半径范围内，两个或两个以上钻孔中同时进行的抽水试验，通过干扰抽水试验确定水位下降与总涌水量的关系，从而预测一定降深下的开采量或一定开采定额下的水位降深值，同时为确定合理的布井方案提供依据。

4.2.3　稳定流抽水试验要求

（1）水位降深

稳定流抽水试验一般进行三次水位降深，最大降深值应按抽水设备能力确定。水位降深顺序，基岩含水层一般宜先大后小，松散含水层宜按先小后大逐次进行。

（2）涌水量及水位变化

在稳定延续时间内，涌水量和动水位与时间关系曲线在一定范围内波动，而且没有持续上升或下降的趋势。当水位降深小于10m，用压风机抽水时，抽水孔水位波动值不得超过10~20cm；用离心泵、深井泵等抽水时，水位波动值不超过5cm。一般不应超过平均水位降深值的1%，涌水量波动值不能超过平均流量的3%。

注意：当有观测孔时，应以最远观测孔的动水位判定；应考虑自然水位影响；在滨海地区应考虑潮汐对动水位的影响。

（3）观测频率及精度要求

水位观测时间一般在抽水开始后第1、3、5、10、20、30、45、60、75、90min进行观测，以后每隔30min观测一次，稳定后可延至1h观测一次。水位读数应准确到cm；涌水量观测应与水位观测同步进行；当采用堰箱或孔板流量计时，读数应准确到mm。水温、气温宜2~4h观测一次，读数应准确到0.5℃，观测时间应与水位观测时间相对应。

（4）恢复水位观测要求

停泵后应立即观测恢复水位，观测时间间隔与抽水试验要求基本相同。若连续3h水位不变，或水位呈单向变化，连续4h内每小时水位变化不超过1cm，或者水位升降与自然水位变化相一致时，即可停止观测。试验结束后应测量孔深，确定过滤器掩埋部分长度。淤沙部位应在过滤器有效长度以下，否则，试验应重新进行。

4.2.4 抽水试验资料整理

试验期间，对原始资料和表格应及时进行整理。试验结束后，应进行资料分析、整理，提交抽水试验报告。

单孔抽水试验应提交抽水试验综合成果表，其内容包括水位和流量过程曲线、水位和流量关系曲线、水位和时间（单对数及双对数）关系曲线、恢复水位与时间关系曲线、抽水成果、水质化验成果、水文地质计算成果、施工技术柱状图、钻孔平面位置图等。并利用单孔抽水试验资料编绘导水系数分区图。

4.2.5 稳定流抽水试验求参方法

求参方法可以采用 Dupuit 公式法和 Thiem 公式法。

（1）只有抽水孔观测资料时的 Dupuit 公式

承压完整井：
$$K = \frac{Q}{2\pi S_W M} ln \frac{R}{r_w}$$
$$R = 10 S_W \sqrt{K}$$

潜水完整井：
$$K = \frac{Q}{\pi (H^2 - h^2)} ln \frac{R}{r_w}$$
$$R = 2 S_W \sqrt{KH}$$

式中：

K——含水层渗透系数（m/d）；

Q——抽水井流量（m³/d）；

S_W——抽水井中水位降深（m）；

M——承压含水层厚度（m）；

R——影响半径（m）；

H——潜水含水层厚度（m）；

h——潜水含水层抽水后的厚度（m）；

r_w——抽水井半径（m）。

（2）当有抽水井和观测孔的观测资料时的 Dupuit 或 Thiem 公式

承压完整井：
$$h_1 - h_w = \frac{Q}{2\pi KM} ln \frac{r_1}{r_w}$$

Thiem 公式：
$$h_2 - h_1 = \frac{Q}{2\pi KM} ln \frac{r_2}{r_1}$$

潜水完整井：
$$h_1^2 - h_w^2 = \frac{Q}{\pi KM} ln \frac{r_1}{r_w}$$

Thiem 公式：
$$h_2^2 - h_w^2 = \frac{Q}{\pi KM} ln \frac{r_1}{r_w}$$

式中：

h_w——抽水井中水柱高度（m）。

h_1、h_2——与抽水井距离为 r_1 和 r_2 处观测孔（井）中水柱高度（m），分别等于初始水位 H_0 与井中水位降深 S 之差，$h_1 = H_0 - S_1$；$h_2 = H_0 - S_2$。

其余符号意义同前。

4.3 钻孔注水试验

在石窟文物保护工程中，对石窟区第四系地基土体及基岩风化层，常用渗透系数（K）对其进行渗透性及渗透稳定性分析评价。因此，在工程地质勘察中需运用一定的方法来获取渗透性指标。钻孔注水试验方法以其原位不扰动及操作简便等特点，能较准确反映天然状态下勘探深度范围内岩土层的渗透性特征，从而被广泛应用。钻孔注水试验方法及其计算公式主要参照中国冶金和有色金属行业颁布的《注水试验规程》相关规定及有关手册中的要求执行。

（1）钻孔注水试验常用方法

钻孔注水试验是用人工抬高水头，向钻孔内注入清水，测定岩土体渗透性的一种原位试验方法。适用于水平分布宽度较大、均一或较均一的岩土层，试段长度不宜大于 5m，可采用栓塞或套管脚黏土等止水方法。对于不能进行抽水试验和压水试验，取原状样进行室内试验又比较困难的松散岩土体尤为适用。根据试验方法和适用岩土层条件不同，钻孔注水试验分为常水头注水试验和降水头注水试验两种方法。

（2）常水头注水试验

常水头注水试验是连续往钻孔内注水，并使水头（H）抬高保持一定，测得稳定时的注水流量（Q）。注水延续时间一般在 2h 以上，根据最后一次稳定注水流量按不同条件下相应的计算公式求解渗透系数 K 值。该方法适用于较强透水岩土层，如壤土、粉土、沙土和沙卵石层等，或不能进行压水试验的风化破碎岩体。对于试段位于地下水位以上情况，因存在土层饱和问题，试验时间相对要长些；而当试段为细粒土时，也要比试段为粗粒土的稳定时间长。

地下水位在试验段以上：
$$K = \frac{Q}{AH}$$

地下水位在试验段以下：
$$K = \frac{0.423Q}{H^2} \lg \frac{2H}{r}$$

式中：K——试验岩土层的渗透系数（cm/s）；

Q——稳定时的注入流量（cm³/s）；

H——试验水头（cm），等于试验水位与地下水位之差；

A——试验段形状系数（cm）。

（3）降水头注水试验

降水头注水试验是抬高钻孔水头至一定高度（初始水头 H_0），停止向孔内注水，记录孔内水头（H_t）随时间（t）的下降变化。延续时间一般≥1h，根据水头下降与延续时间的关系按相应的计算公式求解渗透系数 K 值。该方法主要适用于地下水位以下渗透性较小的岩土层，如粉土、壤土、黏性土等。在渗透性较大的岩土层中，因抬高水头后下降速度较快，观测难度大，故该方法不适用。与常水头注水试验相比较，对于渗透性较小的岩土层，降水头注水试验可以缩短试验时间。

降水头注水试验试段位于地下水位以下，根据钻孔内水头 H_t 下降与延续时间 t 的关系，渗透系数 K 按下式计算：

$$K = \frac{0.0523r^2\ln\ (H_1/H_2)}{A \times\ (t_2 - t_1)}$$

式中：K——试验岩土层的渗透系数（cm/s）；

H_1、H_2——在试验时间 t_1、t_2（min）时的试验水头（cm）；

r——注水套管内半径（cm）；

A——试验段及注水管形状系数（cm）。

4.4　渗水试验

渗水试验（或称试坑渗水试验）是现场测定包气带非饱和岩土层渗透系数的简易方法，试验所依据的基本原理是达西定律。试坑渗水试验常采用的是试坑法、单环法、和双环法。

（1）试坑法

在表层干土中挖一个一定深度（30~50cm）的方形或圆形试坑，坑底要离潜水位3~5m，坑底铺2~3cm 厚的反滤粗沙，向试坑内注水，必须使试坑中的水位始终高出坑底约10cm。为了便于观测坑内水位，在坑底要设置一个标尺。求出单位时间内从坑底渗入的水量 Q，除以坑底面积 F，即得出平均渗透速度 $v = Q/F$。当坑内水柱高度不大（等于10cm）时，可以认为水头梯度近于1，因而 K（渗透系数）$=v$。这个方法适用于测定毛细压力影响不大的沙类土，如果用在黏性土中，所测定的渗透系数偏高。

（2）单环法

在试坑底嵌入一个高20、直径35.75cm 的铁环。该铁环圈定的面积为1000cm²。铁环压入坑底部10cm 深，环壁与土层要紧密接触，环内铺2~3cm 的反滤粗沙。在试验开始时，用马利奥特瓶控制环内水柱，保持在10cm 高度上。试验一直进行到渗入水量 Q 固定不变为止，就可以按下式计算渗透速度：$v = Q/F$，所得的渗透速度即为该松散层、岩层的渗透系数值。

（3）双环法

在试坑底嵌入两个铁环，增加一个内环，形成同心环，外环直径可取 0.5m，内环直径可取 0.25m。试验时往铁环内注水，用马利奥特瓶控制外环和内环的水柱都保持在同一高度上（例如 10cm）。根据内环取的资料按上述方法确定松散层、岩层的渗透系数值。由于内环中的水只产生垂直方向的渗入，排除了侧向渗流带的误差，因此，比试坑法和单环法精确度高。内外环之间渗入的水，主要是侧向散流及毛细管吸收，内环则是松散层和岩层在垂直方向的实际渗透。

当渗水试验进行到渗入水量趋于稳定时，可按下式精确计算渗透系数（考虑了毛细压力的附加影响）：

$$K（渗透系数）= QL/F（H + Z + L）。$$

式中：Q——稳定的渗入水量（cm^3/min）；

F——试坑内环的渗水面积（cm^2）；

Z——试坑内环中的水厚度（cm）；

H——毛细管压力（一般等于岩土毛细上升高度的一半）（cm）；

L——试验结束时水的渗入深度（试验后开挖确定）（cm）。

4.5 连通试验

连通试验是为测定含水层或含水层之间，或泉水、地下暗河出露处等地下水露头点相互之间的水力联系而进行的野外试验。主要用来查明岩溶地区地下水运动的方向、速度；地下水系的连通延展、分布情况；地表水与岩溶水的转化关系；岩溶水之间关系等。试验通常有投放各种示踪剂并观测其在水中移动规律的方法和水位传递法，其具体的方法选择取决于岩溶通道的现状特征、贯通情况、流量大小、流速快慢等条件。

（1）示踪连通法

按照示踪剂投放点和接收点数量及组合方式，示踪试验可以分为单点投放—单点接收、单点投放—多点接收、多点投放—单点接收、多点投放—多点接收四种类型。因此，在投放点至接收点之间地下水必须存在压力差和保持径流状态。天然条件下，地下水水力坡度很小，运动速度非常缓慢。示踪剂的选择关系到示踪连通试验成败，理想的示踪剂应具备无毒、易溶于水、在地下水中背景值低、化学性质稳定、没有环境污染、不易被土壤或岩石吸附、不受离子交换影响、检测方便和费用低廉等特点。早期的示踪连通试验常以食盐（氯化钠）作示踪剂，目前可以作为示踪剂使用的材料较多，包括盐类（氯化钠、氯化钾、钼酸铵等）、荧光染料类（食品红、荧光素钠等）、浮游物类（石松孢子及酵母菌等）、放射性同位素（氚 3H、碘 131I 等）。

（2）水位传递法

该法利用岩溶的天然通道或钻孔，进行放水、堵水、抽水或注水等，观察上、下游通道及钻孔内水位、水量、水色的变化，以判断其连通性。

5. 锚杆拉拔试验

锚杆试验的主要目的是确定锚固体与岩土体的摩阻强度和验证锚杆设计参数和施工工艺的合理性，因而锚杆的破坏应控制在锚固体与岩土体间。锚杆基本试验是锚杆性能的全面试验，目的是确定锚杆的极限承载力和锚杆参数的合理性，为锚杆设计、施工提供依据。

5.1 试验目的

锚杆拉拔力试验的目的是判定加固岩体的可锚性、评价锚杆、树脂、岩体锚固系统的性能和锚杆的锚固力。试验必须在现场进行，使用的材料和设备与岩体正常支护相同。

5.2 试验工具和设备

试验的工具与设备主要有：

① 锚杆拉力计（量程 > 200kN、分辨率 ≤ 1.0kN）

② 钻孔机具

5.3 准备工作

（1）地点的选择

试验地点应尽量选择与加固区域岩体相似区域，靠近加固区域工作面，未发生脱落、片帮等现象。试验锚杆距邻近锚杆不小于 300mm。

（2）锚杆、锚固剂

试验用锚杆的表面应无锈、油、漆或其他污染物。树脂锚固剂按设计选用。

（3）钻孔

用锚杆钻机在选择的地点钻孔。试验前测量钻孔直径、锚杆直径、树脂直径。

（4）锚杆安装

① 将树脂锚固剂放入孔中，用锚杆将其慢慢推到孔底。

② 用锚杆钻机将锚杆边旋转边推进到孔底，然后再旋转 5 ~ 10s 停止。

③ 等待 30s 后，退下锚杆钻机。

④ 做好标记，以备试验。

5.4 拉拔试验

拉拔试验在锚杆安装后 0.5 ~ 4h 进行。时间过短影响锚固剂固化后的强度，时间过长则因岩体发生变形影响测量结果。按下图 35 所示安设仪器。

确保锚杆拉力计油缸的中心线与锚杆轴线重合。试验前检查手动泵的油量和各连接部位是否牢固，确认无误后再进行试验。试验由两人完成，一人加载，一人记录

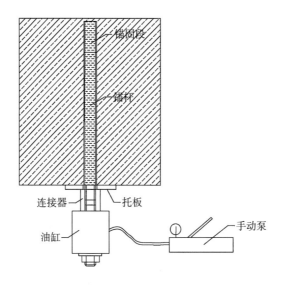

图 35　锚杆拉拔力试验示意图

（见表 10）。试验时应缓慢均匀地操作手动泵压杆。当锚杆出现明显位移时，停止加压，记录锚杆拉力计此时的读数，即为拉拔试验值。

表 10　　　　　　　　　　锚杆拉拔力试验记录表

锚杆序号	时间	锚杆长度（mm）	锚杆直径（mm）	孔径（mm）	锚固长度（mm）	锚固剂直径（mm）	拉拔力（mm）	备注
试验人：				记录人：				

5.4.1　锚杆拉拔测试要求

试验数量不得少于 3 根；试验拉力应大于实际极限抗拔力；加荷级数 6 ~ 8 级，不得少于 6 级。锚杆施工时，应对工程锚杆进行锚固力拉拔试验以确认工程质量；试验数量为工程数量的 2%，且每一处工程项目不得少于 2 根；试验最大拉力为设计极限抗拔力的 1/2。

5.4.2　注意事项

①锚杆拉拔计在试验过程中应固定牢靠。

②锚杆拉拔时应缓慢地逐级均匀加载，直到锚杆滑动或杆体破坏为止，并作详细记录。

③拉拔锚杆时，拉拔装置下方和两侧不得站人。

④拉拔时设专人监视顶板，以保证操作人员安全。

⑤测试锚杆按规定比例测试，选择好测试点，不能做破坏性试验。

⑥拉拔合格的锚杆要挂好合格标签，如发现不合格的锚杆要按规定补打，再进行测试。

⑦拉拔时严禁有人通过，两边放好警戒，以防止工具脱落伤人。

⑧测试后要将锚杆螺母拧紧，保管好设备。

第六节　勘察报告的编写要求[3]

勘察结束后，把取得的野外工作和室内试验记录和数据以及搜集到各种直接和间接资料分析整理、检查校对、归纳总结后做出保护区工程评价。这些内容，最后以简要明确的文字和图表编成报告书。

1．一般要求

1.1　现状勘察的目的

现状勘察的目的是探查和评估文物保存状态、破坏因素、破坏程度和产生原因，为工程设计提供基础资料和必要的技术参数。

1.2　勘察方法及内容主要

对文物的形制与结构、环境影响、保存状态以及具体的损伤、病害进行的测绘、探查、检测、调查研究并提出勘察结论等内容。

①测绘。测量并记录文物现存状态、结构、病害及分布区的地形、地貌。

②探查。查明文物损伤及病害的类型、程度及原因。

③检测。对病害成因和文物的安全性进行测试检查，包括工程地质和水文地质检测、建筑材料分析试验、环境检测等。检测要符合相关专业的现行国家标准。

④调查研究。收集文物历史资料、考古资料和历次维修资料，了解文物的原材料、原形制、原工艺、原做法，判别文物年代等。

⑤勘察结论。在上述工作的基础上，对文物形制、年代、价值、环境和病害原因进行分析评估，提出文物保存现状的结论性意见和保护建议。

---

〔3〕　国家文物局．文物保护工程勘察设计文件编制深度要求（试行），2013.

2. 勘察报告书编写格式要求

① 任务要求和勘察工作概况。

② 文物概况及价值评估、历史维修保护概况调查。

③ 保护区位置、地形地貌、地质构造、不良地质现象及地震设计烈度。

④ 场地的地层分布、岩石和土的均匀性、物理力学性质和其他设计计算指标等。

⑤ 石窟载体及造像本体病害调查及病害原因分析评估。

⑥ 地下水的埋藏条件、水流途径及与石窟造像岩体的水力关系，地下水的腐蚀性以及土层的冻结深度。

⑦ 相关检测、实验分析报告。

⑧ 对保护区范围内的岩土稳定性和各类病害做出结论，指出存在的问题，并提出加固治理方案的建议。

⑨ 勘察方案的相关附图附表。

3. 现状勘察

现状勘察文件包括现状勘察报告、现状实测图和现状照片。

3.1 现状勘察报告

① 历史沿革。主要反映现存石窟、石刻以及附属物的始建和存续历史、使用功能的演变等方面的情况。

② 历次维修情况。说明历史上历次维修时间和内容，重点说明近期维修的工程性质、范围、经费等情况。

③ 文物价值评估。主要说明文物保护单位级别、批准公布年代；分别说明文物遗存整体以及保护对象的历史价值、艺术价值、科学价值和社会价值等。

④ 现状描述。明确工程范围，说明地形地貌、水文气象、岩性、石窟的分布，表述文物遗存的形制、年代特征和保存现状，表述病害损伤部位和隐患现象、程度以及历史变更状况，评价不良地质现象、人类工程活动及环境对文物本体的影响。

⑤ 损伤和病害的成因分析和安全评估结论。主要说明勘察和调查研究的基本成果，岩体稳定性分析及计算，节理裂隙统计（倾向、倾角、长、宽、填充物），石质文物建筑基础及构件稳定性评价，结论要科学、准确、简洁，必要时可附结构安全检测等有关专业的评估或鉴定报告。

3.2 根据工程需要可增加附件

内容包括考古资料调查和研究、石质材料分析、工程地质和水文地质勘察的成果汇编。

（1）考古资料调查和研究。收集考古资料、查明与石窟保护工程相关的地下遗存，为保护工程提供设计依据。

（2）石质材料分析。对石窟石刻材质进行物理、化学和生物学性状的定性、定量分析，为加固和修补工程提供材料学依据。

勘察工作中石质文物室内试验的主要项目有以下几项。

① 物理性质实验：岩矿鉴定，比重、密度、孔隙度、含水量、吸水率、渗透性、可溶盐、软化崩解等。

② 物质成分分析：主要是分析风化产物及盐类对石质的影响。

③ 化学成分分析（氧化物百分含量）。

④ 力学强度（抗压、抗剪、抗拉强度实验）。

⑤ 水质样品试验：根据勘查目的的不同，提出不同的分析项目，多数用于评价地下水，雨水对石质文物的影响。

（3）工程地质和水文地质勘察。查明文物所在区域的地貌特征、地质构造、承载力、岩体性质和风化程度、裂隙特征、地下水等工程地质和水文地质的相关因素，为加固和支护工程设计提供相关的技术参数，对遗址的破坏程度和发展趋势做出定量评价，为保护工程设计提供基础依据。

（4）勘察报告中如有关于工程与水文地质勘察内容，应附有勘察任务委托书、主管机关批准文件。

3.3 现状实测图纸

（1）区位图

标注文物所在的区域位置，比例一般为 1：10000～1：50000。

（2）保护范围总图

反映文物分布、保护范围周边环境与文物本体的关系，明确载体范围。标注文物分布边界尺寸、指北针或风玫瑰图。比例一般为 1：200～1：10000。

（3）区域总平面图

根据保护工程性质和规模的要求进行绘制，洞窟及造像龛的宽度和深度，在地形图上大于 5mm 的应按实际标明，小于 5mm 的可用符号表示其中心位置；排水防渗工程应标明微地形、地面及地下排水沟、水系及其附属物；稳定性加固工程应标明危岩、陡坎、斜坡、人工砌筑物等。比例一般为 1：200～1：2000。

（4）总平面图

① 表达文物的平面和竖向关系，地形标高，其他相关遗存、植被、水体和重要地物的位置。

② 表达工程对象的范围。

③ 标明或编号注明文物的名称。

④ 标示岩体的高程变化。

⑤ 标示地形和地物的关系，标明测绘基准点并附图例；标示各文物遗存的轮廓边界、底部标高和顶部标高。

⑥ 标明方向和比例。比例一般为 1∶500 ~ 1∶2000。

（5）总立面图

根据设计要求选择适宜的制图投影面，一般应选择垂直面为投影面。其测量坐标系统要与国家地形测量坐标系统一。比例一般为 1∶50 ~ 1∶500。

（6）石窟测绘图

包括单体洞窟（包括大型造像）的平面、立面、剖面测绘，表述残损状况。横、纵断面位置的选取应最大程度地表现主造像及主要龛的形态特点，对于大型洞窟或摩崖造像龛，纵横断面至少要有三个层位。比例一般为 1∶20 ~ 1∶100。

（7）石质文物建筑测绘

按建筑类测绘要求执行，对重要物件应测绘大样图，明显断裂、倾斜现象等应在图上标明。比例一般为 1∶20 ~ 1∶100。

（8）详图

对重要局部、构件、构造应测绘详图。

① 详图与工程对象实测图的索引关系必须清楚。

② 反映基本图件难以表述清楚的残损、病害现象或完好程度、构造节点。

③ 反映构部件特征及与相邻构部件的关系。

④ 比例一般为 1∶5 ~ 1∶20。

3.4 现状照片

（1）现状照片必须真实、准确、清晰，依序编排。

（2）重点反映工程对象的整体风貌、时代特征、病害、损伤现象及程度等内容。

（3）反映环境、整体和残损病害部位的关系。

（4）与现状实测图、文字说明顺序相符。

4. 地质勘察附图表

石窟保护区域地质勘察图表可分为勘探点平面布置图、工程地质剖面图、地质柱状图或综合地质柱状图、土工试验成果表等几种。常用图表的编制方法有以下几种。

（1）勘探点平面布置图

在石窟保护区域范围地形图上，把各类勘探、测试点的编号、位置用不同的图例表示出来。并注明各勘探、测试点的标高和深度、剖面线及编号等。

（2）钻孔柱状图

根据钻孔的现场记录整理出来的。记录中除标明钻进的工具、方法和具体事项外，其主要的内容是关于地层的分布（层面的深度、层厚）和地层的名称及特征的描述。

（3）工程地质剖面图

柱状图只反映场地某一勘探点处地层的竖向分布情况，剖面图则反映某一勘探线上的地层沿竖向和水平方向的分布情况。勘探线的布置常与主要地貌单元或地质构造线垂直或与石窟窟龛轴线一致，所以工程地质剖面图是勘察报告的最基本的图件。剖面图的垂直距离和水平距离可以采用不同的比例尺。绘图时，先将勘探线的地形剖面线画出，标出勘探线上各钻孔中的地层层面，然后在钻孔的两侧分别标出层面的高度和深度，再将相邻钻孔中相同的土层分界点以直线相连。

（4）土工试验成果总表

部分石窟保护区在进行现场病害调查时发现有滑坡等地质病害现象，在对滑坡体进行治理加固前应对土的物理力学指标，进行试验和原位测试所得的成果汇总列表。

第六章 石窟保护加固技术

第一节 岩体稳定性分析

1. 岩体稳定性问题类型[1]

中国石窟一般开凿在地层平缓的岩体上，岩体构造相对简单，其稳定性问题的类型也相对简单。根据失稳岩体的规模及失稳破坏对石窟损毁影响的规模、程度，石窟岩体稳定性问题可分为崖壁岩体稳定性问题和局部岩体稳定性问题。根据石窟特有的形制、结构特征以及与之相关的破坏模式，石窟岩体稳定性问题可分为石窟顶板岩体稳定性问题和廊柱岩体稳定性问题。

据统计，石窟岩体稳定性问题主要分为四种类型。

（1）崖壁岩体稳定性

崖壁岩体稳定性问题是指被大型结构面切割，具有变形或破坏危险，失稳破坏岩体规模较大，并导致整个石窟或几个石窟形制的整体破坏。结构面是此类稳定性问题的控制性因素，该类结构面延伸尺度长、连通率高且切割岩体的体量大。

控制性结构面主要指大型构造裂隙面、大型卸荷裂隙面。

大型构造裂隙是指在构造应力场作用下，地层发生构造运动而在岩体中形成的、规模较大的原生性节理、裂隙（文物工程中规模较大只是相对于对文物的影响程度，比地质工程规模要小得多）。与石窟稳定性有关的大型构造裂隙面倾向与临空面（坡面）一致，并在崖壁面形成剪出口迹线，在下滑力（重力）或裂隙水、地震等突发性外力作用下，沿倾向临空面的大型构造裂隙产生变形或失稳。

大型卸荷裂隙面，地质学上又称作岸边裂隙，平行于崖壁面发育，延伸长度较大，在裂隙水、地震等突发性外力作用下，沿平行临空面的卸荷裂隙变形、失稳，产生大规模石窟岩体垮塌。历史上，克孜尔石窟、库木吐喇石窟、麦积山石窟、云冈石窟等

---

〔1〕 国家十一五科技支撑项目．石质文物保护关键技术研究．

图 36 云冈石窟局部危岩体发育现状

石窟，都曾发生过大型卸荷裂隙切割导致石窟的整体垮塌破坏。

（2）局部岩体稳定性问题

局部岩体稳定性问题，主要指小型危岩体，是石窟及崖壁上分布的规模较小、因结构面切割与崖壁岩体脱离或部分脱离的孤立块体，具有变形或破坏的危险，失稳破坏规模较小，未造成洞窟形制的完全丧失，仅对石窟或造像造成局部破坏。结构面是局部石窟岩体稳定性问题的控制因素，结构面包括单个卸荷裂隙面或构造裂隙面，或多组构造裂隙的组合结构面，如卸荷裂隙、层面裂隙，构造裂隙的组合结构面。破坏方式主要有孤立块体的滑动、坠落、倾覆破坏。

局部岩体稳定性问题是最普遍、经常发生的石窟岩体稳定性问题，它不但对环境及游人造成安全隐患，如果块体发育在造像岩体上，块体失稳破坏将造成造像的损害，是石窟岩体加固保护的重点工作之一（图36）。

（3）石窟顶板岩体稳定性问题

石窟是人为开凿洞窟形成的特有微观地貌，因而也形成了与自然边坡、隧洞工程迥然不同的岩体结构特征，产生了特有的石窟岩体稳定性问题——石窟顶板岩体稳定性问题。石窟顶板岩体稳定性问题受结构面、洞窟形制、尺寸以及地层岩性组合等影响，其中结构面是主要影响因素。其破坏形式既有岩体的特征，又有构筑物结构的特征。

石窟与岩土工程的隧洞状况不同。石窟岩体经过上千年的应力释放，主要应力场为自重应力，而且没有支护措施；隧洞受地应力的影响严重，存在多种稳定性病害，一般采取了预防性加固措施。

石窟顶板岩体稳定性问题是普遍存在、特有的岩体病害，其主要破坏模式为板梁式折断、坠落。大足石刻北山石窟的第168窟、南山石窟的三清洞、宝顶山大佛湾圆觉洞、云冈石窟第3窟等，都存在顶板岩体的稳定性问题，而且历史上都曾经发生过

图 37　大足北山第 168 窟顶板断裂

顶板岩体的局部垮塌，造成严重的破坏。比如大足石刻北山石窟第 168 窟顶板断裂至今未得到解决（图 37）。

（4）廊柱岩体稳定性问题

廊柱岩体既具有岩体的特性，又具有构筑物结构的特性，除了自身的安全稳定外，廊柱还是支撑上部岩体的受力构件，其失稳将影响石窟的整体稳定。

廊柱岩体存在两个方面的稳定性问题。一是在多因素作用下（主要为冻融、温差、盐的作用），表层岩体风化剥蚀，廊柱形态尺寸缩减，应力状态变化，同时廊柱岩体强度降低，发生蠕动变形，逐渐诱发廊柱稳定问题。二是结构面的切割破坏，破坏了廊柱的受力状态，同时随着切割块体的垮塌破坏，廊柱形态及结构发生变化，诱发受力状态的调整，最终导致廊柱的失稳破坏（图 38）。

2. 岩体变形失稳模式

岩体失稳，工程中首先要解决的就是岩体失稳模式判断，这是岩体稳定性分析及治理研究的基础。目前，岩体失稳模式判断尚未统一，从不同角度出发存在多种分类方案。陈明东根据受力模式将危岩失稳模式分为板梁旋滑移和悬臂压杆破坏两类；张奇华将危岩失稳模式分为八类，即蠕滑体滑移失稳、整体压陷倾斜崩塌、滑移—倾斜

图 38　廊柱表面风化及裂隙切割失稳

交错崩塌、裂隙段屈曲变形破坏、上下滑出破坏、倾斜—滑移破坏、倾斜—隐裂缝开
裂—崩塌、倾斜—滑移—隐裂缝开裂—崩塌；孙云志将危岩失稳模式分为滑移和倾倒
两类；陈洪凯等将危岩失稳模式分为坠落式危岩、滑动式危岩和倾倒式危岩。根据石
窟文物岩体稳定性问题类型，划分出如表 11 所示的变形失稳模式、变形特征及岩体
结构。

表 11　　　　　　　　　　　　　石窟岩体变形失稳模式

类型编号	稳定性问题类型	变形失稳模式	变形特征	岩体结构特征
1	石窟整体稳定性问题	滑动式破坏	变形岩体受大型结构面控制，沿结构面向人工改造的摩崖临空面发生滑动变形	大型结构面为构造裂隙，或构造裂隙与卸荷裂隙组合形成滑动面，延展性较好
		倾倒式破坏	卸荷裂隙切割的块体在水压力、地震及自重作用下绕外崖壁岩体底部形成转动破坏	近垂直向发育的张拉卸荷裂隙与水平层面共同形成破坏结构面，该结构面延展性好、结构组合有利于充水；或水平地层差异风化凹槽发育，重心偏移

类型编号	稳定性问题类型	变形失稳模式	变形特征	岩体结构特征
2	局部岩体稳定性问题	滑动式破坏	裂隙切割的孤立块体，沿破裂面向临空面滑移失稳，其失稳主要是由于裂隙面抗剪强度不足	滑动面为单一或多组外倾结构面，贯通性较好
		坠落式破坏	悬空岩体在自重作用下，沿侧面及后部陡倾结构面或顶部层面发生拉裂破坏	水平地层差异风化凹槽、下部岩体坍塌、人工开凿等形成岩体底部悬空，造成上部层面张拉破坏侧面岩体开裂
		倾倒式破坏	在重力作用下，孤立块体绕支点发生倾倒破坏	层状岩体，差异风化形成凹槽，以凹槽内凹点为支点；倾倒块体主控结构面为与坡向一致的陡倾贯通或断续贯通的裂隙
3	洞窟顶板岩体稳定性问题	破碎状破坏	碎块状岩体在重力作用下发生变形或塌落破坏	薄层状或砂泥岩互层岩体，高角度裂隙与层面相互交切
		块状塌落式破坏	裂隙切割的块体在重力作用下，沿裂隙面发生变形或塌落破坏	水平向贯穿的低强度层面裂隙构成坍塌体顶面，而两组以上共轭的高倾角裂隙将顶板切割成块体，裂隙组合一般有利于重力张拉作用
		板梁式折断破坏	大跨度悬空岩体形成梁式中部断裂破坏；悬挑式岩体绕崖壁固定端断裂	梁式破坏，洞窟规模大、平顶，岩体完整性好；悬臂梁式破坏，多组裂隙切割成条状块体

续表 11

类型编号	稳定性问题类型	变形失稳模式	变形特征	岩体结构特征
4	廊柱岩体稳定性问题	压剪破坏	廊柱岩体强度降低，产生垂直向压剪式破坏	柱体在冻融、温差、风蚀、盐等风化作用下，岩石及结构面强度衰减导致柱体强度降低；支撑柱体顶部岩体破损卸荷导致柱体荷载加大
		压屈破坏	残损柱体产生弯折变形为主的压屈破坏	柱体破损破坏结构对称性，偏心荷载产生附加弯曲张拉作用

3. 石窟岩体安全评价标准

3.1　石窟岩体稳定分析要求[2]

（1）对洞窟及其周边文物载体围岩整体应力分布及稳定性进行分析与评价，查明应力集中薄弱区域。

（2）在调查、勘探与测试的基础上，应对所有不稳定区域进行进一步分析，根据破坏迹象、产生部位、受力状态应明确不稳定区域失稳的力学机制。

（3）根据危岩体的边界条件，通过地质模型，应对危岩体进行稳定性定量评价，稳定系数 F 值参见表 12。

（4）稳定性计算参数应包括岩石主要物理、力学指标、潜在滑移面等软弱面的抗剪强度指标和变形特征指标及危岩体在计算断面上的几何要素。

（5）确定计算参数时，应根据岩土工程勘察的原位测试、实验室试验指标数理统计成果，结合当地经验综合分析确定。滑移面贯通的危岩体，计算时可采用残余抗剪强度。

3.2　岩体稳定性评价标准

稳定性分析评价时应考虑地层岩性对岩体抗剪强度、抗风化和软化及渗透性能的影响、地质构造对破坏模式的影响、风化作用对岩体强度减弱的影响、冻融作用的影响、地震作用引起的下滑力和孔隙水压力增加的影响及地下水流动、动态变化等因素的影响。

---

〔2〕　中华人民共和国文物保护行业标准 WW/T0063 – 2015《石质文物保护工程勘察规范》.

近年来，我国在石窟岩体稳定性勘察、设计过程中，面临一个现实问题就是安全系数的取值大小如何确定。文物危岩体和文物密切相关，安全系数取值过低，对文物保护不利，风险性太高；安全系数取值过高，工程规模大，对文物的历史风貌影响大，保护工程造价过高，造成极大的浪费，同样对文物保护不利。

根据《石质文物保护工程勘察规范》及《边坡工程勘察规范》中的有关规定，可把危岩体分为不稳定岩体、欠稳定岩体、基本稳定岩体和稳定岩体四个等级。其石窟岩体安全评价标准见表12。

表12 石质文物保护工程勘察规范危岩体稳定状态评估系数表

危岩类型	危岩稳定状态			
	不稳定	欠稳定	基本稳定	稳定
滑移式危岩	F < 1.0	1.00 ≤ F < 1.1	1.1 ≤ F < 1.25	F ≥ 1.25
倾倒式危岩	F < 1.0	1.00 ≤ F < 1.1	1.1 ≤ F < 1.25	F ≥ 1.25
坠落式危岩	F < 1.0	1.00 ≤ F < 1.1	1.1 ≤ F < 1.25	F ≥ 1.25

3.3 危岩体分析评价内容

（1）石窟危岩体现场调查及稳定性分析评估可参照表13、14要求进行分析统计

表13 危岩体现场调查表

编号	位置	高	宽	厚	形态	破坏模式	边界条件	破裂面有效黏结长度	破裂面有效黏结宽度	照片号

填表人： 日期：

表14 危岩体分析评价表

编号	破坏模式	工况条件	岩体容重	体量 m³	破裂面倾角	黏结强度 C	内摩擦角 φ	稳定系数估算结果 FS	评价结论

填表人： 日期：

（2）分析评价表填写说明

编号：调查时所有危岩体均应逐一编号，洞窟外岩壁面危岩体编号可按测量导线方向排列，洞窟内危岩体编号可按所处壁面方位排列，并应以此为序标注在现状实测图上。

位置：应填写危岩体的具体发育部位，如第"第 1 窟窟外壁东 50m 处崖顶"。

边界条件：应填写形成危岩周边不连续软弱结构面产状及临空面走向、倾角，单位为度。

形态：如"楔形体"、"板状体"。

体量及尺寸：应计算危岩体发育的高、宽、厚及计算石方量并填写，单位 m 和 m^3。

破坏模式：应根据危岩体边界条件，在分析破坏机制基础上填写，如"滑移破坏"、"倾倒破坏"、"崩塌"等。

工况条件：填写稳定性计算时设定的假设条件，如"自重"、"自重 + 裂隙水压力"、"自重 + 地震"、"自重 + 地震 + 裂隙水压力"等。

稳定系数估算结果：根据设定的工况条件，按照岩体稳定性计算公式对危岩体稳定状态进行计算，并填写 F$_S$ 计算结果。

评价结论：根据计算结果，可按"不稳定"（F$_S$ < 1）、"欠稳定"（1 ≤ F$_S$ < 1.1）、"基本稳定"（1.1 ≤ F$_S$ < 1.25）和"稳定"（F$_S$ > 1.25）四个等级进行填写。

照片号：应插入危岩体发育部位的全景照片图号。

参数：根据现场及室内试验填写不同岩性危岩体的容重、破裂面黏结强度、内摩擦角等值。

4. 危岩体稳定性计算方法

危岩体稳定性分析通常采用极限平衡分析法，包括平面滑动、楔形滑移。该类方法概念明确，计算简单，是工程治理中最为常用的方法。另外一种是工程类比法，即将已有的工程经验用于与其类似的新的工程中。目前，数值分析方法在危岩体的稳定性分析中，特别是大型工程建设中，使用也比较广泛。周小丽（2002 年）等在塑性极限分析的基础上，采用机动位移法，提出可以用能量系数作为稳定性评价的标准，对夹软弱层边坡稳定性进行了分析。Hoek – Brown 建立起一个用于模拟完整岩块或裂隙岩体的处于破坏应力状态下一个经验公式，并将其应用于极限平衡设计计算过程中，后通过扩展逐步用于数值模拟中。该理论可以较好地反映工程实际情况，目前已大量用于工程实践中。同时，该模型可以同常用的 Mohr – Coulomb 模型建立起参数等效关系，从而促进了各计算方法之间的对比研究。

连续介质分析法是目前的主要数值分析方法，主要包括有限单元法，如 ANSYS、ADINA、ABAQUS 等和有限差分法 FLAC（Fast Lagrangian Analysis of Continua）。该类软件大大促进了岩土体稳定性分析，特别是上述软件良好的二次开发功能，适应了对特殊条件下问题的研究。Dawson EM，Roth WH（1999 年）在非线性有限元斜坡稳定性分析中，通过对斜坡的岩土体强度参数黏聚力 c 和内摩擦角φ同时除以一个折减系数，得到一组新的 c 值和φ值，然后作为一组新的材料参数输入模型再进行试算，如此往复循环，直到计算不收敛时，此时斜坡达到极限状态，发生剪切破坏，同时可得到临界滑动面，此时对应的折减系数被称为斜坡的安全系数，从而直接求出滑动面位置与斜坡强度储备安全系数。该方法一经引入，结合成熟的有限元技术，大量的用于理论和实践工作中，但该类方法主要适用对象为土质边坡、含少量节理或岩石极度破碎的岩质边坡。对于断层和层面一般可以采用接触面模型进行模拟，但效果较差，存在着收敛速度慢，破坏状态模拟较差的问题。

非连续介质分析法将岩质边坡视为由多个刚性的或可变形的块体构成的不连续体。其分析对象为由节理的法向刚度和切向刚度控制的滑动的、开放的、封闭的不连续岩体。目前应用最多的非连续介质分析法为离散单元法。Itasca 咨询集团开发的离散单元法程序 3DEC（3Dimensional Element Code），采用位移法则确定由变形节理约束的块体间的相互作用，运用牛顿第二运动定理分析边坡滑移。该法特别适合研究涉及裂隙介质的问题，目前已广泛应用于山石崩塌和露采边坡等工程领域。另外，一些导致块体滑动和变形的外部因素（如地下开采、地震和地下水压力）的影响也能通过它进行模拟。由石根华与 Goodman 提出的块体系统不连续变形分析法 DDA（Discontinuous Deformation Analysis），是基于岩体介质非连续性，利用最小位能原理发展起来的一种崭新的数值分析方法，可模拟出岩石块体的移动、转动、张开、闭合等全过程，解决了块体系统严格满足不侵入和无拉伸条件下的运动形态，能够得到系统中块体大变形、大位移的准确解，对岩石力学理论基础的建立做出了重要的贡献。在不连续岩体的滑动与崩落研究当中有其独到之处。

4.1 崖壁岩体稳定性的计算方法

（1）极限平衡法

大型构造裂隙切割岩体采取极限平衡分析法，以楔形滑移的地质模型进行分析。考虑作用在危岩体上的荷载包括危岩体自重、裂隙水压力（天然状态）、裂隙水压力（暴雨状态）和地震力，按照出现频率拟定四种荷载工况。

工况一：自重 + 裂隙裂隙面干燥（天然状态）。

工况二：自重 + 1/3 裂隙水压力（小雨状态）。

工况三：自重 + 2/3 裂隙水压力（暴雨状态）。

工况四：自重 + 地震。

滑动式岩体稳定性系数的计算公式为：

$$F_2 = \frac{\tau_f}{\tau} = \frac{(W \cos \beta - P \sin \beta - Q) \tan \phi + c \dfrac{H}{\sin \beta}}{W \sin \beta + P \cos \beta}$$

式中，等效强度参数为 c、φ。Q 为主控结构面内作用于危岩体上的裂隙水压力（kN），其计算公式如下：

$$Q = \frac{1}{2}\gamma_w e_1^2 l$$

式中，l 为危岩体沿陡崖走向方向的宽度（m），计算中按平面问题考虑取单位宽度；γ_w 为水的重度（kN/m^3），e_1 为主控结构面贯通段充水的垂直高度（m）。对于组合一，$e_1 = 0$；对于组合二，$e_1 = e/3$；对于组合三，$e_1 = 2e/3$。

（2）数值模拟评估方法

目前岩体稳定性的分析评价方法有很多种，如各种极限平衡条分法、极限分析法、有限元、有限差分法等。传统的极限分析方法，不能自动搜索滑动面和相应稳定安全系数，必须事先知道滑动面的位置和形状，而且不能完整地考虑土体的应力应变关系。基于强度折减的数值模拟方法，不需事先假定滑动面的形状就能直接求得岩体的安全系数，并可由变形图表示出滑面的大致位置，而且它能利用现有的数值模拟分析软件，近年来这种方法受到了广泛的重视。

强度折减系数法的基本原理是将岩体材料的强度参数黏聚力 c 和内摩擦角 tan φ 值通过同时除以一个折减系数 R 而进行折减，从而得到一组新的黏聚力 c′、内摩擦角 tan φ′值，如下式所示，并把折减后的参数重新输入，进行试算，不断重复，当计算不收敛时，对应的 R 即为最小稳定安全系数，即 $F_s = R$。

$$c' = \frac{c}{F_S} = \frac{c}{R}$$

$$\phi' = \tan^{-1}\left(\frac{\tan\phi}{F_S}\right) = \tan^{-1}\left(\frac{\tan\phi}{R}\right)$$

强度折减法的一个重要问题是破坏判决的确定，目前基于强度折减法的数值方法计算稳定性系数，并没有统一的标准，一般的，强度折减法分析岩体稳定性的判据有以下三种。

① 以数值计算不收敛作为判据。

② 以滑面上塑性区贯通作为判据。

③ 以特征部位上位移产生突变作为判据。

4.2 局部岩体稳定性的分析评估方法

基于极限平衡理论，根据危岩体所处的地形地貌特征、危岩体主控结构面发育特征及危岩可能失稳破坏的方式，可将石窟的危岩体分为滑动式危岩、倾倒式危岩、坠落式危岩和顶板悬臂式危岩四类。

在危岩稳定性评价中，可将危岩体视为完全刚性块体，采用极限平衡理论计算不同类型危岩在不同荷载组合下的稳定性系数。

4.2.1 荷载组合

作用在危岩体上的荷载包括危岩体自重（天然状态）、裂隙水压力（小雨状态）、裂隙水压力（暴雨状态）和地震力，按照出现频率拟定四种荷载组合（工况）。

组合一：自重 + 裂隙面干燥（天然状态）。

组合二：自重 + 1/3 裂隙水压力（小雨状态）。

组合三：自重 + 2/3 裂隙水压力（暴雨状态）。

组合四：自重 + 地震。

在四种荷载组合中，计算所得的危岩稳定系数最小者为设计荷载。对于裂隙水压力计算，天然状态下水压力为零，小雨状态下主控结构面内的充水深度取三分之一裂隙高，暴雨状态取三分之二裂隙高。

4.2.2 滑动式危岩稳定性计算方法

滑动式危岩计算模型见图39，图中 AB 为主控结构面长度（m），其倾角为 β（°），H 为主控结构面的垂直高度（m），W 为危岩体的自重（kN），P 为水平地震力（kN）。e 为主控结构面贯通段的垂直高度（m）。

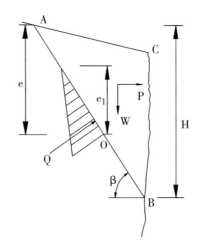

图 39 滑动式危岩体稳定性计算模型

滑动式危岩体稳定性系数的计算公式为：

$$F_S = \frac{\tau_f}{\tau} = \frac{(W \cos \beta - P \sin \beta - Q) \tan \phi + c \dfrac{H}{\sin \beta}}{W \sin \beta + P \cos \beta}$$

式中，等效强度参数为 c、φ。Q 为主控结构面内作用于危岩体上的裂隙水压力（kN），其计算公式如下：

$$Q = \frac{1}{2} \gamma_w e_1^2 l$$

式中，l 为危岩体沿陡崖走向方向的宽度（m），计算中按平面问题考虑取单位宽度；γ_w 为水的重度（kN/m^3），e_1 为主控结构面贯通段充水的垂直高度（m）。对于组合一，$e_1 = 0$；对于组合二，$e_1 = e/3$；对于组合三，$e_1 = 2e/3$。

4.2.3 倾倒式危岩稳定性计算方法

倾倒式危岩计算模型以危岩体底部的风化凹槽顶端 C 为倾覆支点，分两种情况考虑，危岩体重心在倾覆支点内侧；危岩体重心在倾覆支点外侧。

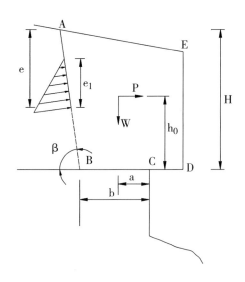

图 40 倾倒式危岩体计算模型 1

（1）危岩体重心在倾覆支点 C 内侧时见图 40，危岩稳定系数的计算公式为：

抗倾覆力矩：

$$M_{抗倾} = W \cdot a + \left(\frac{H-e}{2\sin\beta} + b\cos\beta \right) \cdot \frac{H-e}{2\sin\beta} \cdot f_{lk} + \frac{b}{2} \cdot b \cdot f_{ok}$$

其中第一项为重力产生抗倾覆力矩，第二项为 AB 面未破裂段产生的抗倾覆力矩，其力臂长为 $\frac{H-e}{2\sin\beta} + b\cos\beta$，最后一项为水平面（BC）产生的抗倾覆力矩。

倾覆力矩：

$$M_{倾覆} = P \cdot h_0 + Q \cdot \left[b\cos\beta + (H-e+e_1/3) /\sin\beta \right]$$

其中第一项为地震荷载产生倾覆力矩，后一项为水压力产生的倾覆力矩。

则可得到稳定性计算公式为：

$$F_S = \frac{M_{抗倾}}{M_{倾覆}} = \frac{W \cdot a + \left(\dfrac{H-e}{2\sin\beta} + b\cos\beta \right) \cdot \dfrac{H-e}{2\sin\beta} \cdot f_{lk} + \dfrac{b^2}{2} \cdot f_{ok}}{P \cdot h_0 + Q \cdot \left[b\cos\beta + (H-e+e_1/3) /\sin\beta \right]}$$

式中：f_{lk} 为危岩体抗拉强度标准值（kPa）；f_{0k} 为危岩体与基座之间的抗拉强度标准值（kPa），当基座为岩体时，$f_{0k} = f_{lk}$，当基座为软质岩层（如泥岩）时，取该软质岩石的抗拉强度标准值；a 为危岩体重心至倾覆支点 C 的水平距离（m）；b 为危岩体主控结构面底端 B 至倾覆支点 C 的水平距离（m）；h_0 为危岩体重心至倾覆支点 C 的垂直距离（m）。

对于组合一，水平地震力 P = 0，裂隙水压力 Q = 0，Fs 趋于无穷大，即在天然状态下危岩体处于稳定状态。

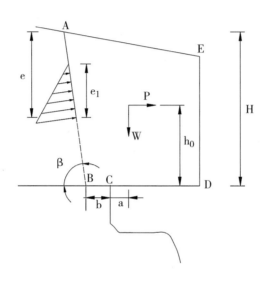

图 41　倾倒式危岩体计算模型 2

（2）危岩体重心在倾覆支点外侧时见图 41，危岩稳定系数的计算公式为：

抗倾覆力矩：

$$M_{抗倾} = \left(\frac{H - e}{2 \sin \beta} + b \cos \beta \right) \cdot \frac{H - e}{2 \sin \beta} \cdot f_{lk} + \frac{b^2}{2} \cdot f_{0k}$$

其中第一项为 AB 面未破裂段产生的抗倾覆力矩，其力臂长为 $\frac{H - e}{2 \sin \beta} + b \cos \beta$，第二项为水平面（BC）产生的抗倾覆力矩。

倾覆力矩：

$$M_{倾覆} = W \cdot a + P \cdot h_0 + Q \cdot \left[b \cos \beta + (H - e + e_1/3) / \sin \beta \right]$$

其中第一项为重力产生的倾覆力矩，第二项为地震荷载产生倾覆力矩，最后一项为水压力产生的倾覆力矩。

则可得到稳定性计算公式为：

$$F_s = \frac{M_{抗倾}}{M_{倾覆}} = \frac{\left(\dfrac{H-e}{2\sin\beta} + b\cos\beta\right) \cdot \dfrac{H-e}{2\sin\beta} \cdot f_{lk} + \dfrac{b}{2} \cdot b \cdot f_{0k}}{W \cdot a + P \cdot h_0 + Q \cdot \left[b\cos\beta + (H-e+e_1/3)/\sin\beta\right]}$$

对于组合一，水平地震力 P = 0，裂隙水压力 Q = 0。

4.2.4　坠落式危岩稳定性计算方法

坠落式危岩计算模型见图 42。

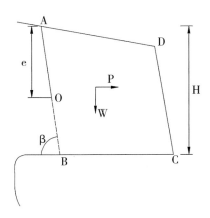

图 42　坠落式危岩体计算模型

危岩稳定系数的计算公式为：

$$F_s = \frac{\tau_f}{\tau} = \frac{(W\cos\beta - P\sin\beta - Q)\,tan\,\phi + c\,\dfrac{H}{\sin\beta}}{W\sin\beta + P\cos\beta}$$

对于组合一，裂隙水压力 Q = 0，P = 0，式中各符号意义同前。

4.3　洞窟顶板岩体稳定性的计算方法

（1）悬臂梁极限平衡法

洞窟顶板岩体破坏主要方式为悬臂式，采用极限平衡方法按悬臂梁理论进行简化计算。

按下式计算块体单元的稳定系数。

首先计算危险截面的弯矩：

$$M = F \cdot l_0 + \gamma_w \cdot h_w \cdot l/2 \cdot l/3$$

式中：F 为危岩体的自重；l_0 为危岩体重心至危险截面的距离；h_w 为危岩体上部水头高度；γ_w 为水的重度。

利用梁截面应力计算公式：

$$\sigma_{max} = \frac{M}{I} \cdot \frac{h}{2}$$

式中：惯性矩 $I = bh^3/12$；h 为截面高度；b 为截面计算宽度。

悬臂危岩体稳定性可定义为：

$$K_c = \Psi_S \cdot f_t / \sigma_{max}$$

式中：f_t 为岩石的抗拉强度；Ψ_S 为岩体抗拉强度折减系数，根据岩石风化情况确定，可取 $0.1 \sim 0.2$。

荷载组合一不考虑水压力的影响。荷载组合四考虑地震作用时假定块体沿危险截面剪断。

（2）块体理论分析计算方法

块体理论是由著名学者石根华首先提出的，该理论认为岩体为由含大量结构面的岩体所组成的结构体，即认为岩体是被断层、节理裂隙、层面以及软弱夹层等结构面切割组成的非均质连续块体。运用该理论对岩体进行稳定分析时，把岩体看作是刚性块体组成的结构体，破坏机理为刚性块体沿软弱结构面滑移，力学模型为刚体平移。根据顶板裂隙调查统计，建立块体理论分析所需的裂隙分布图，并进行洞窟顶板可移动块体的搜索与评价。

4.4 廊柱岩体稳定性评估方法

廊柱采用数值模拟方法分别进行自重应力状态下、地震动荷载及热—水—力三场耦合作用下岩体的稳定性状态分析。

（1）数值模拟评估方法

天然自重力作用下，廊柱岩体稳定性评价同洞窟整体稳定性评价，采用基于强度折减法的洞窟整体静力稳定性有限元模拟分析廊柱岩体的稳定性。

（2）多场耦合分析评估方法

由于石窟表层岩体在太阳辐射与冷风的吹袭下，发生着复杂的热水力耦合响应，是岩石物理风化的重要影响因素之一。热水力耦合多场数值模拟分析有助于深刻理解表层岩体的风化作用机理。

第二节　石窟岩体治理加固技术

1. 传统危岩防治技术介绍

1.1 主动防治技术

主动防治技术包括支撑、锚固、封填、灌浆、排水及清除等技术类型。

（1）支撑技术

当危岩体下部具有一定范围向内凹陷的岩腔、岩腔底部为承载力较高且稳定性好的中风化基岩、危岩体重心位于岩腔中心线内侧时，宜采用支撑技术进行危岩治理。

利用支撑技术治理危岩，需具备以下两个支撑条件。

① 危岩体底部处于临空状态即存在内凹岩腔。

② 危岩体下部具有相对平缓且有一定宽度的微地貌部位，下覆载荷岩体较完整、岩性比较完整且处于稳定状态。按支撑体材料可将危岩支撑结构分为浆砌条石支撑和混凝土支撑两类，砂浆强度不低于 M7.5，混凝土宜采用 C15 或 C20 素混凝土。按支撑体结构形式可分为墙撑、柱撑、墩撑、拱撑。与支撑体接触的危岩体底部一般应凿平，且应分台阶清除至中风化岩。支撑体顶部距离危岩体底部 10～20cm 的范围应采用膨胀混凝土，确保支撑体与危岩体之间的有效接触及受荷传荷。

（2）锚固技术

锚杆支护是在边坡、岩土深基坑等地表工程及隧道、采场等地下硐室施工中采用的一种加固支护方式。用金属件、木件、聚合物件或其他材料制成杆柱，打入地表岩体或硐室周围岩体预先钻好的孔中，利用其头部、杆体的特殊构造和尾部托板（亦可不用），或依赖于黏结作用将危岩与稳定岩体结合在一起而产生悬吊效果、组合梁效果、补强效果，以达到支护的目的。具有成本低、支护效果好、操作简便、使用灵活、占用施工净空少等优点。锚杆位于稳定区部分的为锚固段，位于不稳定区部分的为自由段。锚杆一般由锚头、拉杆与锚固体组成。

锚固体：锚杆的锚固段全长即为锚固体。锚固体是由水泥砂浆或水泥浆将拉杆与岩土体黏结在一起形成的，通常呈近似圆柱体状。为了增大锚杆的抗拔力，许多情况下将锚固段做成能增加锚固体与岩土体之间摩擦助力的形状，如端部扩大头型锚杆及其他异形扩大头型锚杆。

外锚头：是锚杆体的外露部分，由锚杆台座、承压垫板及紧固器三部分组成。一般锚杆轴线与围护结构间成一角度，于是以台座作为调整构件，并固定拉杆位置防止滑动。锚杆通过台座与围护结构间的接触面，分布其集中力，避免围护结构承受过大的局部应力而破坏。承压垫板是通过垫板传递拉杆的拉力于台座，根据受力大小，承压垫板的厚度一般为 20～50mm。拉杆通过紧固器将台座、垫板及岩体结构牢固连接。当拉杆为钢筋时，紧固器可为螺母、专用连接器或电焊螺丝端杆。当拉杆采用钢丝绳或钢绞线时，锚杆端部紧固器则为专用锚具。

拉杆：拉杆是锚杆的主要部分。拉杆的全长从锚头到锚固体末端，长度取决于锚固段的长度和自由段的长度。拉杆可以用粗钢筋、钢丝绳或钢绞线构成，其选用根据工程的具体条件定。拉杆的装设、锚固体的受力需要，以及拉杆保护层厚度的要求，是决定锚杆钻孔直径的因素，由计算确定，并受钻孔设备机具的制约。

对于规模较大、主控结构面开度较宽的倾倒式危岩或滑塌式危岩，可采用预应力锚索锚固。对于完整性较好的危岩体，常采用点锚。锚墩一般尺寸宜为 300mm × 300mm × 400mm，锚垫板尺寸约为 100mm × 100mm × 40mm。对于完整性较差的危岩体，采用竖梁格构锚杆锚固，格构竖梁由 C20 或 C25 混凝土沿岩面现场浇注，宽度不小于 300mm，高度不小于 400mm。

锚杆及锚索间距以所设计的轴向拉力值对危岩体提供的锚固力最大为原则。锚杆及锚索倾角约为 10°～30°，锚杆伸入危岩主控结构面后部稳定母岩的锚固长度为 3～4m。锚固体的直径常根据设计锚固力、地基性状、锚固类型、张拉材料根数、造孔能力等综合因素确定。

（3）封填及嵌补技术

危岩体顶部存在显著裂缝或底部有明显凹腔时采用封填技术进行防治。该技术可减少地表水沿裂隙下渗，并减缓凹腔的风化速度。

封填材料常采用低标号高抗渗性砂浆、黏土或细石混凝土。

（4）灌浆技术

灌浆是利用灌浆压力或浆液自重，经过钻孔将浆液压到岩石、砂砾石层、混凝土或土体裂隙、接缝或空洞内，以改善地基水文地质和工程地质条件，提高建筑物整体性的工程措施。

对于裂隙宽度超过 2cm 的宽大裂隙，常采用 1∶1 的水泥砂浆对裂隙进行压浆（此种材料仅适用于石窟外部岩体崖壁面或窟顶裂隙灌浆，窟内裂隙灌浆材料不允许使用水泥浆，避免在窟内泛碱污染石刻造像）。先封闭崖面裂隙，同时预留排气管（排气管预设位置应位于宽大裂隙的上部，间距视现场具体情况而定，平行间距以 2～3m 为宜）后进行压力注浆。压力一般控制在 0.3MPa 左右（当裂隙宽大且与岩体连通强度较差时，注浆压力可适当降低）。注浆后达到的工程效果是浆液通过裂隙内的流通和扩散，将开裂或松散的岩体黏结成一个整体，增加岩体结构强度，同时保证砂浆不外溢污染崖面。

对裂隙宽度小于 2cm 的裂隙，常采用微膨胀纯水泥浆压注（此种材料仅适用于石窟外部岩体崖壁面或窟顶裂隙灌浆，窟内裂隙灌浆材料不允许使用水泥浆，避免在窟内泛碱污染石刻造像），压力约控制在 0.3MPa～0.4MPa。灌浆常采用多点间隔重复式进行，防止危岩体受力过大出现施工事故，即注意以下几点。

① 注浆 3～5min，即停下来观察情况，保证裂隙内浆液不外溢。

② 通过注浆泵泵压控制，如发现泵压急剧上升，应反转注浆泵，吸回浆液，防止爆管或对危岩体造成破坏。

③ 注满后，及时封闭注浆管口。

④ 再次重复进行注浆。

（5）清除技术

当危岩体下方地表坡度较平缓，下部地形平台上无重要构筑物、无居民居住且有有效防御措施条件下，可对整体危岩或危岩的局部进行清理。危岩清除前应充分论证清除后对母岩的损伤程度及不影响石窟环境的整体视觉效果。

危岩清除的方法包括风枪凿眼、人工凿石、静态爆破剂等。在危石清除的下方必须采取加密脚手架和铺设加厚木板的防砸遮蔽措施。在清除较大的危石时，可先用搭设脚手架对其进行固定，然后就地将危石破碎成较小的块体再进行清除。危岩清除过程中及工后必须加强施工监测，避免仍存在不稳定的危岩体残体或新生危岩体。

（6）排水技术

① 基岩裂隙水的排水措施

设置水平排水孔改变地下水的运移途径，将地下水引离崖面和石窟。

排水孔应先于其他分项工程措施，排水孔的位置和长度应视现场具体情况而定，长度在 5～40m 不等；倾斜角度视软弱夹层（隔水地层）具体情况而定，一般平行设置于软弱夹层上部 5～20cm 处，且不能打穿隔水层，以免地下水渗入隔水地层下部岩层裂隙；集水管材料可采用高强度、耐腐蚀的 PVC 集水花管；PVC 花管孔径一般为 80～100mm；也可在一个集水点采取一孔多向的排水孔措施，即沿 2～3 个方向分别设置 2～3 个呈放射状排水孔，孔内设置 PVC 集水花管，然后在孔口把这 2～3 个排水花管联结接头汇集成一处将水排出，以便最大范围的拦截地下水，增强排水效果。最后将孔口封闭密实，一般以沥青和水泥砂浆封闭孔口及原渗水点，以保证水全部从管中排出。

② 地表水（大气降水）的治理措施

地下水的补给来源之一是大气降水下渗，所以截断地下水的补给来源、加强崖顶地表水排水系统，采取隔水措施防止地表水下渗也是防水保护工程的重要措施之一。常采用崖顶设置截排水沟和挡水坝及崖顶覆设隔水层的措施。

1.2　被动防治技术

被动防治技术包括拦石墙、拦石栅栏等类型。

（1）拦石墙

陡崖或山坡上危岩数量多、存在勘查遗漏或治理难度较大时，以及对危害对象存在威胁的地段，当自然坡角小于35°并存在一定宽度的地表平台时，宜设置拦石墙（拦石墙防治技术的应用范围、地点需考虑不影响石窟整体环境风貌为宜）。

拦石墙包括重力式拦石墙和桩板拦石墙。拦石墙布设位置应根据落石运动路径予以确定。拦石墙的厚度根据落石冲击力确定。拦石墙可由块石砌筑或填土夯实构成，通常考虑桩板式结构，因桩板式结构较灵活，且占地面积小，结构材料用量小。板可采用混凝土连续板、简支板、槽形板、空心板、拱板等形式。墙背缓冲堤应分层填筑，压实度不小于85%，并应保证其自身稳定。必要时，可用加筋土，表面可用片石护坡。拦石墙内侧的落石槽断面为倒梯形，槽底铺设不小于60cm厚的缓冲土层，墙体迎石面坡比1∶0.5~1∶0.8，并用块石护坡，山体面坡比一般在1∶1左右，在不具备放坡的地段可将坡比增大为1∶0.5，并用锚钉或块石护坡；槽底设置排水盲沟，并在拦石墙适当部位穿越拦石墙向山体下部排泄。

（2）拦石网及拦石栅栏

当陡崖或山坡下部坡度大于35°且缺乏一定宽度的平台而不具备建造拦石墙的条件时，可采用拦石网或拦石栅栏。

拦石网包括半刚性网和柔性网两类，前者主要以钢轨作立柱、钢轨或角钢、型钢作横梁相互焊接而成了，后者由角钢作立柱、缓冲钢索和柱间钢绳网组成。缓冲钢索一端与立柱顶部相连（立柱倾角不小于70°），另一端锚固在稳定岩土体中。应用较多的为柔性拦石网。

拦石网显著特点是其柔性和刚度足以吸收和分散传递预计的崩岩能量，并且在悬崖、陡坡等地形条件下易于安装。

1.3 主动—被动防治技术

（1）锚固—拦挡联合技术

该技术主要是将危岩治理与拦挡结合起来。拦挡结构可采用拦石墙、拦石网防护。

（2）锚固—支撑联合技术

当采用单一防治技术效果较差时可采用本技术。在治理过程中，主要将锚固力和支撑力联合考虑，当支撑体在危岩滑动力作用下存在滑移失稳的可能性时，在支撑体上布设锚杆。根据危岩支撑—锚固联合计算结果，获得治理危岩所需的锚固力、支撑力以及据此确定锚杆数量和支撑体尺寸大小。

2. 锚杆加固技术

复杂地质体经过漫长地质年代而形成，往往存在各种不能满足工程需要的缺陷。为改善其性能，预防和治理相关地质问题，工程上常将一种称之为锚杆的受力杆件置入岩土体中，通常称之为锚固。受锚固后的岩体，自身固有强度及自稳能力得到提高。锚固技术主要特点有柔性可调、随机补强、深层控制、主动控制、超前预支护、施工快捷、经济性好。该方法已在边坡治理、危岩加固、坝体抗倾覆、深基坑支护、结构物加压稳固等工程中得到广泛应用。在文物保护工程中，石窟寺岩体加固主要采取该技术进行治理。

现代锚固技术自 20 世纪 60 年代引进中国。经过 40 余年的研究及实践，获得了长足的进展。近 20 年来，锚杆支护主要在结构、材料与施工工艺上进行了改进，向受力合理、快速承载、适应性强、效率高的方向发展，以适应软弱破碎不良地质条件下工程上的需要，如自钻式锚杆、缝管锚杆等。锚索技术也源于国外，是锚杆技术发展的产物。20 世纪 50 年代以后，随着预应力技术的提高，锚固加固理论、设计方法、技术规程或规范不断完善，预应力锚索发展越来越快。预应力锚索结构类型多样、种类繁多，并随着应用水平提高，不断完善、改进。从胀壳式内锚头，发展为黏结式内锚固段；从拉式预应力锚索，发展到压式预应力锚索、剪式预应力锚索、两次高压灌浆型预应力锚索、单孔复合拉压分散型预应力锚索、可回收式预应力锚索等。锚索材料，从采用高强钢丝，到采用高强低松弛钢绞线。锚索的设计承载力，从 600kN 发展到 6000kN。锚索实际施工长度，从 10 余米发展到 100 余米。相应的锚具、钻具等也有了较大发展。随着预应力锚固技术的发展与成熟，已成为岩土工程治理的主要形式之一。

2.1　岩土锚固原理

岩土锚固是一种把锚杆（索）群埋入地层一定深度处的技术。锚杆插入预先钻凿的孔眼，它的一端与工程构筑物相连，另一端锚固在岩土层中，必要时可对其施加预应力，以承受土压力、自重、水压力等荷载所产生的拉力。岩土锚固的力学作用主要有抵抗倾倒、抵抗竖向位移、控制围岩变形和防止塌落、阻止地层剪切破坏、抵抗结构物基底的水平位移、预加固地基。针对危岩体不同的失稳形式，锚杆的加固效果和作用机理各不相同。

2.2　岩土锚固类型

根据是否施加预应力锚固类型一般分为两类。

（1）不施加预应力——被动支护（岩体移动时发挥作用），此种锚固力较小。

非预应力锚杆一般由全长粘接的杆体、垫板和螺母组成，可用于加固地层及容许地层有适度变形的工程。非预应力锚杆仅靠杆体自身强度发挥其抗拉抗剪作用，在安装后地层移动时才能被动的发挥作用。结构简单，施工方便。

（2）施加预应力——主动支护（约束岩体变形）。对于无初始变形的锚杆，要使其发挥全部承载能力则要求锚杆头有较大位移。为减少这种位移直至达到结构物所能容许的程度，一般是通过将早期张拉的锚杆固定在结构物、地面厚板或其他构件上，以对锚固施加预应力，同时也在结构物和地层中产生应力。

依据岩土锚杆（索）技术规程（CECS 22：2005），危岩体锚固时可供选择的锚杆类型有以下几类。

（1）胶结料固定型和机械固定型锚杆

固定锚杆杆体的胶结料一般包括水泥浆和合成树脂。用胶结料固定锚杆的效果取决于胶结料与钻孔中岩层或土体的黏着力。在矿山工程中应用最多的机械型锚杆有楔缝式和胀壳式锚杆，属于端头机械固定式锚杆。机械式锚杆对岩层固定点的强度要求较高，固定后能及时提供支护抗力。

快硬水泥卷和树脂卷锚杆主要用于在岩石开挖后及时施加低预应力，施工质量易于检验，锚固剂成本较低廉。

（2）拉力型和压力型预应力锚杆

拉力型锚杆的主要特点是锚杆受力时锚固段浆体受拉并通过浆体将拉力传递给周围地层，它的结构简单，在坚硬或中硬岩体中使用，效果良好。

压力型锚杆的主要特点是利用承载体使锚杆受力时锚固段浆体受压，并通过浆体将拉力传递给周围地层。压力型锚杆受荷时，固定段的灌浆体受压，不易开裂，灌浆体耐腐蚀性能好。

（3）荷载分散型与荷载集中型锚杆

荷载集中型锚杆是在一个钻孔中只安装一根独立的锚杆，尽管锚杆杆体可能由多根钢绞线或钢筋构成，但只有一个独立的自由段长度和锚固段长度，锚杆所受荷载以集中力的形式由锚杆锚固段顶端向底端传递。

目前，广泛采用的拉力型锚杆是一种典型的荷载集中型锚杆。在工作时的缺点主要是由于锚固体工作时受拉，易开裂，为地下水渗入提供通路，杆体易锈蚀，且由于负荷时粘接段易应力集中，地层强度利用率低。但是结构简单、施工方便，在岩土锚固工程中仍应用较多。

荷载分散型锚杆是在一个钻孔中，由几个单元锚杆组成复合锚固体系，每个单元锚杆有自己的杆体、自由长度和固定长度，能将锚杆力分散作用于锚杆总锚固段的不同部位（即各单元锚杆的锚固段）上，也称单孔复合锚杆。这种固定方式使锚固段上应力分布较均匀，降低了粘接应力值。依据结构不同可分为拉力分散型锚杆和压力分散型锚杆。

（4）扩体型锚杆

扩体型锚杆即采用扩张锚固段的方法提高锚杆的承载力。主要有两种形式，一种是仅在锚固段底端扩成一个大的扩体，称为底端扩体型锚杆；另一种是在锚固段上扩成多个扩体，称为多段扩体型锚杆。

（5）中空注浆锚杆

中空注浆锚杆包括普通中空注浆锚杆和自钻式中空锚杆。施工时采用先插杆后注浆工艺，浆液从中空杆体的孔腔中由内向外流动，当浆液由锚杆底端流向孔口时，止浆塞与托板能有效抑制其外溢，保证杆体与孔壁间的灌浆饱满，使锚杆伸入范围内的岩体都得到有效加固。

2.3 新型锚杆在治理石窟危岩体的应用

近年来，由于强力胶结剂和新材料问世、加工水平的提高、检测手段的增多使锚杆的品种发展很快，国内现有楔缝、涨壳锚杆、钢丝绳或钢筋砂浆锚杆、木锚杆、竹锚杆、树脂锚杆、快硬水泥卷锚杆等十几个系列品种。由于各种锚杆构造不同，锚杆作用机理差别较大。国内外大量工程实践证明，各种不同类型锚杆，在不同地质条件下，有不同的"支护"效果。

2.3.1 玻璃钢锚杆

（1）结构及材质特点

全螺纹玻璃钢锚杆显著特点是杆体轻（为同体积钢材重量的1/4）；易于安装，减轻劳动强度；耐环境性强，可满足永久支护要求；比强度高；杆体通体全螺纹，握裹力强，锚固力大；易于切割，根据支护要求，可任意调整截取锚杆杆体长度。

玻璃钢锚杆结构由杆体、锚尾、托板、螺母组成。材质特点是杆体的增强材料采用电绝缘性能低的中碱玻璃纤维无捻粗纱，基体材料采用通用型不饱和聚酯树脂，其中苯乙烯含量为33％，其他辅助材料有阻燃剂、抗静电剂等。以满足轻质、高强、阻燃、抗静电等优点。锚杆锚头为锥形，锚尾为加工有螺纹的变内径钢套管，用树脂粘接于倒楔形锚尾上。锚尾部分为100mm。为增强杆体安装时的抗扭力，杆体中的玻璃纤维呈左旋分布。锚尾部分的钢套管由4分钢管经热处理加工制成。内径为16mm，长度为100mm，外径为22mm。钢套管外表面加工螺纹，配以螺母、托板，从而能使锚杆在安装后，通过拧紧螺母而具有一定的预紧力，防止岩体的早期破坏。

（2）玻璃钢锚杆力学参数（见表15）

表15　　　　　　　　　　玻璃钢锚杆力学参数表

杆体抗拉强度/MPa		抗剪强度/MPa		扭矩/N·m	
≥300		≥75		≥40	
杆体 锚固力	杆体直径/mm	16	18	20	22	24
	锚固力/MPa	50	60	70	80	90

（3）玻璃钢锚杆施工操作方法

玻璃钢锚杆在锚固小危岩块时适宜的施工操作方法如下。

① 在危岩块附近根据其受力特点确定合理的钻孔位置。

图 43 自钻式中空注浆锚杆结构图

② 用电动凿岩机孔凿孔，孔深为 1.5m，略小于杆体长度。

③ 注入 2 支 Φ23mm×500mm 树脂锚固剂或 2 支快硬水泥卷锚固剂。快硬水泥卷的注入方法为：水泥卷浸水。先在水泥卷上用细铁丝刺 5~6 个小孔后浸入清水中，旋置约 1min 左右，待水泥卷上小孔无连续冒泡后将其取出。用钢筋把所需的水泥卷一个接一个分别推入孔底。

④ 电钻带动杆体旋转搅拌注入锚杆孔，然后继续转动拌合 10s 以上，使树脂锚固剂或快硬水泥浆均匀混合。

⑤ 待锚杆锚固后安装托盘、上紧螺母，使锚杆具有预应锚固力。

现场施工时，应注意以下操作事项。

① 根据钻孔直径选择锚杆的规格，根据孔径差决定锚固剂的使用个数。

② 依照设计要求，确定钻孔深度要略小于杆体长度 60~80mm。

③ 玻璃钢锚杆锚固段沾染油污影响锚固效果。

玻璃钢锚杆在加固现场小危岩块时，可根据对锚固力的不同要求选择不同的杆径，杆体长度能任意截取，施工迅速、方便，能满足稳定加固危岩块的要求。可根据要求灵活选用树脂锚固剂或快硬水泥卷锚固剂。

2.3.2 自钻式及普通中空注浆锚杆的适用性分析

（1）中空注浆锚杆结构及材质特点

自钻式中空注浆锚杆是一种中空的锚杆，其本身兼作钻杆和注浆管，其结构及各部件如图 43 自钻式中空注浆锚杆结构图所示。注浆前可作吹尘管，即排除凿岩形成的粉尘，注浆时浆液通过中空锚杆从钻头喷出，填充锚杆周围的钻孔和地层裂隙，使锚杆与周围土质凝固成一体，形成钢管水泥柱，起到加固的作用。其结构由钻头、中空杆体、垫板和螺母组成。钻头的大小可控制钻孔的大小，一般钻孔的尺寸约为锚杆直径的 2 倍左右。它是集钻孔、注浆、锚固等多功能的新型高科技支护产品。

普通中空注浆锚杆结构中不包括钻头,杆体仍为中空,但杆体材料比合金钢硬度低。杆体本身作为注浆管。在锚固段带有螺道,增大了与岩壁的摩擦作用。在端部带有螺母和垫板。与自钻式中空注浆锚杆的结构基本相同,主要差别在于是否带钻头及杆体材料差异。

(2)中空注浆锚杆安装

在岩质较破碎、裂缝发育且部分呈软塑状态的地层中,选用中空注浆锚固技术,锚固成孔是关键环节。

在现场试验中,有部分孔出现钻进到约1m深度就严重塌孔。在这种情况下,必须选用自钻式钻进方式及将杆体本身作为注浆管从内部注浆方式,因为严重塌孔已造成无法从孔内注浆,所以中空注浆技术尤其适用于破碎地层岩体加固。

在破碎地层钻进时,若采用先打孔再锚固的方式,应用跟管钻进工艺来完成。但有的地层的地质条件非常复杂,即便用根管钻进也很难达到目的,易发生钻具的剧烈跳动、钻进负荷加大、塌孔、埋钻、卡钻、活动石块无法钻进等,使钻进施工无法进行。在这种情况下,应采用注浆固结破碎岩层及孔壁,注浆材料应使用快速固结、早强、流动性好的材料。注浆后,待固结达到一定强度时,方可继续钻进。

2.3.3 螺纹钢锚杆

螺纹钢锚杆的杆体由轧制的全长连续右旋螺纹钢材料制成,具有以下特点:一是其任何一端都可以直接拧螺母而成紧固端,另一端可直接与锚固剂粘接而成锚固端;二是由于杆体全长范围内具有连续的螺纹,其锚固长度可根据实际需要确定,这种锚杆既可以作为端头锚固,也可作为全长锚固;三是锚杆的螺纹牙形为梯形,其抗剪强度略高于杆体的抗拉强度,具有杆体全长等强度、无弱面的特点,是一种具有广阔应用前景的支护材料。

螺纹钢锚杆的锚固力主要由两部分构成,一个是杆体与注浆体之间的粘接力,另一个是由于螺纹杆的特殊的梯形螺纹,使其黏合面具有很大的机械结构阻力。据有关文献,砂浆与圆钢粘接强度为2.5MPa左右,而砂浆与螺纹钢粘接强度为5.0MPa左右。文献对砂浆锚杆进行拉拔对比试验表明,螺纹钢锚杆抗拔力及粘接面平均剪切强度为圆钢的3倍。圆钢锚杆与粘接物粘接强度主要由黏聚力及摩擦力决定,而螺纹钢锚杆与粘接物之间强度不仅包括前面两部分,还包括因螺纹起伏与砂浆之间产生挤压、剪胀、剪断等作用产生的等效强度,这在总体上较大地提高了其粘接强度。所以,螺纹钢锚杆的锚固力很大,锚固性能好。

2.4 锚杆注浆材料

埋置在岩层中的锚固结构的使用寿命取决于锚杆的耐久性,而对寿命的最大威胁来自于腐蚀。通过对锚杆腐蚀破坏的国内外实例进行分析，发现由于灌浆材料的劣化，即水泥浆保护层失效且含有氯化物，而使杆体遭到腐蚀案例较多。国内外常用的锚杆注浆材料为树脂锚固剂、快硬水泥卷锚固剂、传统水泥砂浆灌浆材料。

① 树脂固定锚杆的优点是凝固时间短，能在数分钟至数小时内发挥锚固力，若充填密实的情况下与岩石的粘接力较大，但是树脂卷固定锚杆的耐腐蚀性未经验证。另外凝结时间受岩体温度影响较大。用树脂卷固定锚杆，对钻孔的充填处理比较严格，若钻孔壁仍有岩屑及粉尘，会降低粘接效果影响锚固力。另外与水泥砂浆相比，费用较高。

② 快硬水泥卷锚固剂凝固时间短，但是费用较高，适合于快速支护时使用。

③ 传统水泥砂浆材料其耐腐蚀性不高，且含氯化物会使杆体遭到腐蚀。因此，增强锚固体灌注材料的性能也应是进一步努力的方向。

3. 锚喷支护技术

采用锚杆和喷射混凝土（简称锚喷）支护围岩的措施，自 20 世纪 60 年代以来，已被广泛采用。喷混凝土和控网喷混凝土能保护岩体表面，尤其能有效保护较弱岩土的开挖表面，防止岩体表面的剥蚀及细小块体的塌落；普通锚杆和系统锚杆能有效加固表层岩体，防止局部块体塌滑，加强其表层稳定性。锚杆和喷射混凝土与围岩共同形成一个承载结构，可有效地限制岩体变形的自由发展，调整围岩的应力分布，防止岩体松散坠落。锚杆和喷射混凝土，加设单层或双层钢筋网，可提高喷层抗拉强度和抗裂能力，从而提高支护能力。在我国西北地区砂砾岩地层的石窟加固保护常用此方法，如甘肃天水麦积山石窟及新疆克孜尔石窟、库木吐喇千佛洞等石窟的抢险加固保护工程。

3.1 锚杆施工工艺

3.1.1 锚杆孔的施工

① 孔位布置：孔位应根据设计要求和围岩情况布孔并标记，偏差不得大于 2cm。

② 锚杆孔径：砂浆锚杆的锚杆孔径应大于锚杆体直径 15mm。

③ 钻孔方向：锚杆孔应基本垂直于石窟崖壁面，钻孔倾角一般约为 $10° \sim 35°$。

④ 钻孔深度：砂浆锚杆孔深误差不应大于 ±10cm。

⑤ 锚杆孔应保持直线。

⑥ 灌浆前清孔：钻孔内若残存有积水、岩粉、碎屑或其他杂物，会影响灌浆质量和妨碍锚杆杆体插入，也影响锚杆效果。因此，锚杆安装前，必须采用人工或高压风、水清除孔内积水和岩粉、碎屑等杂物。

3.1.2 锚杆安装

① 砂浆。砂浆锚杆孔内的砂浆也应采用灌浆罐和注浆管进行注浆。注浆开始或中

途停止超过 30min 时应用水润滑灌浆罐及其管路，注浆孔口压力不得大于 0.4MPa，注浆时应堵塞孔口。注浆管应插至距孔底 5～10cm 处，随水泥砂浆的注入缓慢匀速拔出，并用手将水泥纸堵住孔口。

② 锚杆安装。锚杆头就位孔口后，将堵塞孔口水泥纸掀开，随即迅速将杆体插入并安装到位。若孔口无水泥砂浆溢出，说明注入砂浆不足，应将杆体拔出重新灌注后再安装锚杆；锚杆杆体插入孔内的长度不宜小于设计规定。锚杆安设值，不得随意敲击，三天内不得悬挂重物。

③ 钻孔注浆的饱满程度，是确保安装质量的关键，工艺要求注浆管插到距孔底 5～10cm，并随砂浆的注入而缓慢匀速拔出，就是为了避免拔管过快而造成孔内砂浆脱节。砂浆不足时应重注砂浆。这都是为了保证锚杆全长为足够饱满的砂浆所握裹，保证其锚固效果。

④ 普通砂浆锚杆安装后不久，随意敲击杆体将影响砂浆与锚杆杆体、砂浆与孔壁的黏结强度，降低锚杆的锚固力。普通砂浆三天所能达到的强度为 28 天强度的 40% 左右。因此，规定三天内不得悬挂重物，不但是为了保证锚固质量，也是为了防止发生安全事故。

3.2　挂钢筋网施工

① 钢筋网使用 Φ6.5，网格为 20cm×20cm，固结在锚杆端头上。

② 钢筋须调直除锈，按规定长度下料、安扎、焊，顺序堆放在工作面上使用。

③ 钢筋必须安装顺直，紧贴初喷砼表面，钢筋网成形后，每根钢筋都应绑扎，在二次喷砼时，钢筋极少颤动。

④ 在有钢筋的工作面上复喷砼，其喷射作业与无钢筋情况要求不同，前者要求将钢筋背后喷护密实，钢筋表面不残留回弹物，以使钢筋有较大的握着力。有钢筋时，如果对着直喷，反而加大回弹量，因此在钢筋网外喷护，喷砂应保持一个角度，既能使钢筋背后勤部密实充填，又可使回弹减少。

⑤ 钢筋网表面保护层厚度不小于 2cm，不允许将锚杆、钢筋头外露。

⑥ 钢筋网的铺设应设在第一次喷射砼和锚杆施工后进行。

⑦ 钢筋网应随喷射砼面的起伏进行铺设。钢筋网现场绑扎，可以利用单根钢筋挠度大，当有格栅拱时，应与格栅拱连接牢固。

3.3　喷射砼施工

用压缩空气将掺有速凝剂的砼拌合料通过砼喷射机高速喷射到石窟崖壁面上迅速凝固而起支护使用。

喷射砼可分为干喷、潮喷、湿喷三种方式。喷射砼作业需用的机具设备有砼喷射机、空气压缩机、搅拌机、上拌机具、供水设施。

3.3.1 混合料的备制

① 混合时，各种材料应按配合比准确称量。

② 采用强制式密封搅拌，时间不少于90s。

3.3.2 机具就位

机具安装在围岩稳定地段，保证输送线路通畅。未上料前，先进行砼喷射机试运转，开启高压风及高压水，如喷嘴风压正常喷出的风水呈雾状；如喷嘴风压不足，可能出料口堵塞；如喷嘴不出风，则可能输料管堵塞。有故障及时排除，待喷射机运转正常后才能进行喷射作业。

3.3.3 喷射砼作业要点

① 喷前应清洗岩面，将附着在岩面上的粉尘、硝屑冲洗干净，以保证砼与岩面黏结牢固。若用高压水清洗会引起岩面软化时，只能用高压风清扫岩面杂物。

② 严格掌握规定的速凝剂掺量，并添加均匀。

③ 喷射手严格控制水灰比，使喷层表面平整光滑，无干斑或滑移流淌现象。

④ 凹凸不平时应先将凹处喷平，按正常顺序喷射，以减少回弹。

⑤ 有钢筋网时，宜使喷嘴靠近钢筋，喷射角度也可适当偏一些，喷射砼应覆盖钢筋。

⑥ 喷完或间歇时，喷嘴应向低处放置。一工班结束，要拆开喷头，取出水环，用水清洗干净，疏通水眼，以备下一班使用。喷完后，喷射机具均应清洗、保养，以保证机具处于完好状态。

3.3.4 喷射砼的工艺参数

① 工作风压：一般为0.2MPa~0.4MPa。

② 喷射角度与喷射距离：喷射料束与受喷面垂直时，回弹量最小；喷头与受喷面距离一般宜保持在0.6~1m。

③ 一次喷射砼的厚度：一般拱部为3~5cm，边墙为6~8cm。

④ 水灰比：喷射手应把水灰比控制在0.4~0.45，使喷层平整光滑，无干斑或滑移流淌现象。

⑤ 两次喷射的间隔：两层砼的喷射时间间隔太短，会由于前一层砼未达到强度而拉裂坠落，间隔时间过长，又会影响施工效率，较合理的间隔时间是前一层砼终凝，并达到一定强度后再复喷，一般可在20min以后进行。

⑥ 养护（干燥处）：喷射砼由于喷层内外部分干燥条件有异，必须进行养护，《规则》规定，喷射砼终凝后两小时起即开始养护，养护不得少于7天。

⑦ 水压：喷头处水压控制在0.15MPa~0.2MPa。

⑧ 速凝剂：掌握规定的掺量，并添加均匀。

4. 裂隙灌浆加固

灌浆就是把相应的可以凝结的某种浆液灌入裂隙含水岩层、混凝土结构或松散土层中，从而降低被灌基体结构的渗透性并相应提高其力学强度，从而达到延长其使用寿命的方法。灌浆作业过程也可称为注浆。目前，灌浆处理在现代建筑土木工程上应用十分广泛，其主要作用是起到防渗、补强、加固、增强、堵漏等效果的一项很重要的技术。一般的灌浆定义归纳为包括灌浆目的、灌浆形式、灌浆材料、作用机理四个部分。灌浆材料（可以凝结的浆液）是灌浆的内容，灌浆的核心与实质则是浆液的胶结、凝固、固结以及与此有关的处理对象的密实、稳定和增强效果等。其实质上都是用气压、液压或电化学原理，把某些可固化的浆液注入到各种介质的裂隙或孔隙中并进行相应的化学反应，以达到改善处理对象的物理力学性能，并满足工程需要的目的。

石窟岩体裂隙注浆材料应满足与石窟岩体力学性能相匹配、透水透气性好、热力学性能与岩体相兼容、收缩小、耐候性强等性能特征，并且满足施工时可灌性好、环境友好、工艺简单、成本低及适应性强等要求。而现有无机类灌浆材料仍存在收缩大、渗透性不强、与加固复合体协同作用力不强的缺点，有机类灌浆材料与岩体热力学性能及耐老化性能匹配性不好，且两种材料在颜色外观上不能与石窟岩体很好匹配，带来石窟岩体裂隙灌浆效果不够理想。

4.1　灌浆材料概述

从灌浆材料的发展历史来看，大体上经历了四次明显的变革，即原始黏土浆液注浆阶段、初期水泥浆液注浆阶段、中期化学浆液注浆阶段和现代注浆阶段。

人类早期使用的灌浆材料是黏土类灌浆材料，产生于法国，距今已有 200 余年的历史。在 1938 年英国人最先使用水泥灌浆材料，但是很快人们发现一般水泥的粒径过大，很难灌入较小的空隙与裂隙中。所以人们开始研究易于灌入的化学灌浆材料，在世界上印度首次采用化学灌浆材料并且获得成功。此后，水玻璃类的化学灌浆材料由于其无毒、价格低等优点普遍在世界上得到研究并应用，但是这种水玻璃类的灌浆材料固结强度与耐久性很难达到相应工程的要求。进而新型的高分子类的灌浆材料进入学术及工程界，当时该项技术具有代表性的国家有美国、苏联、日本等。由于日本在 1974 年发生高分子注浆污染事件，对日本乃至世界的高分子注浆材料构成很大的冲击。鉴于有机高分子灌浆材料被限制使用，而水玻璃难以达到较高的固结强度及持久的耐久性。一般性的水泥材料虽有强度高、耐久性好，但由于其粒径较大其应用范围得到很大的限制。在此前提下，专家们纷纷提出使用超细水泥灌浆材料，在 20 世纪 80 年代日本生产的超细水泥可以灌注到渗透系数为 3.75×10^{-3} cm/s 的细沙层，使固结后的沙

层渗透系数提高到 1×10^{-6} cm/s。我国也对超细水泥进行相关的研究与开发，例如中国建筑材料科学研究院、水电部基础公司、新安江水电厂等单位开展的超细水泥研究，其取得的结果中水泥的平均粒径可以达到 $6\mu m$，可灌注 0.1mm 裂隙。在我国的许多工程实例中有许多采用超细水泥加固。纵观国内外灌浆技术发展史可以发现灌浆材料发展历程是由黏土、石灰→水泥→化学灌浆材料→超细水泥。

要取得良好的注浆效果，要求浆液同时具有两个特点。一是要求浆液在灌注完毕之前保持很好的流动性，黏度增长不大，这就要求料浆具有很好的可灌性，然而可灌性主要是指料浆的流变性能。二是要求浆液在灌注完毕之后黏度迅速升高，从灌注期到初终凝的时间间隔较短，即浆液应具有很好的可控性，可控性主要是指料浆的凝结时间可控。良好的可灌性有利于浆液充分灌入地层孔隙和裂隙中。料浆凝结时间可控性的特点有利于浆液黏结岩土体，并使浆液避免在凝固前被地下水冲蚀。但这两个特点是一对矛盾，一般的浆液往往只能具备其中的一个特点，不能同时具有另外一个特点，因而很难两全其美。

从 20 世纪 80 年代开始，国际范围内就开始重视稳定性浆液的研发，原因是由于稳定的浆液不会因灌浆结束后浆液中水的泌出而留下空隙，导致被灌体的力学性能不达标，反之稳定的灌浆材料料浆使凝固后的结石体强度更高，与被灌体的空隙或者裂隙黏结强，使被灌体更加致密，进而可以更好地抵抗各种溶蚀。在研究和应用高水灰比灌浆材料满足强度要求的基础上主要存在以下三个方面的主要问题，即浆液的可灌性、可控性和稳定性。目前，难以解决的问题是只能满足其中的一者或者两者，三者不能达到有效的结合。

4.2 石窟岩体灌浆加固材料选择原则

① 与原岩有较好的相容性。在满足被加固岩体性能及工艺条件要求的前提下，要求所选用的材料对被加固岩体包括的信息干扰尽可能小，且无不良影响，并且充分地考虑材料间的匹配性。

② 良好的耐久性，抗老化性能好。对文物的保护处理次数需尽量减少，故要求灌浆材料具有良好的耐久性。

③ 良好的黏结性。和原岩之间有较高的黏结强度，后期强度不回降。

④ 稳定的化学性能。灌浆材料既要满足保护处理所需的化学活性，且不能与被加固文物体产生不必要的化学反应。

⑤ 可灌性好。

⑥ 适宜的凝结时间和较快的硬化速度；凝结时间须能根据不同裂隙的大小及开展情况能够调节。

⑦ 使复合浆体具有低收缩性、良好的流动性、保水性、低连通孔隙率等性质。

4.3 石窟灌浆材料简介

（1）普通硅酸盐水泥

硅酸盐水泥基灌浆材料通过将水泥颗粒粒径有效降低至相应指标，并配之以优质活性掺和料和高效减水剂等可以制取流动度高、物理性能优良、耐久性好的无机灌浆材料。其中水泥矿物优先水化，所掺入的活性掺合料在水泥矿物的激发下，能与水泥水化产物 Ca（OH）$_2$发生二次水化，所生成的凝胶产物填充在初始水化结构的间隙中，从而有效地减少了水化体系内部的空隙率，显著改善孔结构，并大幅提高浆体的密实程度，因而在一般的普通结构和工程中能够起到良好的防渗和加固作用。但是由于硅酸盐水泥本身的组成特点所决定，在其水化过程中，由于水解的作用，熟料矿物尤其是 C_3S 会迅速溶出大量 Ca^{2+}。同时，所掺的缓凝剂石膏（$CaSO_4 \cdot 2H_2O$）也会快速溶解于水，特别是在水泥粉磨时所形成的部分半水石膏（$CaSO_4 \cdot 1/2H_2O$）或可溶性无水石膏（$CaSO_4$），其溶解速率更快。此外，在水泥中所含的钾钠组分溶解也非常迅速，例如，其中的 K_2SO_4 在几分钟内的溶解率可达到70%～80%。因此，硅酸盐水泥水化一旦开始后，基本上就是在碱度很高的氢氧化钙、硫酸钙的饱和溶液中进行相应的反应。水泥中的碱性组分含量越高，碱性离子的初始溶解速率越大，液相中碱性离子的饱和度也越大。逐渐形成相应的水化产物，其中主要的晶相是钙矾石、单硫型水化硫铝酸钙、氢氧化钙、氢氧化钾和氢氧化钠等，这些晶体的稳定与浆体结构中溶液的碱度具有十分密切的关系。而硬化水泥浆体从微观上来看具有毛细管孔隙结构，毛细孔中的水会通过毛细作用不断往外蒸发。相应的外界环境中的 CO_2 气体又会被毛细孔吸附溶解在水中，所形成的 HCO_3^-、H_2CO_3 以及 CO_2 等物质则会与液相中的 Ca^{2+} 离子等发生碳化反应，形成难溶的 $CaCO_3$。同时，硬化浆体中的可溶性物质 Ca（OH）$_2$、Na_2SO_4等盐碱组分也会随水而迁移至表面，随着水分不断蒸发，其碱度不断增加，逐渐达到过饱和，便会在硬化水泥浆体的表面析出白色结晶物质，俗称泛霜或泛盐碱。在石窟文物本体岩石加固中现在基本不用此材料作为灌浆加固材料。

普通硅酸盐水泥在石窟崖体加固中一般为大裂隙的灌浆填充材料。硅酸盐水泥标号常选为42.5号，浆液加入适量的速凝剂。

（2）环氧树脂

环氧树脂是泛指分子中含有两个或两个以上环氧基团的有机化合物，除个别外，它们的相对分子质量都不高。环氧树脂的分子结构是以分子链中含有活泼的环氧基团为其特征，环氧基团可以位于分子链的末端、中间或成环状结构。由于分子结构中含有活泼的环氧基团，使它们可与多种类型的固化剂发生交联反应而形成不溶、不熔的具有三向网状结构的高聚物。

环氧树脂类灌浆材料的优点是可以用于较细（可到0.1mm）裂隙的灌浆，流动性好、抗风化能力强、不泛盐碱、货源充足、运输与使用方便。其缺点是，常温下胶凝时间比较长、固化慢、受热有蠕变现象，固化过程中收缩大、易开裂，与石窟岩性不匹配。

目前，石窟文物保护中采用进口环氧树脂 XH 111A Normal Cl（双酚 A 改性环氧胶粘剂）与 XH 111B Normal 固化剂以 2∶1 比例混合使用。双组分冷固化触变环氧粘胶，力学强度高，不流淌，贴伏性好，对多数材料黏结力良好，防水和抗化学腐蚀能力强。

（3）超细水泥

超细水泥为高强度、流动性、微膨胀水泥基灌浆材料，其抗压、抗折强度最高，黏结强度较高，但抗拉强度略低于岩石。饱和吸水率略高于岩石。抗渗性好，耐候性好，四次干湿循环下不崩解。因此，适合于浅层结构张开性渗水裂隙灌注堵漏，且具有结构加固的功能。

随着超细水泥生产工艺和技术的不断发展，采用超细水泥作为灌浆材料已经逐渐趋于成熟。同时，我国也能生产出性能优良超细水泥。例如，我国生产的 MC 型超细水泥的 $d95 \leqslant 20\ \mu m$，$d50 \leqslant 5\ \mu m$，比表面积 $Sw \approx 1000 m^2/kg$，其浆体的流变特性十分优良，它在水灰比为 2 和压力为 0.15MPa 的实验室条件下，可以灌入细度模数 $Mk = 0.86$ 的特细沙层及宽度 $< 30\ \mu m$ 的人造裂隙中。它的可灌性已经优于国外同类产品 MC - 500，并且灌入后具有微膨胀性，凝结时间可调整。

超细耐硫酸盐水泥，其优越性在于低碱，抗硫酸盐，流动性极佳，不分层，可以进入到微裂隙中，可以在潮湿的基面施工。硬化后防水、耐水的侵蚀，抗风化和冰冻。它具有如下特性。

① 高效性和可靠性。由超细水泥等无机超细微粒组成的高性能灌浆材料，具有良好的渗透性及可灌性，具有比有机化学灌浆液更高的强度及耐久性，不存在老化现象。② 安全无污染性。由无毒无害的无机材料组成，其化学组成决定了其对水、土壤、空气等周围环境无污染，相对于其他灌浆材料而言，具有更高的安全性，属于绿色环保型建材产品。③ 施工方便，易于操作，且比有机化学灌浆液价格便宜，灌浆后不会老化，具有良好的耐久性。

缺点如下。① 超细水泥灌浆设备比较复杂，在比较小的工程中派不上用场，以至于灌浆达不到预期的效果。② 超细水泥采用超细粉磨技术和设备使其颗粒细化，提高渗透能力，实现浆材的高可灌性，但其生产成本价格较高。③ 由于超细水泥的生产原料与普通水泥相同，在石窟内部微裂隙灌浆后可能会产生泛盐碱现象污染石刻造像。

（4）PS 系列灌浆材料

20 世纪 60 年代初，我国文物保护工作者尝试采用钠水玻璃加固半坡遗址，虽未取得良好的效果，但开创了我国土遗址防风化化学加固的开端。自 20 世纪 80 年代开始，

PS（高模数钾水玻璃）材料应用于西北地区石窟遗址和土遗址的保护加固。PS 材料即高模数的硅酸钾溶液，在西北地区广泛用于加固风化砂岩，其特点是固结体都是硅酸盐类无机物，接近岩石的成分，耐老化，有较高的固结强度，黏度小，渗透性好，可灌性强。浆液中不含有重金属等有害物质。它是以高模数（3.8～4.2）的硅酸钾（$K_2O \cdot nSiO_2$）为主剂，弗硅酸镁（$CaSiF_6$）为固化剂，再加交联剂以提高浆液的稳定性，减水剂（表面活性剂）以提高浆液的渗透能力，通过一定的配比，并用水稀释而形成的一种无色透明液体。PS 浆液渗透到岩石裂隙中，能与泥质的胶结物和风化产物起作用，形成难溶的硅酸盐，先形成凝胶，然后逐渐形成强度较高的、耐水的管状、纤维状的无机复合体。通过对材料的检测，发现这种浆材的耐水性、稳定性和固结强度有明显的优势。但它对施工工艺要求较高，处理不当会在表面泛白，浆液的浓度配比、灌浆量、时间都要严格控制，要求在干燥环境下施工，固化时间也较长。因此，在潮湿多雨，岩体湿度大、岩石致密的情况下不宜使用。PS 材料加粉煤灰（PS + F）制备的浆液的和易性、流动性好，不易产生离析，结实体物理、化学性能稳定，力学强度较高，常用作石窟岩体裂隙灌浆材料。裂隙口封堵采用 PS 材料加黏土制备的胶泥（PS + C）。

多年室内试验和近期工程实践证明，加固后砂岩和土的耐风蚀性和耐水崩解性明显提高，且强度提高程度、遗址外观完全满足文物保护的特殊要求目前，应用于干旱、半干旱地区土遗址加固，在甘肃的敦煌莫高窟、榆林窟、炳灵寺、麦积山，西藏布达拉宫、罗布林卡、萨迦寺，新疆交河故城、高昌故城，宁夏西夏王陵等多处保护加固工程中运用。

（5）水硬性石灰

天然水硬性石灰（缩写为 NHL），是采用不纯的含杂质的石灰石（含泥质含粉砂的石灰石）经过烧制（温度 900℃～1100℃）、粉碎、消解而成，是一类有别于传统石灰材料与水泥材料的天然无机材料。与水泥不同的是，在消解过程中，不添加石膏等任何外来的材料。水硬性石灰是不同于气硬性石灰的另一种石灰，水硬性石灰兼具有石灰与水泥的优点，低收缩、耐盐、适中的抗压和抗折强度、水溶盐含量低，同时与传统的砖石建筑相容性好，是一种天然、无污染、耐老化的无机材料。水硬性石灰与水泥都含有水硬性成分，因此都显示出水硬性能。

天然水硬性石灰材料是在水泥被发明之前，在欧洲和当时的中国被广泛应用的传统材料。20 世纪 70 年代开始，欧洲成立了 Eurolime（欧洲石灰）协会，宗旨是研发、生产用于文物保护的石灰材料。80 年代以后，随着人们对文物及历史建筑保护修复的要求越来越高，水硬性石灰这一传统材料开始受到越来越多的重视，相关研究成果逐渐增多，主要集中于欧洲和北美等国家。90 年代初，德国联邦环保基金会资助了"文物建筑保护中的水硬性石灰研究"。该项目对天然水硬性石灰（Natural Hydraulic Lime，

NHL，Highly Hydraulic Lime，HHL）、人工合成的水硬性石灰（Hydaulic Lime，HL）及普通石灰（White Lime，WL）进行了广泛的研究，开发出了以水硬性石灰为原料的专用于砖石建筑修缮的各类材料，包括修复剂、填缝剂、注浆黏结剂等。2002 年在欧洲对水硬性石灰进行了科学规范，并制定了"标准"（EN459 - l/2002），同时规定了测试方法及质量参数。2005 年 8 月，第四届 EUROLIME 学术研讨会在瑞士召开，会议讨论了石灰的生产、石灰涂料、石灰修复材料、石灰砂浆等问题。

水硬性石灰分为天然水硬性石灰与人造水硬性石灰。天然水硬性石灰在生产过程中不添加任何的外来成分，而是靠石灰石中含有的天然的水硬元素制成水硬性石灰。地球上纯度很高的石灰岩相对是比较少的，大多数的石灰岩都混有黏土或是二氧化硅，石灰岩含有丰富的化学元素如铁、铝特别是二氧化硅。在 1000℃ ~ 1250℃ 的高温下，石灰岩中的钙和这些元素结合而生成钙质硅酸盐，同时也生成钙质铝酸盐或是钙质铁铝酸盐。在和水接触后，它们成为不溶于水的水化物，使得石灰具有水硬的特征。

天然水硬性石灰的成分主要由二钙硅石（$2CaO \cdot SiO_2$，简写成 C_2S）、熟石灰 $Ca(OH)_2$、部分没有烧透的石灰石 $CaCO_3$ 及少量黏土矿物、石英等组成。兼有石灰与水泥的优点、低收缩、耐盐、适中的抗压与抗折强度，由于其生产过程中无任何外来添加物，其水溶盐含量很低。

水硬性石灰的硬化过程包括水硬过程与气硬过程，水硬过程为石灰中的水硬性成分硅酸二钙（C_2S）、硅酸三钙（C_3S）与水接触后发生水化反应生产水化硅酸钙，反应方程式如下：

$$2CaO \cdot SiO_2 + nH_2O = x\,CaO \cdot SiO_2 \cdot yH_2O + (2 - x)\,Ca(OH)_2$$
$$3CaO \cdot SiO_2 + nH_2O = x\,CaO \cdot SiO_2 \cdot yH_2O + (3 - x)\,Ca(OH)_2$$

在水硬反应之后，石灰同潮湿空气接触，使得石灰与生成的水化物吸收空气中的二氧化碳，再还原成碳酸钙或硅胶，这个过程进行的比较缓慢，通常要维持几个月的时间。反应方程式如下：

$$Ca(OH)_2 + CO_2 = CaCO_3 + H_2O$$
$$x\,CaO \cdot SiO_2 \cdot yH_2O + CO_2 = xCaCO_3 + ySiO_2 \cdot H_2O$$

近年来在岩土类文物修复加固领域，国内逐渐引进了国外应用成熟的水硬性石灰加固材料，并对其开展了系统研究，开发出了适应于花山岩画保护要求的胶凝材料，成功应用于花山岩画等岩土类文物的修复加固领域。

缺点是固化慢，在缺少氧气的环境下很难固化，因而现阶段很少单独用于石窟灌浆材料。

（6）矿物聚合材料

矿物聚合物是以黏土、工业废渣或矿渣为原料，采用适当的工艺处理，在较低的温度条件下（50℃~180℃），通过化学反应得到的具有与陶瓷性能相似的一种新材料。根据原料的不同，矿物聚合物材料的制备可以有两种途径。一种是以偏高岭石为基础原料，一种是以粉煤灰为主要原料。通常以硅酸钠水溶液作为单体硅源，氢氧化钠溶液作为碱激发剂以提高原料的溶出性。

A. PALOMO 以煅烧高岭石为原料，加入硅砂作为增强组分，制备了抗压强度高达84.3MPa 的矿物聚合材料，而材料的固化时间仅 24h。

清华大学的袁鸿昌综述了矿物聚合物材料的发展，称它在工艺、性能、用途等方面集高聚物、陶瓷、水泥等材料的特征，同时具有独特的优点。矿物聚合物材料的发展方向是拓宽了原料与激活剂的选择范围，硅铝原料来源由矿物废渣扩展到火山浮石、粉煤灰、矿物废渣、烧黏土；激活剂由单一碱金属、碱土金属氢氧化物扩展到氧化物、卤化物、有机基组分。

中国地质大学的马鸿文定义矿物聚合材料为以铝硅酸盐矿物或工业固体废物为主要原料，以高岭石作配料，硅酸钠作结构模板剂，氢氧化钠作激活剂而制成的一类新型无机非金属材料。总结出矿物聚合材料的理化特点是材料强度高、硬化快；耐酸碱腐蚀性优良；渗透率低，可固化有毒废物；低收缩率和低膨胀率。在研究其聚合反应机理后，得出影响矿物聚合材料制品的力学性能和化学性能的主要因素有高岭石配料的热历史、碱的类型和浓度、碱和水玻璃的配合类型及固/液比、pH 值、二氧化硅与碱金属氧化物的摩尔比、固体颗粒尺寸和级配、成型压力、固化温度和时间。

哈尔滨工业大学深圳研究生院翁履谦分析了矿物聚合物材料的合成原理，指出今后的研究方向。① 不同原料和工业废料在强碱条件下的溶解度及其对固化机理和材料的化学组成和显微结构的影响；② 胶凝相由无定形态向沸石结构的转变及对性能的影响；③ 固化过程中缩聚反应引起的收缩的弥补机制、应力分布及产生的水的排出机制；④ 材料组成—结构—性能随时间的长期变化规律。同时需要加强应用研究，如材料物理性能的调控、材料固化时间及施工性能的调控。此外，还应建立完整的国家标准以进行质量控制和规范操作工艺。

翁履谦在对铝、硅酸盐离子团中离子的部分电荷计算的基础上，研究了铝组分对矿物聚合物材料的合成中缩聚反应有显著的促进作用。实验表明，由具有较小颗粒度的煅烧高岭土为原料合成的矿物聚合物材料具有较短的固化时间，更均匀的显微结构和更高的机械强度。由较粗的煅烧高岭土为原料合成的矿物聚合物材料的抗压强度为54MPa，而由较细的煅烧高岭土为原料合成的矿物聚合物材料的抗压强度则能达到 74MPa。

4.4 裂隙灌浆施工工艺要求

灌浆主要工艺步骤包括以下几步。

① 清洁裂隙面。可用手工工具或压缩空气清洁，保证其黏结强度。

② 布设灌浆管。根据裂隙张开度和分布情况，选取既适合灌浆，又适合作观察的部位预埋设注浆管。

③ 封缝。对需灌浆范围所存在裂隙，先做系统开凿处理，接着进行清洁处理，最后用环氧树脂配对的胶泥（窟内裂隙封堵材料需选用多种材料进行现场试验后确定，以保证封堵材料对窟内岩体不产生二次破坏，工程竣工后易于剔除不影响石窟造像景观，如硅橡胶等材料）依次粘补经处理的岩石裂隙。粘补裂隙应精心严密处理，确保灌浆时不漏浆。

④ 灌浆。根据所灌浆部位的实际情况，通过一定压缩空气将浆料压进岩石裂缝，还可采用注射器进行浆液的灌注。

⑤ 裂隙口封堵。裂隙灌浆完毕后，待浆液 70% ~ 80% 固化后，拔出灌浆管，用封口材料封堵浆口。

⑥ 修补作旧。

4.5　有机及无机灌浆材料存在的问题及发展趋势

现代有机高分子材料具有许多明显的优点，如较好的黏结性、防水性、抗酸碱性等，已被广泛应用于不可移动文物的加固保护中。但作为文物保护材料，可能还会出现下列问题。

① 现有高分子材料不同程度含碳，可能会成为异养微生物汲取碳源的对象。微生物可能引起材料表面结构性能改变；溶蚀并吸收高分子材料；造成文物继发性破坏，如酸蚀；改变文物本体水力学性能；微生物代谢物改变文物本体颜色。

② 文物本体材质大多为多孔性，其中的矿物氧化物可能是聚合物降解的催化剂。尤其是在大气污染物、光、热和水的作用等因素作用下，导致聚合物老化，裂隙注浆材料失去保护功能，且在原裂隙面上留下负面影响，如变色、粉化和堵塞微孔等。

③ 与文物本体相容性较差。石窟岩体为无机质材料，有机高分子保护材料在结构和性能上与无机材料差异较大。如在温度和湿度循环变化下，保护部位与未保护部位之间可能产生应力差，造成界面剥离现象。微裂缝可能成为后期劣化的源头而加速风化等作用的进行。

为改善以上问题，有机类灌浆材料的发展趋势包括以下几个方面。

① 提高有机材料的抗老化能力，如提高其硅化度或氟化度，以增加聚合物耐久性。

② 对有机材料进行改性，以提高有机材料与无机质文物本体的结合力。

无机材料作为保护加固材料，其优点是耐老化性优良，寿命长，与石质文物本体在物理化学性质上比较接近。但在目前的实践中，也发现以下问题。

① 加固材料与岩体界面结合能力有限。

② 加固材料凝结时间、强度、可灌性等性能不能根据被加固对象进行调节。

第三节　石窟防渗治理技术

在漫长的历史岁月中，石窟及其周围环境不断受到自然与人类活动的破坏，产生多种病害，在引起石窟造像岩体风化的多种因素中，水的作用是最主要原因。水的作用引起石窟雕刻的主要病害类型有粉末状、絮状、钟乳状、叶片状、带状与洞穴状风化等，所以解决石窟雕刻继续风化的重要任务之一是对石窟及造像保护区进行防渗治理，根除水患对石窟岩体的风化影响。水害的形成既与石窟载体自身性质有关，又受各种不同类型水的直接影响，在内外因共同作用下产生多种形式的病害。我国许多著名石窟，如龙门石窟、云冈石窟、大足石窟、麦积山石窟等均长期深受水害影响。由于水害对石窟危害严重，病害成因复杂，防治难度较大。目前，石窟水害防治已经成为我国石窟文物保护中的重点和难点。

1. 石窟水害治理原则

① 对石窟本体尽量减少干预。尽可能减少干预是一切文物保护工程都必须遵循的基本原则，对于石窟水害的治理，要尽量减少对石窟本体的干预，优先考虑通过对周围环境的治理或对载体的干预来达到治理的目的。如果必须干预，则尽量采取对石窟本体伤害最小的工程措施或隐蔽性工程措施，注意石窟原状的保存。所有工程措施都必须以不危害文物为前提，并注意对石窟周围自然和人文环境的保护。

② 所有的新灌浆材料和新工艺必须进行充分的现场、室内试验，对材料性质、配比、施工工艺取得成功的基础上，再用于工程实施。

③ 以地质工程理论为指导，深入调查分析石窟地质环境，采用多种物探、钻探等勘察手段和方法摸清水的赋存运移规律。

石窟是地质体的组成部分，其水害的形成与地质环境密切相关，从工程地质与水文地质的角度调查研究和分析石窟水害的机制，是根治水害的基础。根据文物保护的特殊要求，在石窟水环境调查中应尽量采用无损或微损的手段，如在乐山大佛保护中，采用电阻率测探、声波等物探手段，查明了大佛脸部主要出水点，为大佛维护保护提供了重要的基础资料；在云冈石窟的防水保护勘察中，重用了地震折射 CT 技术用来调查基岩埋深和风化程度、基岩中破碎带等分布情况，地质雷达技术用来查找基岩中破碎带分布规律和裂隙发育情况。

④ 坚持以疏排为主，堵截为辅，多种工程措施有机结合。由于石窟载体自身结构和地表水、地下水等储存与运移情况的复杂性，治理石窟水害要采取多种手段，发挥多种方法的协同作用来达到较好的理想效果。既要排，还要堵，排和堵的中心目的都是减少石窟保护区范围内各种类型水的总量，减轻石窟水害。排可分为窟外排水和窟内排水，堵可分为堵来源和堵出口。由于"堵"总会使水从其他薄弱环节出露，所以要以排为主，以堵为辅，采用多种手段进行水害治理。

⑤ 动态治理。对水的治理不是一劳永逸的，石窟崖体内各种类型的水是活动的，尤其是在灰岩岩溶地区，由于水的不断溶蚀作用，水的通道也在不断变换运移路线，想要一次性百分之百将石窟渗水根治是不现实的。因此，要有动态治理观念，加强日常监测，发现有渗水时要及时进行维护治理。

2. 古代石窟水害的治理方法

(1) 窟顶开凿排水沟

石窟一般开凿于崖壁，雨季强降雨产生的地表径流常汇集起来沿崖面下泻，长年累月的雨水冲刷必然会影响到洞窟的安全。古人在修建洞窟时已经考虑到了窟顶的排水问题，他们根据窟顶地形和洞窟形制设置排水沟，减小降雨所带来的水患。如龙门石窟奉先寺大佛，开窟时因规模太大采用了像龛形式，如此势必会造成降雨时山坡汇集的地表径流不断冲刷佛像，为了避免这种情况，设计者在像龛顶部山体上修建了两条"人"字形排水沟，排泄坡面汇集的雨水，如今排水沟还在起着山顶排水作用。

(2) 修建防雨窟檐

窟檐是古代石窟造像中最常见的防雨设施，主要有三种作用。第一，防止窟顶雨水直接冲刷造像，减少崖面雨水浸润；第二，防止阳光的直接照射引起雕刻表面温度的剧烈变化，又能够缓解石窟内部温湿度剧烈变化，保持窟内环境稳定；第三，装饰美化洞窟。古代石窟窟檐多为木构建筑，因常年风吹日晒或毁于战火留存下来的很少，仅在一些崖面上残存部分梁孔、柱洞和石质构件等。古代修建的防雨窟檐大致有三种形式。第一种是开窟时先开凿窟檐，在窟檐内开凿洞窟，窟檐不作任何装饰，深度一般在 0.5m 以上，这是唐代的盛行做法；第二种是在洞窟外壁上部雕刻出仿木屋檐，这种窟檐一般较浅，深度一般在 0.5m 以下；第三种是在窟外架设雨棚，即在洞窟外壁上部开槽，将石板嵌入槽内，为外壁遮风挡雨。

(3) 其他排水方法

排水是为了保护洞窟，但古代工匠们并不满足于简单将水排除了事，他们善于根据地形，结合造像内容，加以巧妙安排。例如在大足石刻宝顶山圆觉洞内，洞窟上层渗水通过壁面的排水沟进入左壁上层雕刻的一条龙内，龙头伸向一托钵僧的钵内吐水，水从僧人手臂中的管道泻入岩壁内的暗沟，最后注入地面正中的地下排水沟排出洞窟。乐山大佛在凿刻时工匠们精心设计了两套排水系统，将佛身地下水和表面降水排出。佛身由于岩间裂隙形成了地下水通道，为克服山体地下水下渗，在大佛背后开凿了三层排水廊道将水导入岷江。对于佛身表面降水，排水系统位于大佛头顶至右臂，它很好地排出佛身胸部以上的大气降水和深处的地下水。其中头部发髻造型构成两层排水渠道，而胸部的裂裟造型与排水沟有机结合，将来水导入右腹部排水沟，最后通过大佛右脚外侧直接导入岷江。

3. 现代石窟水害的治理方法

水害是我国石窟普遍存在的一类病害，关于石窟水害的治理也是石窟保护中的技术性难题，近年来，国内在石窟水害治理方面开展了不少研究工作和工程实践。根据近年来国内一些石窟水害治理案例，对石窟水害的治理方法进行了较为系统的总结与归纳，分为排和堵两方面。

3.1　以排为主的治理方法

（1）窟顶坡面上修建排水沟，减少整个窟区因降雨带来的水源补给

排水沟的位置、走向、坡度、形状等应根据地形灵活设计，保证最大降雨时排水通畅，注意要与石窟周围景观保持协调。对于不影响观赏的大部分山体，可考虑采用导水明渠、硬化地面等措施将降水迅速疏导出，减少积水时间。对于不宜修建导水明渠的区域，如石窟分布区，可以结合地形合理设置导水暗道，将局部地区的积水导出窟区，减少雨水的下渗量。浚县千佛寺石窟曾对石窟岩顶作封护处理，采用环氧砂浆补砌岩顶低洼处，并做出西高东低的缓坡，使雨水在岩顶由东壁流下，减少了雨水对西壁摩崖造像的冲蚀。在石窟崖体上部修建排水沟也是拦截、阻断山洪对石窟冲刷的有效手段，龙门石窟曾在宾阳三洞和潜溪寺上方修建了一条排水沟，排水沟沿坡面走势，南高北低，将坡面汇集的雨水引至潜溪寺北侧，保证了这些洞窟不再受山洪冲刷。库木吐喇千佛洞顺山势在窟顶修建排水沟，解决了大气降雨时雨水直接冲刷石窟崖壁面及窟顶降雨沿崖壁面流入窟内的各种水患问题。

（2）窟前或窟内修建地下排水暗沟或排水井，疏导窟内渗水

窟内有地下水出露或窟底有基岩裂隙水运移时，可采取此项措施将地下水及时排出，减少地下水在窟内的滞留时间，降低窟内环境湿度。甘肃庆阳北石窟曾在窟前距崖壁3m处挖了一道深4、宽1.6、南北向长60m的渗沟，疏导窟下基岩水，减少了地下水积聚上渗反潮，从而降低了窟内湿度。沟底设置5°的排水坡，在盲沟北端修建积水井，同时在积水井底部设置仰斜排水孔，将地下水排出石窟区，达到降低窟前地下

水位，加速基岩裂隙水的运移和排泄的目的。

（3）岩体层间裂隙水或地下水位附近设置仰斜排水孔或导水孔

此类方法可以排出洞窟深部基岩裂隙水或赋水层内水，从而减轻洞窟渗水来源。排水孔的布设须在查明岩体裂隙发育和裂隙水存储、运移路径的情况下，根据对窟内渗水裂隙渗水量长期监测之后才能进行专门设计。张掖马蹄寺石窟为降低第7窟所在岩体附近的地下水位，从而减轻洞窟的潮湿问题，曾在第7窟外的斜坡处设置了6个仰斜排水孔，孔径110mm，孔深50m，仰角4°，方向垂直于崖面，内置PVC排水花管用以汇集和排出岩体内的裂隙水。在岩洞堆积体处也设置了5个仰斜排水孔排出地下水，单孔深30m，孔径110mm，仰角10°。中国文化遗产研究院曾与大足石窟艺术博物馆合作，针对北山佛湾渗水病害严重地段设计了排水隧洞。该隧洞全长约100m，距石刻立壁前缘8m，与立壁走向大致平行，隧洞南北两端均向东转折。隧洞采用自流排水的方式，顶部补打了140余个放射状钻孔，提高了排水速率。观察结果表明，排水隧洞有效地拦截了地下水沿裂隙的侧向渗流，降低了该地段的地下水位，使地下水位低于石窟底板，石刻立壁不再渗水。杭州飞来峰造像二期保护工程中在佛龛造像底部大裂隙或断裂面的部位布置导水孔，降低造像区的地下水位，从根本上解决渗水所引起对造像区的浸水侵蚀、造像岩石溶蚀等地质病害。但此项工作难度较大，导水孔的位置、钻孔角度布设将决定此项措施的成败。

（4）垂直越流井群排水疏干

即在同一含水岩组中打漏水井，疏干上层滞水。在垂直地下水流方向上打一排排水孔，排水孔孔深要求打穿上层岩体含水组与下伏层岩体含水组之间的区域隔水底板，使上覆高水位岩层中的地下水垂直越流，漏入下伏低水位岩体含水岩组中。通过自然排水，降低上层岩体中的地下水位，使之形成疏干漏斗群，改变地下水流场。此方法可改变石窟区地下水的渗流场，从整体上降低窟区的地下水位，但排水孔孔深一般较大，工程量大，对石窟的整体环境会有一定影响。

（5）负压井调节岩石包气带湿度

在石窟后缘一定距离内打一定深度的井排，利用真空泵对井排造成负压，在岩石包气带内形成一个负压区，使石窟陡崖后缘岩石中的水汽不断向负压区聚集，并通过排气装置使之散失，这样就增加了石窟岩体的干燥度。由于地下水受地温蒸腾作用影响，形成的水汽被封闭在地下，不能向地表散失。如此，岩石中的水汽必然向石窟陡崖临空壁面运移，与大气形成交替带，此交替带会形成凝结水而对窟壁岩石产生破坏。通过负压井井排这套设施，可以改变岩石中水汽的运移方向，使之向负压井排的负压区运移，并通过排气装置使之散失，降低岩体湿度，减少或阻止石窟陡崖区岩石中凝结水的形成和聚集。

（6）崖壁冲沟整治

石窟崖壁冲沟是自然形成的排水通道，应当进行适当整治，在不破坏石窟的情况下充分发挥其排水功能。对于规模较大且局部发生塌陷的冲沟，应选择合适的持力层进行土坯或岩块砌补，砌补不宜过量，保持与崖体的原貌协调，然后进行汇水区和水流通道表面平整，形成一定的坡度以利于排水。如果有条件可选择适宜的防风化加固材料，对冲沟表面进行加固，提高冲沟表面的强度和防渗性能。

3.2 以堵为主的治理方法

（1）修筑防洪堤

我国大多数石窟都紧邻河流，在洪水季节河流对石窟崖体坡脚会产生冲刷掏蚀破坏，使崖体上部悬空，或者泡软岩体使石窟崖体底部承载力下降，最终都会影响到石窟的整体稳定性。此外，还有可能发生河水上涨淹没或于埋洞窟，对窟内文物造成严重损害。因此，修筑防洪堤防止洪水对石窟的破坏是很有必要的。在防洪堤设计时，首先要保证其功能性，同时一定要注意防洪堤的外貌要与石窟周围环境相协调。近年来，库木吐喇千佛洞、榆林窟、柏孜克里克石窟、炳灵寺石窟等都曾设计建造了防洪堤阻挡洪水。它涉及水利部门的专业，因此需有资质的水利工程设计单位参与治理工作。

（2）修复窟檐雨棚

窟檐不仅起美化装饰洞窟的作用，更主要的目的是遮挡大气降水，防止雨水直接冲淋侵蚀窟壁和石窟造像。此外，窟檐还利于保持窟内环境的稳定。因此，对部分洞窟窟檐雨棚进行修复是有必要的。然而对于窟檐的修复一定要把握好保持文物原状的原则，根据现存的遗迹现象和考古资料进行设计，窟檐的形制要与石窟周围整体环境相协调。

（3）窟顶修建防渗层

洞窟顶部防渗层可阻止降雨及其产生的地表径流直接下渗，减少大气降水带来的水源补给。对于防渗层的设计，要通过现场测试及模型试验研究清楚洞窟顶部覆盖层的覆盖物成分、渗透性、厚度分布等，确定需处理的地段，选择适宜的防渗处理措施，并结合排水进行。榆林窟曾于1995年揭取了窟顶原有的混凝土防渗层，新建三合土防渗层，西高东低进行找平，并与洞窟向东30m处平行于崖面的排水沟相连。此项工程不仅能将雨水及时排出，渗入地表的雨水也能很快蒸发，而且很好地保持了石窟原貌。敦煌研究院也曾对北石窟部分窟顶上部坡面岩体喷涂PS材料进行防水防渗处理，以保持岩体内部干燥，具有一定效果。1992年云冈石窟文物研究所会同中国文化遗产研究院及美国盖蒂保护研究所针对山体渗水问题，联手进行了云冈石窟顶部防渗排水试验。1993年在窟顶铺设防渗层试验，根据中美合作进行的顶部防渗排水试验的经验，1995 年于山顶明城堡内，在不破坏原有植被保护自然地形、地貌的情况下，垫高低凹蓄水地带，打通阻水脊梁，将水送至堡南专设的排水明渠，按预定方向排走。云冈石窟顶部防水设计采用膨润土防水毯作为防水材料，铺设在石窟顶部 $0.4km^2$ 的区域内。

（4）注浆封堵渗水裂隙

注浆对石窟裂隙起加固和封堵作用，它可以根据需要在岩体中形成防渗层和封堵裂隙水入渗或出渗，达到阻水目的。一种堵的方法是堵入口，治理的关键在于对主要入渗部位的层面裂隙及卸荷裂隙进行封堵。另一种堵的方法是堵出口，主要针对洞窟内部的可见裂隙，特别是渗水裂隙进行灌浆、封堵。注浆材料、压力、注浆孔布置等必须通过类似场地的实验研究来确定。

4. 常用防渗材料

4.1 防渗灌浆材料

石窟内部渗水的来源是石窟顶部大量分布的裂隙，包括层面裂隙、卸荷裂隙、构造裂隙及风化裂隙。由于山体大部分被第四纪覆盖，因此此类裂隙将远多于地面调查所得。此类裂隙灌浆主要分为两类，大裂隙与小型裂隙。所谓大裂隙就是治理过程中揭露的贯穿性裂隙，小裂隙指局部的风化裂隙、卸荷裂隙等。在石窟防渗水治理工程中，目前常用到的防渗灌浆材料有以下几类。

（1）普通硅酸盐水泥

为大裂隙的灌浆材料。硅酸盐水泥标号选为 42.5 号，浆液加入适量的速凝剂。此种材料不适合窟内裂隙防渗使用，更多的使用在窟顶及崖壁表面离文物造像本体较远的地方。

（2）PS 材料 + 粉煤灰

PS 材料即高模数的硅酸钾溶液，在西北地区广泛用于加固风化砂岩。PS 材料加粉煤灰（PS + F）制备的浆液的和易性、流动性好，不易产生离析，结实体物理、化学性能稳定，力学强度较高。裂隙口封堵采用 PS 材料加黏土制备的胶泥（PS + C）。

（3）超细水泥

超细水泥为高强度、流动性、微膨胀水泥基灌浆材料。其抗压、抗折强度最高，黏结强度较高，但抗拉强度略低于岩石。饱和吸水率略高于岩石。抗渗性好，耐候性好，四次干湿循环下不崩解。因此，适合于浅层结构张开性渗水裂隙灌注堵漏，且具有结构加固的功能。

（4）改性水性环氧树脂

改性水性环氧树脂具有较好的力学性能、抗冻融能力，耐酸碱，安全稳定性好，是比较理想的灌浆材料。

（5）龙门石窟偏高岭土超细水泥复合灌浆材料

龙门石窟渗水主要以短期渗漏为主，并且具有持续性和反复性。从龙门石窟渗水病害的形成机理分析可知，防渗是治理龙门石窟病害的根本途径。2012 年 6 月在北京召开的龙门石窟擂鼓台防渗工程论证会上，专家组要求考虑龙门石窟的个体特点，有针对性的展开龙门石窟裂隙防渗灌浆材料的专项研究，提出适用于龙门石窟的性能优越的裂隙防渗灌注材料配方，为龙门石窟防渗工程技术设计和施工提供科学的依据。为此，龙门石窟研究院委托中国地质大学文化遗产和岩土文物保护工程中心开展新型裂隙防渗注浆材料配方研制的室内外试验研究。

采用以无机材料偏高岭土为主，材料与裂隙内物质具有很好适应性和耐久性灌浆配方。黏结剂主要采用偏高岭土并掺少于 20% 的超细水泥，用少量的水玻璃（泡花碱）作为复合激发材料。灌浆材料配方为偏高岭土 + 硅粉 + 超细水泥（偏高岭土含量 45%，硅粉 40%，超细水泥 15%；添加剂为碱激活剂 0.6%，减水剂 0.3%，消泡剂 0.2%，VA 乳胶粉 1.0%）。目前该配方只适用于龙门石窟防渗灌浆材料，通过试验与国内外材料比选，该材料在全国石窟保护工程中有很好的应用前景。

4.2　石窟顶部地表防渗材料

4.2.1　膨润土防水毯

膨润土防水毯是一种新型的土工合成环保型防水材料。它由经级配过的天然钠基膨润土颗粒和相应的外加剂混合均匀后，经特殊工艺把高膨胀性的钠基膨润土层均匀、牢固地固定在两层土工布之间，既具有土工材料的全部特性，又具有优异的防水防渗性能。

（1）防水毯防水机理

膨润土大部分由第三纪火山灰或流纹岩变质而形成，由纳米级（$10^{-11} \sim 10^{-9}$ m）的颗粒组成，其主要成分为蒙脱石。膨润土的基本性能取决于蒙脱石的矿物特性。蒙脱石是含有少量碱金属和碱土金属的含水铝硅酸盐，化学式为 $Al_2O_3 \cdot 4SiO_2 \cdot 3H_2O$，其单位晶胞由 2 个硅氧四面体层和 1 个铝氧八面体层组成的层状硅酸盐。蒙脱石矿物属单斜晶系，通常呈土状块体，白色，有时略带浅红、浅绿、淡黄等色，光泽暗淡，比重约为 $2g/cm^3$，吸水性强，吸水后体积增大几倍至十几倍，具有很强的吸附力。

晶体中的低价阳离子常常置换高价阳离子而使单位晶胞呈负电性，它将吸附阳离子，根据吸附离子的不同，膨润土一般分为钠基土和钙基土。钠基土由于钠离子本身半径小，水能进入单位晶层间，引起晶格膨胀。钙基土的膨胀速度虽然快，但其膨胀倍数仅为自身体积 3 倍, 用于防水材料的膨润土首选优质钠基土。

膨润土粒径为 $10^{-10} \sim 10^{-8}$ m, 国外称其为天然纳米材料, 具有良好的黏结性、膨胀性、胶体分散性、触变性和阳离子交换性能等。膨润土系 Si – Al – Si 结构体系, 是由云母状薄片层堆垒而成的单个颗粒, 水化时, 水分子沿着 Si – Al – Si 结构单元的表面被吸附起来, 使相邻接结构单元之间的距离加大。膨润土经水化后, 表面阳离子呈水合状态, 吸收 2 个、4 个或 6 个水分子后达到饱和, 变成凝胶, 其耐久性可达 200 年。膨润土通常在与水接触 24h 后开始水化膨胀 4~5 倍, 48h 后水化完成, 变成原来颗粒体积的 10~15 倍甚至 30 倍的凝胶体。在限制空间内, 防水毯中膨润土的膨胀从无序变为有序, 持续的吸水膨胀结果使防水毯自身变得密实, 其体积增大, 使其内部形成负压从而具有防水功能。其渗透率可减至 10^{-9} cm/s, 几乎滴水不漏。由于膨润土具有高度的水密实性、自保水性、稳定性 (不会发生老化与腐蚀) 及自我修补、复原功能, 在理论上是接近完美的防水材料。

(2) 膨润土防水毯主要特性

膨润土防水毯与传统防水材料以及高分子防水材料相比具有以下特点。

① 膨润土是天然无机材料, 不会发生老化反应, 耐久性好, 且不会对环境造成任何不利影响, 属环保材料。

② 具有优异的防水防渗性能, 抗渗静水压可达 1.0MP 以上。

③ 施工简便, 省工省料, 立面或斜面施工时, 只需用钢钉固定, 并按要求搭接即可, 无需胶粘或热敷贴。

④ 不受施工环境温度的限制, 零度以下也可施工, 施工时只需将防水毯平铺在地上即可。

⑤ 基层处理要求低。该产品是在遇水情况下产生防水功能, 因此可直接在潮湿的基层上铺贴, 使防水施工在时间上与其他材料相比得以提前, 加快了地下工程的施工进度。

⑥ 具有自修补功能。膨润土遇水膨胀后形成的浆状体能修补混凝土因各种原因产生的细微裂缝, 这是其他防水材料所不具备的。

⑦ 容易修补, 即使在防水 (渗) 施工结束以后, 如防水层发生意外破损, 只要对破损的部位加以简单的修补, 就可重新获得如初的防水性能。

⑧ 适合不同的地形要求, 因为防水毯是柔性材料, 在地形起伏不大地段以及有沟谷地段施工也非常便利, 同时能较好地适应不均匀沉降。

(3) 膨润土防水毯主要技术指标

膨润土的主要技术指标见表 16 膨润土技术指标。

表 16   膨润土技术指标

序号	检验项目	单位	检验标准及要求
1	膨润土膨胀系数	ml/2g	≥20
2	防水毯单位面积质量	g/m²	≥4500
3	防水毯纵向断裂强度	kN/m	≥10
4	防水毯横向断裂强度	kN/m	≥10
5	防水毯纵向断裂伸长率	%	≥10
6	防水毯横向断裂伸长率	%	≥6
7	防水毯垂直渗透系数	cm/s	$\leq 5 \times 10^{-9}$
8	防水毯抗刺破强度	N	≥400
9	防水毯剥离强度	N/10cm	≥65
10	防水毯抗静水压试验	0.3Mpa	30min 无渗漏

4.2.2 土工膜

（1）土工膜的特性

土工膜（Geomembrane）是由高分子聚合物制成的透水性极小的土工合成材料。土工膜具有如下特点。

① 防渗性能好。

② 适应变形的能力强，具有较好的柔性、延伸性和较强的抗拉能力。

③ 质轻、用量少、运输量小。

④ 施工简便，工期短，用量少。施工主要是挖填土方、平整场地、铺膜和膜料接缝处理等，不需复杂的技术，方法简便易行。

⑤ 耐腐蚀性强。土工膜具有较好的抵抗细菌侵害和化学作用的性能，不易受酸、碱和土壤微生物的侵蚀，耐腐蚀性强。

⑥ 造价低。

（2）土工膜的分类

土工膜按其制造的基本材料大致可分为以下几种。

① 热塑性材料，如聚氯乙烯（PVC）、耐油聚氯乙烯（PVC-OR）等。

② 结晶热塑性材料，如低密度聚乙烯（LDPE）、中密度聚乙烯（MDPE）、高密度聚乙烯（HDPE）、聚丙烯（PP）等。

③ 弹性材料，如二烯—异丁烯橡胶（ⅡR）、氯丁橡胶（CR）、环氧丙烷橡胶（CV）等。

④ 热塑性弹性材料，如氯化聚乙烯（CPE）、氯磺聚乙烯（CSPE）、氯化聚乙烯熔合物（CPE－A）等。

⑤ 沥青和树脂，如沥青、煤焦油沥青、改性沥青、环氧树脂和丙烯树脂等。

制造土工膜时，还需要掺入一定量的添加剂，从而在不改变材料基本特性的情况下，改善其力学性能、抗环境影响性能和降低成本。

沥青类土工膜常用的添加料主要有填料和纤维，有时还掺入一定的弹性物质。填料主要为细粒矿粉，常用的有石灰粉、滑石粉、云母、粉煤灰、石墨等，参量为总重的60%以内，一般为30%。填料的作用在于增加膜的劲度，还可降低成本。纤维一般用石棉或玻璃丝，其作用是增加膜的强度。弹性物质常采用再生橡胶，掺量一般为5%～15%，其作用是改善膜的物理性质或增强抗裂能力。

聚合物类土工膜添加料有填料、纤维、改性剂、增塑料、炭黑、抗氧化剂、稳定剂、杀菌剂。填料主要为细粉矿粉，常用的有石灰粉、滑石粉、云母、粉煤灰、石墨等。常用的纤维有玻璃丝、聚酯或尼龙短纤维等。填料与纤维的作用与沥青类土工膜相同。改性剂的作用是在膜制作的过程中使混合料硬化或软化；增塑剂用于增加膜的柔性；炭黑增加膜抵抗紫外线和臭氧等的老化作用，并在制作过程中使混合物保持稳定；杀菌剂用于防止菌类微生物对聚合物薄膜的侵蚀。各类土工膜基本性能比较见表17。

表17　　　　　　　　　几种土工膜基本材料性能的比较

材料类型 性能指标	氯化聚乙烯 CPE	高密度聚乙烯 HDPE	聚氯乙烯 PVC	氯磺化聚乙烯 CSPE	耐油聚氯乙烯 PVC－OR	柔性乙烯—乙酸乙烯共聚物 EVA
顶破强度	好	很好	很好	好	很好	好
撕裂强度	好	很好	很好	好	很好	好
延伸率	很好	很好	很好	很好	很好	很好
耐磨性	好	很好	好	好	－	好
低温柔性	好	好	较差	很好	较差	很好
尺寸稳定性	好	好	很好	较差	很好	好
最低施工温度	－12℃	－18℃	－10℃	5℃	5℃	－10℃
渗透系数，m/s	10^{-14}	10^{-16}	10^{-15}	10^{-14}	10^{-14}	10^{-16}
极限铺设边坡	1:2	垂直	1:1	1:1	1:1	垂直
现场拼接	很好	好	好	很好	很好	很好

续表 17

材料类型 性能指标	氯化聚乙烯 CPE	高密度聚乙烯 HDPE	聚氯乙烯 PVC	氯磺化聚乙烯 CSPE	耐油聚氯乙烯 PVC – OR	柔性乙烯—乙酸乙烯共聚物 EVA
热力性能	差	好	–	好	差	很好
黏结性	好	好	–	好	好	很好
最低黏结温度	−7℃	10℃	10℃	−7℃	5℃	−10℃
相对造价	中等	较高	低	较高	中等	高

聚乙烯土工膜材料本身是由定向排列的、紧密的晶体和无定形的、含有不同支链结构的大分子链交织在一起的无极性高弹性聚合物。晶体排列规则、紧密，具有很高的机械性能，而无定形聚合物分子链是一个随意盘绕的结构，在玻璃态温度时可发生显著的变化。因此，聚乙烯材料在抗拉强度、弹性模量、抗压强度、耐热性、耐化学腐蚀性、加工操作性等各方面都有良好表现。表 18 为聚乙烯土工膜物理力学性能指标。

表 18 　　　　　　　　　聚乙烯土工膜物理力学性能指标

产品型号	PE 掺混料	PE	HDPE
厚度范围，mm	0.2 ~ 1.0	0.5 ~ 1.0	0.7 ~ 2.5
产品宽度，mm	3000 ~ 12000	3000 ~ 7000	3000 ~ 7000
拉伸强度，MPa	>13	>16	>18
断裂伸长率，%	>450	>500	>500
直角撕裂强度，N/mm	>60	>70	>90
1.5mm 厚产品抗戳穿能力，N			>100
0.5mm 厚产品抗戳穿能力，N	>50	>70	>50
水蒸气渗透系数，m/s	$<10^{-16}$	$<10^{-16}$	$<10^{-16}$
使用范围，℃	−60 ~ +60	−60 ~ +60	−60 ~ +60

在应用中一般选用复合土工膜，复合土工膜由聚合物土工膜与针刺土工膜加热压合或用胶粘剂黏合而成。复合土工膜可以是一层膜一层织物压合在一起，即一布一膜，也可以是两层织物中间压合一层膜，即二布一膜，甚至可以采用三布二膜，四布三膜等复合形式。

复合土工膜的第一个作用是可以增加与土之间的摩擦系数；第二个作用是保护土工膜不受运输和施工过程中外力的损害。复合土工膜的力学性能比单一膜有显著提高，其破坏应变虽不如单膜大，但仍远大于土体的破坏应变，因而有较强的适应性。复合土工膜的强度和抗渗性能优于单膜与土工织物二者性能的叠加；复合土工膜的第三个作用是具有反滤、排水、排气的功能，从而确保保护层的稳定及土工膜不被膜下气体顶托、撑破，表 19 为美国的冲击杆刺破试验结果。

表 19 0.75mm 厚复合土工膜抗刺破比较试验

聚合物 土工膜	刺破力（N）			
	土工膜	上面有土工布	双面有土工布	下面有土工布
乙烯丙烯橡胶	122	488	754	450
氯化聚乙烯	173	761	1190	727
聚氯乙烯	350	665	770	700
高密度聚乙烯	389	778	1400	701

选用单膜还是复合土工膜，主要从工程条件、复合土工膜的作用及经济性等方面综合考虑。

4.2.3 聚酯无纺布

这是一种聚酯长丝针刺定型的无纺布，不含化学添加剂，也不经热处理，是环保型的建筑材料，具有良好的力学性能，并能抗腐蚀，抗老化，具有隔离、反滤、排水、保护、稳固、加强等功能，能适应凹凸不平的基层，还能抵抗施工外力破坏，蠕变小，在长期荷载下仍能保持原有功能，可以推荐为防渗结构的上、下垫层。

第四节　造像岩体表面防风化加固技术

风化是石质文物不可避免的结局。岩石风化指岩石在日光、空气、水和生物等外力作用下所发生的变化和破坏过程。岩石的风化是一个非常复杂过程，是物理、化学、生物、外界营力综合作用的结果。它跟岩石材料本身的特性—成分多样、异质多像、多孔结构以及暴露的外部环境条件，如气候环境、空气化学影响因子、气体污染、水污染及生物有机体的影响有关。岩石的抗风化能力与岩石的矿物组成、结构、构造、裂隙发育程度相关。石质文物的风化由其组成的岩石的种类、孔隙率、胶结物类型等因素共同决定。

1. 石窟岩石材料表征研究方法

随着科学技术的发展，越来越多的高科技手段应运而生，逐渐渗透文物保护的领域中，并且取得了很好的效果，极大地推进了文物保护的发展进程。国内文物保护始于 20 世纪 60 年代，且在 2000 年后有了飞速发展，大量专家利用实验室的材料分析仪器，特别是后期国外的大量便携的有损、无损或微损检测仪器和技术进入中国市场，促进了实验室大型仪器与现场便携仪器使用的结合，很大程度上促进了文物保护的发展。

对于石质文物，国内专家学者们大部分是利用单一的或者两种表征技术。一方面用来检测文物风化前后的成分、结构、微观形貌、晶体结构的对比数据，为从化学角度来判断文物的风化状态提供了有效直观极具说服力的数据和结论。X 射线衍射（XRD）、X 射线荧光光谱法（XRF）、扫描电镜（SEM）、偏光显微镜、离子色谱仪、显微拉曼、三维视频显微镜、差热分析等越来越多地应用在石质文物的风化产物及保护研究领域。XRD 常与 XRF 结合，取代原有的化学法，分析高岭土中的 9 种主次量元素、球团矿中 TFe、FeO、SiO_2、CaO、S、MgO、Al_2O_3 及 P 的含量、硅石中的 8 种元素的含量和在石灰石、白云石、萤石的成分，制样简单，分析速度快，精度和准确度高。

另一方面从石质文物物理性能的角度，包括质量、密度、颜色、孔隙度、各项力学性能等，研究文物的风化前后材料性能的变化。超声波、软 X 射线，超声波 CT、真密度仪、压汞仪在测量石材的裂隙形貌、发育状态、孔隙度、密度等方面效果良好，被广泛使用。

此外，大量研究结果已表明，水是石材及各类其他材质老化的最重要因素之一，是材料风化的载体。盐类、酸性气体等则是石质文物风化的催化剂。所以有的学者则从材料的水理性质（包括含水率、饱和吸水率、开型空隙率、毛细吸水系数及毛细渗透系数）出发，深入探讨文物的风化机理，为以后文物保护工作的开展和抑制风化病害的产生指明方向。微测深、红外热成像技术等无损检测技术是对文物不会造成破坏和不利影响的高效直观的手法，在不少文物保护工程都有应用。

2. 石窟岩石风化机理及影响因素

我国石窟多数开凿在依山傍水的崖壁、崖体及山体上，基本构成就是当地的岩石。常见的岩石种类有岩浆岩中的花岗岩、闪长岩、辉长岩；沉积岩中的石灰岩、砂岩、砾岩、砂砾岩、凝灰岩；变质岩中的大理石、汉白玉等。根据岩性，我国石窟归纳为四种类型，砂岩型、砾岩型、砂砾岩、石灰岩型。砂岩型石窟最为典型的代表是山西云冈石窟、重庆大足的宝顶山等；砾岩石窟有敦煌莫高窟，砂砾岩类石窟有天水麦积山石窟；最具代表性的石灰岩石窟就是河南的龙门石窟。

2.1　石窟造像风化的内部因素

影响石窟造像等石质文物风化的内因主要有岩石本身的组成及其性质、岩石结构、胶结物类型等，这些因素对摩崖石刻的风化机理及病害表现如表 20 所示。

表 20　　　　　　　　　风化的内部因素及其作用机理和病害表现

内部因素	作用机理	病害表现
化学组成及其性质	岩石组成不同，其热膨胀系数不同而产生应力，受空气中酸性气体的侵蚀程度也不同，如石英的体积膨胀系数比长石大，硅酸盐质石材的耐酸性比碳酸盐质石材更强	岩体失稳、造像风化
岩石结构	岩石结构自身缺陷会产生应力；另外，结构疏松的岩石，孔隙率较大、机械强度小，更易吸收水、酸、溶盐	同上
胶结物类型	胶结物类型不同，其发生水化作用的难易程度不同，泥质及可溶盐胶结物比以硅质、钙质胶结物更易发生水化作用	同上

（1）岩性软弱、结构松散、胶结物为泥质时岩石易于风化[3]

云冈石窟风化研究中发现，石雕的石质主要为中粗粒长石石英砂岩，其主要成分为石英（30%~35%）、长石（斜长石 30%、钾长石<5%）、云母（3%~5%）、胶结物成分为碳酸盐矿物与泥质等。中粗粒结构较中粒和细粒结构更易风化，从矿物成分来看长石较其他矿物易于风化蚀变，而此处的泥质胶结在胶结性能上比钙质胶结、铁质胶结是最差的。因而云冈石窟出现较强的风化病害是有其内在原因的。

河南巩县石窟地质病害研究中发现，石窟开凿于三叠纪长石砂岩中，为黏土质胶结，泥质含量高，而且其中发育有软弱的夹层，抗风化能力较弱，故第 1 窟、第 2 窟风化病害严重，致使大部分石雕表面模糊不清。

通过对甘肃炳灵寺石窟岩屑长石石英砂岩和庆阳北石窟寺细粒长石石英砂岩的物理力学试验、偏光显微镜鉴定，发现这些岩样抗压强度低，孔隙度大，吸水率大，抗风化能力弱。胶结物为泥质，对其进行差热分析、X 射线衍射和扫描电镜鉴定，发现泥质胶结物中主要为蒙脱石。由于蒙脱石易吸水膨胀，并崩散开，使得砂砾岩的泥质胶结极易受到破坏。

对四川地区的古代石刻风化研究中，同样发现，在石雕砂岩中，胶结物多为泥

---

[3]　牟会宠，杨志法，伍法权. 石质文物保护的工程地质力学研究. 北京：地震出版社，2000：38-41.

质，少数是钙质，极少数是硅质，而泥质中又以绿泥石、水云母和高岭石为主。胶结泥质的微粒，特别是直径在 $1\mu m$ 左右的微粒，在饱水状态下容易发生水化作用，泥质水化的结果，在泥质微粒的四周形成了一个水化层，致使泥质微粒体积增大，造成砂岩体积膨胀。反之，在干燥状态下，随着石雕砂岩中水分的蒸发，泥质微粒四周的水化层就缩小，以至完全消失。这又使得泥质微粒体积变小并导致石雕砂岩体积的收缩。这种干湿交替产生的应力使砂岩产生微小裂隙，多次反复，最后成粉状或片状脱落。

（2）石质文物由薄层状结构的砂岩组成时易产生片状或页片风化[4]

云冈石窟风化研究中发现在侏罗纪上部砂岩凿刻层中，当夹有多层薄层紫色或黄绿色粉砂岩时，因为它们的厚度变化大，呈透镜状，其中含较多的黄铁矿、泥质结核，并有交错层发育，因而使石雕表面产生薄片状剥落。薄片厚度随岩石矿物颗粒的粗细而不同，粗砂岩形成的薄片厚度在 3～4mm，细砂岩形成的厚度在 0.5～1mm，页片翘起卷曲，往往有多层重叠。

（3）石质文物中由于岩石的层裂隙发育，导致岩石产生带状风化、板状风化、洞穴状风化、球状风化

由于砂岩的交错层理发育，含有大小砾石及泥、粉砂岩夹层，砾石风化掉落后形成大小不等洞穴，称洞穴状风化。其薄夹层状或透镜状的粉砂岩含泥量高，遇水分解成深度为 10～30cm 的带状，称为带状风化。在窟内拐角及高大佛像突出的部位，形成大致平行壁面的卸荷裂隙，逐渐呈板状剥落，此称板状风化。

2.2　石窟造像风化的外部因素

（1）物理风化

物理风化主要包括风沙雨水、盐的结晶压力、温度及水（湿度）等对摩崖石刻的破坏，其风化机理及导致的病害表现如表 21 所示。

表 21　　　　　　　　　　物理风化及其作用机理和病害表现

物理因素	作用机理	病害表现
风、沙、雨水等	刮、磨、冲刷掉岩石旧表面的附垢、疏松颗粒、岩石风化产物，暴露出新表面	劣化
溶盐结晶压力	低温高湿条件下，盐吸收水分而溶解并渗入石缝；高温低湿条件下，溶盐结晶而产生膨胀压力。干湿交替，盐重复结晶和溶解过程	岩体失稳、造像风化

〔4〕　牟会宠，杨志法，伍法权．石质文物保护的工程地质力学研究．北京：地震出版社，2000 年：P38－41.

续表 21

物理因素	作用机理	病害表现
温度	岩石导热性差，白天温度高时，岩石外热内冷，夜间则内热外冷，岩石内外受热不匀且体积反复膨胀收缩	岩体失稳、造像风化
水（湿度）	水携带盐、矿物质及污染物进入岩体，此外还包括水结冰体积膨胀、膨胀性矿物遇水膨胀、水促进微生物繁殖和生长等	岩体失稳、造像残损和生物侵蚀

（2）化学风化

化学风化主要包括大气中含碳、硫、氮氧化物以及氯化氢、硫化氢等有害气体的腐蚀，主要表现为酸雨雾对岩石造像的侵蚀破坏。

酸雨雾对石刻岩体侵蚀方式：雨水直接飘落到石刻岩体表面；雨水通过崖壁、地面溅落到岩石表面；降雨沿挑檐形成的跌落雨帘雨雾飘落到岩石表面；霾雨使空气中弥漫水汽沉降在岩石表面。酸雾主要是酸性水分子以沉降的方式沉积在岩石表面形成凝结水或浸润到岩石表面孔隙中。酸雾无处不在，无孔不入，侵蚀方式比酸雨严重。

酸雨雾对石刻岩石破坏作用机理有两种。① 酸雨雾沉积在岩石孔隙中的成盐作用及其诱发得可溶盐盐蚀破坏作用；② 酸雨雾对表层岩体的淋蚀作用和酸性阴离子（主要是 SO_4^{2-} 和 CO_3^{2-}）对岩石矿物颗粒的化学溶解、水解泥化作用。其风化机理及导致的病害表现如表 22 所示。

表 22　　　　　　　大气中有害气体的作用机理和病害表现

有害气体	作用机理	病害表现
CO、CO_2	$CO + O_2 \rightarrow CO_2$ $CO_2 + CaCO_3 + H_2O \rightarrow Ca(HCO_3)_2$ $K(ALSi_3O_8) + CO_2 + H_2O \rightarrow AL_2Si_2O_5(OH)_4 + K_2CO_3 + SiO_2$	岩体失稳、造像风化
SO_2、SO_3	$CaCO_3 + SO_2 + H_2O \rightarrow CaSO_3 + O_2 + H_2O \rightarrow CaSO_4 \cdot 2H_2O$ $CaCO_3 + SO_3 + H_2O \rightarrow CaSO_4 \cdot 2H_2O + CO_2 \uparrow$	同上
NO、NO_2	$NO + O_2 \rightarrow NO_2$ $NO_2 + CaCO_3 + H_2O \rightarrow Ca(NO_3)_2 + CO_2$	同上
HCL	$CaCO_3 + 2HCL \rightarrow CaCl_2 + CO_2 \uparrow + H_2O$ $CaSiO_3 + 2HCL \rightarrow CaCl_2 + SiO_2 + H_2O$	同上
H_2S	$Fe^{2+} + H_2S \rightarrow FeS + 2H^+$ $Pb_3O_4 + H_2S \rightarrow PbS + H_2O$	彩绘褪色

另外，水和盐类物质除了导致物理风化之外，也可能通过化学作用腐蚀摩崖石刻等石质文物，其化学风化机理和病害表现如表 23 所示。

表 23　　　　　　　　　　　水及溶盐的化学作用机理和病害表现

影响因素	作用机理	病害表现
水合作用	水以结晶水形式进入岩石矿物的晶格，生成新的含水矿物，使矿物体积增大，对岩体产生应力破坏	岩体失稳、造像风化
水解作用	岩石中含有碱金属离子（K^+、Na^+）及碱土金属离子（Ca^{2+}、Mg^{2+}）的弱酸性矿物性盐，遇水发生水解反应，造成矿物金属阳离子的流失	同上
溶盐	岩石表面和空隙中的不溶性盐，与空气中的水、酸性气体发生复分解反应转化成可溶盐，并由毛细作用经岩石的细小孔隙进入其内部	同上

（3）生物风化

植物根系和苔藓、地衣、菌类等可使摩崖石刻产生生物风化。石刻周边植物根系不断生长壮大产生劈裂作用，可导致岩石裂隙增大且为水的渗入创造条件，从而加速物理及化学风化作用。苔藓、地衣和菌类微生物覆盖在岩石表面会污染石刻外观。微生物生命过程中的代谢产物（如水草酸钙石等）会使石质文物表面形成色斑、黑色污染层，且部分代谢产物可作为配体与钙、镁等离子形成络合物破坏岩石组成，导致石刻溶蚀槽及瘤突结的形成。

（4）其他作用

游客涂写刻画与攀摸，参拜时烧香、燃蜡的油烟等也会对石刻造成破坏；地质结构变化、地基下沉以及地下水位的改变等，也是石刻遭到破坏的因素。特别是地下水、地表水、雨水等汇集造成的渗水病害，通过上述物理、化学、生物风化作用对石刻岩体的稳定性构成严重威胁，大大加速了岩体风化与石刻表层劣化。

2.3　水对石质文物风化的影响

水对石窟的危害是普遍而严重的，它与岩体长期而缓慢的相互作用是石雕遭受风化破坏的主要原因。通过研究发现，风化裂隙岩体内的上层滞水、风化壳裂隙潜水、潮湿空气进入窟内凝聚壁面的凝结水、窟内积水产生的毛细水等都对石窟产生了较大的破坏。

（1）风化岩体内上层滞水的破坏

据调查，过去有半数以上的洞窟窟壁及窟顶渗水或漏水。窟区附近的雨水通过各种裂隙渗入岩体，当遇到相对隔水的粉砂泥质岩层时，便沿水平层理、裂隙渗透。由于裂隙分布不均，使水的出露高度、水量的大小有很大差别，一般出现的都是局部少量渗水，雨季时则可能形成水流或滴水。水沿裂隙渗透时，也将盐类带到石刻表层，而且此类水的动态在不断变化迁移，对石窟的危害最大，也最难治理。

（2）风化壳裂隙潜水的破坏

由于砂岩的风化构造裂隙发育，形成局部的蓄水条件，它没有统一的潜水面，水量变化随气候降雨量变化很大，富水程度复杂，遭到岩体裂隙发育且相互沟通的情况下，可以下降泉方式出露。如云冈石窟第 2 窟的泉水，地处小型向斜中心，裂隙发育联通，水源系背部约 3 公里范围内的大气降水补给，泉水流量比较稳定，终年不断。此种潜水在窟区仅对东部的第 1、2 窟产生危害。

（3）潮湿空气进入窟内壁面的凝结水对石窟的破坏

热湿空气进入窟内遇到温度较低的岩石便形成凝结水，凝结水易被风化疏松的石刻表面吸收。通过云冈石窟砂岩窟内岩石表面吸水量试验，得出其吸水率在 1.7% ~ 4.17%，岩石中微量水的 pH 值等于 5 ~ 6，呈酸性，岩石中的长石及钙质胶结物等受化学风化的水和作用，形成多种水化物，矿物吸收水分子，它与晶架连接起来引起矿物体积的膨胀和收缩，加速岩石矿物成分的改变，被吸湿后的石刻不仅强度降低，而且为盐类聚集创造了条件。

3. 石窟文物表面有害污染物清除技术

石质文物的有害污染物的清除，从清洗的工作原理出发，可分为机械法和物理机械法清洗、使用非反应性溶剂的化学—物理清洗方法和使用反应性溶剂的化学清洗方法。从实施角度通常分为常规清洗和特种清洗两大领域。常规清洗包括吸附脱盐、化学清洗，以及各种只需要小型工具就能完成的清洗技术。特种清洗主要指需要借助特殊设备的清洗技术，目前效果较突出的有蒸汽喷射清洗、粒子喷射清洗、激光清洗等。

石质文物常用的主要清洗方法有水清洗法包括水浸泡、低压喷淋、高压喷水、水蒸气喷射、雾化水淋等；化学清洗方法，包括裹敷，采用凝胶等；粒子喷射方法，激光清洗方法、常规的机械清洗方法以及特殊情况下采用的生物清洗方法等。这些技术方法各自都具有不同的适用性和范围，在具体的保护实施当中，需要针对具体对象的不同选择合适的手段，对有害的污物进行去除。

3.1 污染物清除原则

（1）安全性原则

污染物是否清除的前提条件是看其是否对文物的安全性造成影响，即污物是否已对文物造成危害，而且会继续影响文物的安全。

（2）简单易行原则

污染物必须清除时应首先考虑采用简单易行且对文物造像本体无副作用的清除方法，如实在不行，经专家论证后再考虑使用化学的方法进行清除，尽可能减少对石材的二次污染与破坏。

（3）艺术性（含历史性）原则

石质文物的艺术价值主要表现在空间构成、造型、装饰和形式美，以及创意构思和表现手法。这里有感观的表现，如构成、造型；也有客观的存在，如文物的材料和制作工艺特征。而文物表面污物的存在，在很大程度上会对文物的艺术表征造成影响。表面污物是否清除，需对其艺术特征、历史性展开评估，确定其影响性。

（4）保护修复需要原则

表面清除必须符合保护修复的需要。污物的清除是保护实施过程的第一步骤，也是在保护修复过程中十分关键一步，其过程是不可逆的，并且会影响到下一步的保护工作的开展和效果的好坏。污物清除本身也是文物保护及保存过程的组成部分和主动性保护修复过程之一，它为下一步开展的保护（裂隙、空臌加固、残缺修补，风化层加固、表面防护等）提供条件。

3.2　表面污物清除的基本流程

文物表面污物的清除，是文物保护修复工作的一个组成部分（独立或综合），因此，必须符合保护修复工作的一般规律。

（1）调查

调查是最基础的工作。对于表面污物清除的调查，包括文物基材（含相关结构物的黏合材料）的种类和性质；表面污物的类型，程度、分布和性质；表面污物与基材的结合方式及其状况。

（2）评估

评估主要内容为表面污物的危害性评估，表面污物对文物艺术历史价值影响评估。

（3）清洗试验及效果评估

必须开展清洗试验，建立标准试验区，试验内容包括：文物基材对清洗方法和工艺的耐受性，确保清除过程文物的安全；清洗方法的有效性试验和清洗效果评估。

（4）制定表面污物清除方案

（5）工程实施

依据评估认定后清除方法，对表面污物实施清除工作。工程结束后，需对整个效果进行评估，并得出相关评估结论。

另外，整个技术流程所有步骤都必须进行档案记录，档案记录包括相关图纸、照片、影像及其科学检测数据和报告。表面污物清除过程中，应做好对文物的预防护工作，保证文物安全。

3.3 污染物的激光清洗技术

根据作用方式分类，激光清洗技术已发展出干式激光清洗法、湿式激光清洗法、激光等离子体冲击波法等。目前，广泛使用干式和湿式激光清洗法清除文物表面污染物。

（1）干式激光清洗法的清洗机理

短脉冲激光直接照射待清洗物，基底表面污染物或者基底吸收激光温度升高，发生热膨胀，热膨胀使污染物或者基底振动，使污染物克服表面吸附力脱离基底表面。虽然热膨胀很小，但在很短的激光作用时间内会产生很大的脱离加速度。根据激光波长的选择，能产生有效清洗的类型有两种，一种污染物对激光不吸收，基底对激光强吸收发生热膨胀作用；另一种基底不吸收激光，污染物吸收激光发生热膨胀。因此，在干式激光清洗之前，应分析基底和污染物对激光的吸收特性，选择一种基底和污染物对其吸收差别大的激光来进行清洗。对于石质文物清洗，多数使用1064nm波长的激光进行清洗，对于其他材质的文物清洗时，有使用532nm、355nm等波长清洗的成功案例。

（2）湿式激光清洗法的清洗机理

在脉冲激光作用之前，人为地在待清洗物体表面涂覆一层液膜，液膜在激光照射下急剧受热，产生爆炸性气化，爆炸性冲击波使基底表面的污染物松散，并随冲击波反向离开物体表面，从而达到去污效果。根据激光波长的选择，能产生有效移除的类型有三种，一种是基底对此波长激光强吸收，液膜不吸收的类型；另一种是液膜对激光强吸收，基底不吸收型；第三种是液膜和基底对激光都吸收的类型。与干式激光清洗法相比，湿式激光清洗法主要是靠液/固界面处的沸腾压强，液膜的出现加强了的清洗效果，对于有些污染物，利用湿式激光清洗法具有更好的清洗效果和效率。但是湿式激光清洗中存在两个困难，一是表面液膜厚度的一致性控制较为困难，二是清洗过程中液膜的引入可能会带来新的污染。液膜通常使用纯水、乙醇、乙醇＋纯水的混合液、丙酮等，实施效果各有不同。

3.4 微粒子喷射清洗技术

微粒子喷射清洗，属于气动喷砂清洗的一种，其作用机理是以压缩空气为动力，通过压缩空气在压力罐内建立的工作压力，将磨料通过出沙阀压入输沙管并经喷嘴射出，通过空气——磨料喷射流作用于石质文物表面，利用气流中磨料的冲击与磨削作用，清理去除石质文物表面污染物质。从其系统组成来说空气动力系统、喷料混合系统、喷射控制系统、喷射枪头及其辅助体系等五大部分组成。

由于微粒子喷射清洗主要是利用从喷射嘴喷射而出的空气——磨料两项混合气流，

对作用界面进行冲击磨削而达到石质文物表面污染物去除的目的，那么喷射混合流的冲击速度、气流密度、喷料、喷射距离、喷射角度、喷射作用时间这几项参数指标，是清洗过程中的主要影响因素与清洗控制关键参数。

可用于喷射清洗的磨料种类非常之多，按其硬度分类可以分为硬磨料和软磨料，硬磨料包括金刚砂、刚玉、石英砂、玻璃微珠、石榴石等等；莫氏硬度低于石英砂的磨料称为软磨料，软磨料包括海绵、干冰、碳酸氢钠、植物性磨料和塑料磨料等。磨料的性能主要取决于磨料的微观结构、硬度、密度、机械性能、形状、颗粒分布及其平均粒径等。其中对于喷射清洗效果起到直接影响作用的主要因素为喷料的硬度、喷料的颗粒大小及其喷料形状。

3.5　污染物的蒸汽清洗技术

蒸汽清洗，也叫饱和蒸汽清洗，是在一定的温度和压力条件下，对待清洗的石质表面的污染物颗粒进行溶解，气化蒸发使饱和热蒸汽清洗过的表面达到去污清洁的状态。蒸汽清洗可以进入凹面内部并有效切入细小的孔洞与裂隙，剥离并去除其中的污渍和残留物并产生最小损害。蒸汽清洗对不同的顽固污渍可以通过调节温度与压力达到不同程度的清洗效果。蒸汽喷射清洗是众多清洗方法中清洗效率最高、无附加、绿色环保的新型清洗方法。

3.5.1　蒸汽清洗的作用机理

（1）蒸汽清洗在热应力作用下使微裂隙内产生力学共振现象，表面的污垢层或凝结物在力学作用下碎裂脱落。

（2）蒸汽使表面污垢层在急速受热下迅速膨胀，崩解，削弱或抵消基体与污物之间的黏结力作用。使基体对污垢粒子失去吸附作用力而脱离物体表面。

（3）蒸汽清洗是利用蒸汽流的力学振动和剪切力作用、热分解作用克服基体与污物之间的黏结力、表面吹拂力及溶解作用等物理方法对石质文物进行清洗的。蒸汽流能使崩解、碎裂的表面污物被迅速吹离，避免了污染物在热力学作用下对基体的二次污染。

3.5.2　蒸汽清洗设备

市场上的蒸汽清洗仪一般可以分为高压蒸汽清洗仪、超高温蒸汽清洗仪、多功能蒸汽清洗机、工业蒸汽清洗机、家用蒸汽清洗机、油烟蒸汽清洗机等。蒸汽清洗机有三个不同的功能喷气、喷蒸汽、高压喷气。喷气是喷水和气的混合物，将水雾化成高速、浓密的喷雾，一般叫湿饱和蒸汽，在0.5MPa～1MPa的压力除污。湿饱和蒸汽继续定压加热，水完全气化成蒸汽，这时是干饱和蒸汽。高压喷气是激烈清洗喷射，达到2MPa的压力产生激烈的机械冲洗和刷洗作用。喷出的蒸汽是高温蒸汽，被喷射物表面的毛细孔受热膨胀同时在蒸汽压气流的作用下污垢碎屑脱离物体表面。蒸汽清洗机具有节能节电的优势，耗水量一般在 5kg/h~36kg/h，耗电量为 9kw/h~36kw/h，一杯水的量可以清洗一辆轿车，而且操作方便、安全可靠。设备轻、重量小。蒸汽在 10cm 以外的喷射范围外不会伤到人。清洗中不需要任何化学介质，被清洗的表面可以瞬间干燥，不产生废水，没有二次污染。相对于水浸泡、高压喷水、低压喷水等水清洗法，蒸汽清洗的潮湿性破坏可以忽略。

3.6 表面污染物的化学清洗技术

石质文物表面污染物的清洗可以用激光清洗、粒子喷射清洗或蒸汽清洗等物理清洗方法。但是，这些方法只对表面污染物有效。对于渗入性污染物，化学清洗仍然是目前最简单有效的方法。

化学清洗技术是泛指使用各种化学品来完成清除工作的清洗技术，作用原理包括化学作用、物理作用和生物化学作用等。化学清洗剂可以渗透到岩石微孔隙的内部，选择性地清除渗入性污染物，但化学清洗剂或清洗残留物也很可能与文物基材发生作用，稍有不当就可能对文物本体造成破坏。因此，恰当的化学清洗剂和正确的清洗操作工艺不仅是保证清洗效果的前提，更是确保石质文物本体安全的关键技术，直接关系到石质文物清洗工程的成败和远期效果。

3.6.1 选择石质文物化学清洗剂的原则

一般说来，石质文物清洗剂和相关清洗药品的选择应遵循以下原则。

① 对石质文物本体，包括石材、表面颜料和粘接物等没有破坏性。

② 能达到较好的清除指定污垢的效果。

③ 施工完成后不改变文物原来的艺术效果。

④ 清洗方法和清洗材料不能对施工人员和周围环境造成伤害或污染。实际选择时，涉及的物性指标有：pH 值（依清洗对象而定，一般尽量使用中性清洗剂）；表面活性剂含量（表面活性剂渗入岩石微孔中后不易清除，容易造成石材表面泛黄等）；清洗剂的黏度（高黏度将阻碍渗透，影响清洗效果，且容易粘附在岩石表层造成二次污染）；表面张力（关系到清洗剂的润湿性及渗透性，继而影响清洗剂的使用效果）；泡沫（泡沫与清洗效能无直接关系，但清洗剂不应产生过多泡沫）；闪点与稳定性（这是判断清洗剂能否安全运输和贮存的重要指标）；外观气味等。

3.6.2 贴敷清除法

针对大型石质文物的化学清洗，发展较快的一种方法是膏药贴敷法，即将清洗剂与纤维、纸浆、胶体、海泡石等吸附材料按一定比例混合制成膏药，然后涂抹在石质文物待清洗区域表面，以完成污物清除的工艺方法。贴敷法的优点很多，如用药量少，作用时间可调，抑制向深处渗透，避免干扰或污染周边其他部位，便于垂直面操作等。化学清洗的成功，不仅仅取决于清洗原理和清洗剂配方的得当，也取决于施工操作的技巧。目前，贴敷法已成为国际上大型石质文物化学清洗最主要和最有效的方法之一。贴敷法施工技术的主要工艺环节包括以下几个。

① 清洗剂与吸附材料混合贴敷体的制备。

② 贴敷、保湿、渗透过程控制，如用塑料薄膜覆盖等。

③ 吸附污物和抽提残液过程，如在薄膜上开出适当通气孔，利用毛细现象抽提等。

④ 残留药水和污染物的清除操作，如使用清水贴敷并干燥等。

4. 常用防风化加固材料

针对石窟造像岩石风化的原因及机理，目前保护造像表面风化的措施主要有清洗、加固、表面封护及日常保养维护等。加固是将合适的加固剂均匀渗透到岩石内部深处以提高岩石强度（内聚力）；表面封护主要是采用特定的化学保护材料喷涂或涂刷在石刻岩体表面以隔绝大气污染物和水等外界有害因素，避免它们对石质文物的侵蚀。由于岩壁几毫米至几厘米处是石刻造像最需保护的部位，因此加固和表面封护是防治石刻风化的最重要的措施，对加固材料和表面封护材料的研究成已为石刻保护材料研究的主要内容。

石刻文物具有不可再生性，因此对其保护材料的要求非常苛刻，除需具有很好的粘连性、渗透性、透气性、耐候性、疏水性和化学稳定性外，还需具有一定再处理性，且对石刻本身无副作用。

早期对弱风化的石质文物，采用蜂蜡与石油醚的混合膏状物涂抹在岩石表面，利用电辐射热装置，蜡被融化慢慢地被吸入岩石里面，不足之处是石质艺术品外观色泽变深，并且随着存放时间的久远，表面的蜡会溶解而发黏，故而变脏。

目前，具有保护潜能的加固和封护材料较多，通常可分为无机材料、有机材料两类，此外，纳米材料、仿生材料等新型材料也逐渐用于石刻保护。

4.1　防风化保护材料技术要求

石质文物防风化化学加固材料必须同时满足以下几个条件。

（1）不改变文物原貌

具体表现为所采用的保护材料必须无色透明，加固材料固化后增强风化岩体颗粒之间的连接作用和强度，但维持原有的结构，不可改变文物基本形貌、质感与色泽，以最大限度体现保留文物富含信息。

（2）文物本体安全

所采用的材料在实施、固化乃至老化过程中不得引入对文物本体有害的物质与残留。

（3）具有较好的渗透能力

石质文物因岩石成分、结构以及环境的不同，风化厚度不同，要求加固材料必须具备一定的渗透深度，使被加固的风化岩石与新鲜岩石固化为一个整体，防止"两层皮"的问题。

（4）具备一定的黏结作用和适宜的固化强度

加固材料必须具备黏结加固作用，提高风化岩体的整体性和适当的强度。对石质文物表层岩体进行加固并非是强度越高越好，如果被加固体的强度远远高于基层岩体强度，界面之间可能产生应力破坏。被加固体强度与基层岩体接近比较适宜。

（5）具备较好的抗老化性能

材料固化产物具有较好的抗老化能力，抵御或削弱环境因素的破坏作用，能够有效地延长文物的寿命。

4.2 无机材料

在纳米无机防风化材料出现之前，应用于石质文物保护的无机材料是使用无机物使石质的孔隙率降低以及在石质中形成新的矿物结合，使外面的水很少渗进去，同时里面积存的水能够以水汽的形式出来。过去已经用过的无机材料主要包括石灰水、氢氧化钡和碱土硅酸盐及氟硅酸盐等。石灰水是利用氢氧化钙和空气中的二氧化碳发生反应生成碳酸钙实施保护。石灰水很早就被用来加固石灰岩质文物。提供在岩石和石质表面形成一层保护涂层而能够对石质文物起到一定的保护效果，目前欧洲仍在部分使用石灰水作为加固材料。氢氧化钡与石灰水的加固原理类似，通过氢氧化钡与空气中的二氧化碳发生反应在空隙中生成难溶性的碳酸钡来增加石头的表面强度并减低石头表面的酥化和掉粉。然而，由于反应速率过快而在表面形成硬壳并碎成小片。近年美国学者研究认为，如果有足够的时间使碳酸钡晶体增长，与矿物联结起来，可以使岩石的硫酸盐受到束缚。碱性硅酸盐材料曾在欧洲广泛使用过，其原理是通过可溶性的碱性硅酸盐，如钠、钾水玻璃，渗透到已经疏松的矿物颗粒间隙中，生成非晶态的硅酸钠或硅酸钾，填补因风化失却的矿物胶结物，将石英、硅酸盐、碳酸盐等的微粒结合，以加固疏松的岩石表面。由于反应最终会产生一些钠、钾的碳酸盐类，随时间久后会产生酥碱，因此引起过许多争论，现今已基本不用。我国敦煌研究院对碱性硅酸盐保护材料进行过系列研究，开发出一种 PS（高模数硅酸钾）加固材料，成功应用于我国西北干旱地区的砂岩、砾岩及砂砾岩的加固保护。无机材料的优点是抗老化性好、与岩石的相容性好、价格低廉且对文物外观影响较小，缺点是施工工艺要求高，且弹性、疏水性差，粘接力脆弱，同时可能带入可溶性盐引起文物外观颜色变化等。

4.3 有机材料

有机防风化材料是当前研究和使用的最为广泛的文物保护材料。有机材料主要分为小分子化合物和聚合有机物。

目前，小分子化合物使用最多的是硅酸酯，例如德国生产的雷马氏系列。保护对象包括重庆大足北山的五百罗汉、新加坡外交大厦、西安大雁塔等。已有的研究也表明正硅酸乙酯的渗透效果很好，具有比一般有机物更深的渗透深度。

聚合物在石质文物上的保护也非常广泛，聚合物有机物主要有丙烯酸树脂、有机硅树脂和共聚物等。树脂类聚合物可以在低温下固化，收缩率低，同时具有良好的化学稳定性、耐候性和耐热性等特点而被广泛地应用。例如，印度的太阳神庙是通过涂刷聚甲基丙烯酸甲酯加固的，公元 203 年的意大利罗马穹门是利用石灰水和丙烯酸乳液成功进行保护，我国在 1961 年曾经用丙烯酸树脂对云冈石窟进行加固保护，同时我国也对龙门石窟、大足石刻等多处石质文物均用有机硅材料加固过。聚合物由于其优点而被广泛应有，然而其较差的防水性，特别是树脂溶液黏度过大导致其渗透性极差，必须使用稀释剂和固化剂，这也限制了树脂类聚合物在石质文物保护中的进一步应用。

石刻保护的常用有机高分子材料主要包括丙烯酸树脂、有机硅树脂、有机氟材料，其主要优缺点如表 24 所示。

表 24　　　　　　　　　有机保护材料及其优缺点

材料名称	优点	缺点
丙烯酸树酯	可塑性强，成膜性、耐候性、耐光性、疏水性、附着力好	耐碱性、耐老化性差，成膜后强度低，黏度大
有机硅树脂	耐酸性、耐热性、耐候性好，有一定的透气性、渗透性和疏水性	固化温度高、固化时间长，附着力、成膜性差
有机氟材料	耐候性、抗氧化、耐酸碱及抗紫外线能力强，耐黏污、疏水性好	附着力差，透气性差，耐低温性差，价格昂贵

（1）有机硅树脂材料

有机硅材料是国内外文物保护领域用的最多和最广泛的防风化材料。有机硅是分子中有烷基同时又带有硅氧键链的化合物，是一种介于有机高分子与无机材料之间的聚合物，具有良好的防水性和透气透水性，以及与石质很好的相容性。有机硅材料的耐老化性也非常好，老化后的最终产物是稳定的硅物质，对再次进行加固保护影响不显著。常见的有机硅材料主要包括甲基三乙氧基硅烷、甲基三甲氧基硅烷、四甲氧基硅烷及有机硅玻璃树脂。由于这些有机硅具有很好的渗透性、疏水性和耐候性，同时有机硅树脂的结构性质又与石质有较好的相容性，通过化学反应形成较好的结合力而能够将已风化石质文物表面的疏松颗粒结合成有机的整体。因此，有机硅材料通常作为建筑物和石质文物的防水剂和加固剂。

有机硅聚合物具有较低的表面能力，在多孔材料（风化石材）上形成有机硅氧烷分子膜，能均匀地分布在微孔壁上而不会封闭其通道。使水的接触角增大到一定程度，产生"反毛细效应"，即石材表面张力降低到有机硅材的表面张力水平，从而防止了水以液态形式浸入到材料内部。而空气及水汽无阻碍地通过防水膜渗漏出来，使石材透水透气。

有机硅树脂的 Si-O-Si 链键与岩石颗粒的 Si-O-Si 键结合形成 Si-O-Si 网膜，均匀分布在岩石孔壁上，将松散的矿物颗粒连接起来，增强松散岩体的整体性和强度，起到加固作用。同时，聚集的硅氧烷薄膜，不堵塞孔隙，不影响岩石的原有结构。另外，烃氧硅可以在某些石材上产生聚合物黏合网，它不像 C-C（碳—碳）和 C-O（碳—氧）聚合物，它的聚合键主链 Si-O-Si 在紫外线照射下也是稳定的。所以它涂在石材上耐候性和耐老化良好，抗紫外线能力强。

有机硅树脂选择小分子预聚体进行加固，聚合度控制在 2~4 之间。因为有机单体聚合较慢，容易随着溶剂迁移到岩体表面，降低了加固效果。聚合度较小的预聚体，黏度低，渗透性较好，渗入岩体中与岩石矿物的羟基 – OH 快速作用，防止随着溶剂迁移的问题。通过有机硅树脂材料（主剂是有机硅玻璃树脂和甲基三乙氧基硅烷，加助剂和催化剂）加固的重庆大足石刻，经十年以上的验证，效果较好。在德国及其他欧洲国家用的较多的是 TEOS，其最终产物是产生网状结构的硅树脂，其优点是渗透性好，有固结强度和耐老化。具有代表性的有机硅产品是 WACKER 公司的 BS – 69001 和 Remmers 公司生产的有机硅。

（2）丙烯酸树脂

这也是一种广泛应用于多孔性石质文物加固的化学材料，经常使用的有溶剂型和乳液型两种。丙烯酸乳液的稀溶液经常作为各种文物的渗透加固剂使用，但在耐光照、耐热、结合力、阻塞微孔等方面丙烯酸树脂仍有不足。例如 Paraloid B72 由于在溶剂中有较好的溶解性，经常被作为可逆性加固剂使用，是应用较多的一种丙烯酸树脂，但在应用中发现，在多孔介质中靠溶剂收回 B72 几乎是不可能的，同时老化后的 B72 也逐渐失去了可溶解性。另外，还发现 B72 形成的膜较脆，容易改变多孔介质的颜色，而且随着环境干湿循环的变化有逐渐脱离本体的倾向。

（3）有机氟材料

有机氟聚合物材料不仅具有防水、抗氧、耐酸碱、耐紫外线、耐粘污等优良性能，且最大特点是具有超耐候性。和玲等研究表明有机氟聚合物在加固保护砂岩文物上是可行的，并且取得良好的保护效果。有人报道了一系列的含氟丙烯酸共聚物的性能，也成功用于意大利 Candoglia 大理石和 Noto 石灰石建筑材料的保护中。邵高峰等以氟碳乳液为基料，添加偶联剂改性的纳米二氧化硅和氧化钛，制成一种环保型石质文物防风化剂，具有较强的紫外光屏蔽作用和防水耐蚀性能。朱正柱等将一种氟烯烃和烷基乙烯基醚交替排列的嵌段共聚物的改性氟树脂（FEVE 树脂）和异氰酸醋三聚体溶液混合，制得改性氟树脂石质文物封护材料，实验表明性能优异。

4.4　复合材料

随着文物保护的发展和石质文物对保护材料的要求越来越高，现在单一组分的材料已经满足不了石窟造像文物保护的要求，需要对其进行改性，制得性能优良的复合材料。具有很好的粘接性、耐老化性和防水性是复合防风化材料的重要发展方向之一。目前的复合改性材料种类较多，已研发了以聚甲基丙烯酸酯、高模数硅酸钾液体和氟硅酸镁为基础的无机复合材料。Jongok Won 等人制备的正硅酸乙酯、丙基三甲基氧基硅烷和笼状硅氧烷低聚物基有机无机复合材料具有很好的疏水性和渗透性在石质文物保护上有较好的应用前景。此外，丙烯酸树脂与有机硅树脂基复合防风化材料，正硅酸乙酯与烷氧基硅烷基复合防风化材料，硅树脂与烷氧基硅烷基复合防风化材料，石灰水与丙烯酸乳液基复合防风化材料等。复合改性材料往往比单一材料性能更优良，如经固化剂改性的硅丙复合封护材料，改善了丙烯酸的疏水性、耐光性及耐候性，克服了有机硅成膜性、柔韧性和附着力差等缺点，在室温下即可交联固化。又如岩石经有机氟复合材料涂刷后，其疏水性得到改善，同时还具有防腐防污性。

4.5　有机—无机杂化防风化材料

当前所用的文物保护材料，尽管无机防风化材料、有机防风化材料、仿生防风化材料及复合防风化材料均有一定的保护效果，然而这些材料依旧存在显而易见的缺点和不足。例如无机防风化材料在具有耐老化性和兼容性的优点的同时，也容易生成能够改变岩石外貌和造成文物损害的沉积性结晶可溶性盐，并且无机材料的表面疏水效果和其与岩石的连接效果均不理想等缺陷。相比较，尽管有机防风化材料具备较好的黏结性和疏水性，然而有机防风化材料与石头的相容性差，有机防风化材料的憎水性和石头的亲水性也能够使石质受到破坏。更为严重的是有机防风化材料较差的耐候性、渗透性、耐老化性和二次修复性等。有机复合防风化材料虽然解决了单一有机防风化材料某些性能方面的不足，但是并不能改变有机防风化材料的固有缺陷而难以达到最佳的保护效果。当前，基于纳米技术的有机—无机杂化防风化材料显示了其在石质文物保护上的独特效果。

有机—无机杂化防风化材料拥有好的耐老化性、抗紫外线和疏水性等性能而在石质文物保护上具有良好的应用前景。例如，Manoudis 等人把纳米二氧化硅、三氧化二铝和二氧化钛颗粒分散到硅氧烷中，制备有机—无机杂化防风化材料，用于石材石质文物的保护并且做了相关的试验研究。研究表明，有机—无机杂化防风化材料涂覆在石质表面，通过在石质表面形成了一层微纳米结构而增加了石质表面的疏水性能。当纳米颗粒含量到达一定值时，石质能够产生超疏水性效果。Kim 等人则利用纳米二氧化硅颗粒对以四乙氧基硅烷和甲基三甲氧基硅烷为有机基材的复合材料进行改性而制备了新型有机—无机杂化防风化材料。与未加纳米颗粒的复合材料相比，经有机—无机杂化防风化材料处理的石质，表面接触角增大、吸水率减少。

4.6　PS 材料加固西北地区砂砾岩石窟

西北地区的石窟与河南、山西、四川等省石窟相比，在地质条件、自然环境，特别是岩体结构等方面有很大的差异。如甘肃敦煌莫高窟、榆林下洞子石窟等，其所处的自然环境干燥，岩体大都是泥质或泥质胶结的砂砾岩，由于常年受风沙的侵蚀作用，崖体局部发生剥落较为严重。

PS 材料属于较低分子量的水溶性无机胶着剂，化学分子式为 $K_2O \cdot nSiO_2$，是一种高模数的硅酸钾水溶液，最佳模数为 3.8 ~ 4。模数 M 是描述 PS 材料的一个重要参数，其定义为 M = SiO_2 分子数/K_2O 分子数。目前生产的 PS 原液浓度一般为 26% 左右，是一种带微黄色的黏稠胶体，原料较纯时基本无色透明。加固时将一定浓度的 PS 溶液与一定量的固化剂 $CaSiF_6$、交联剂 $Al_2(SiO_3)_3$ 混合，搅拌均匀，最后加入约 10ppm 的扩散剂 NNO，搅拌均匀便可使用。当砂砾岩胶结泥质经 PS 溶液处理后，会改变胶结泥质中黏土矿物离散状的结构，使其变成一种网状、胶结态的非晶质，从而大大提高胶结泥质的力学强度、耐候性、耐水性和耐 CO_2 性，提高其抗风化性能[5]。

加固时对模数和浓度有一定的要求。随着 PS 模数的增大，其耐候性、耐水性和耐 CO_2 性逐渐提高，但模数太高时，SiO_2 含量高，凝固时间短，容易凝聚，影响渗透，施工不便，加固强度也有所下降。PS 模数过小时，SiO_2 含量低，凝固时间长，残余的 K_2O 与 CO_2 遇水生成 K_2CO_3，不仅影响外观，而且降低了胶结体的稳定性。PS 材料属碱性材料，pH 值为 10.4 ~ 11.2，其 pH 值随浓度和模数升高有所升高。

表面喷洒渗透简称喷渗，主要采用高压喷枪直接向墙面喷洒适当模数和浓度的 PS。施工时使用功率 2kW 的空气压力机清理崖体表面积沙、浮尘。一般采用 PS 模数为 3.8，浓度梯度依次为 3%、5%、7%，自下而上逐层喷洒，保持喷枪距墙面 50 ~ 70cm，喷洒半径在 35 ~ 40cm。

5. 石窟凝结水研究与治理技术

由于地面或地物表面辐射冷却，使贴近地面或物体表面的空气温度下降到露点以下，在地面或物体表面上凝结而成的水叫凝结水。

---

〔5〕 李最雄，王旭东，孙满利. 交河故城保护加固技术研究. 北京：科学出版社，2008：166.

5.1　凝结水的形成机制

洞窟内外的温差是形成凝结水的主控外因。在夏秋季节洞窟内岩石表面的温度与窟外气温之间存在较大的温差，温差可达到10℃以上。窟内岩石表面的温度低于窟外气温，容易在窟壁形成低温区，从而使过饱和的水汽层冷凝，造成水汽在温度最低的窟壁表面产生凝结。在较大的湿度下，洞窟内空气中存在的过饱和水汽是凝结水形成的控制内因和必要条件。过大的湿度是凝结水形成的内因，而洞窟内外的温差变化、通风状况等是凝结水形成的外因。

（1）凝结核

水汽由气态变为液态的过程称为凝结，在大气中，水汽压只要达到或超过饱和水汽压，水汽就会发生凝结。但是在纯净的空气中，即使水汽过饱和达到相对湿度为300%～400%，也不会发生凝结。这是因为纯净的空气中没有大量的吸湿性微粒物质，即缺少能促使水汽凝结的凝结核。

空气中的水汽要凝结就必须要有凝结核。例如龙门石窟、大足石窟岩体粗糙不平的岩壁及大气中的灰尘提供了水汽凝结所需要的凝结核。

（2）洞窟内外的温差

水汽凝结的另一个主要因素是洞窟内外的温差。在夏季窟内岩石表面的温度与窟外气温之间存在的温差可达到10℃以上，窟内岩石表面的温度与窟内大气温差也能达到1℃～4℃。窟内岩石表面的温度低于窟内气温，在窟壁形成低温区，从而使空气中的水汽过饱和冷凝，造成水汽在温度低的窟壁表面发生凝结。而在冬春季节不会在窟壁形成低温区，所以不会产生凝结水。

（3）湿度的定义及相关量

湿度是表示空气中水蒸气的含量的物理量，常用绝对湿度、相对湿度、露点等表示。所谓绝对湿度就是单位体积空气内所含水蒸气的质量，也就是指空气中水蒸气的密度。

一般用$1m^3$空气中所含水蒸气的克数表示，即

$$Ha = m_v / V \tag{1}$$

式中，m_v为待测空气中水蒸气质量，V为待测空气的总体积。单位为g/m^3。

相对湿度是表示空气中实际所含水蒸气的分压（e_w）和同温度下饱和水蒸气的分压（e）的百分比，即

$$E = (e_w / e) \times 100\% \, RH \tag{2}$$

通常，用RH%表示相对湿度。

当温度和压力变化时，因饱和水蒸气变化，所以气体中的水蒸气压即使相同，其相对湿度也发生变化。日常生活中所说的空气湿度，实际上就是指相对湿度而言。温

度高的气体，含水蒸气越多。若将其气体冷却，即使其中所含水蒸气量不变，相对湿度将逐渐增加，增到某一个温度时，相对湿度达100%呈饱和状态，再冷却时，蒸汽的一部分凝聚生成露，这个温度称为露点温度。在气压不变的条件下，空气为了使其水蒸气达饱和状态时所必须冷却到的温度称为露点温度。气温和露点的差越小，表示空气越接近饱和。

（4）凝结水的最终形成

在夏季，窟内岩石表面的温度与窟内气温之间存在一定的温差，达到1℃～4℃，窟内岩石表面的温度低于窟内气温，在窟壁形成低温区。当这个温度低于露点温度时，使空气中的水汽过饱和冷凝，水汽在温度低的窟壁表面发生凝结。

（5）露点温度的计算

由上述得知，可以根据岩壁温度是否低于露点温度来判定水汽是否凝结，露点温度可以根据饱和水汽压公式计算。

从1947年起，世界气象组织就推荐使用 Goff – Grattch 的水汽压方程。该方程是多年来世界公认的最准确的公式。它包括两个公式，一个用于液—汽平衡，另一个用于固—汽平衡。

对于高于冰点的饱和水汽压（用于液—汽平衡）：

$$\lg e_w = 10.79586 \ (1 - T_0/T) \ - 5.02808 \ \lg \ (T_0/T) \ +$$
$$1.50475 \times 10^{-4} \ [1 - 10^{-8.2969(T0/T-1)}] \ +$$
$$0.42878 \times 10^{-3} \ [10^{4.76955(1-T_0/T)}] \ + 0.78614 \tag{3}$$

式中，e 为饱和水气压，T_0 为水三项点温度 273.16 K，T 为窟内大气温度 K。

上式1966年被世界气象组织发布的国际气象用表所采用。

上述的 Goff – Grattch 饱和水气压公式比较繁杂。实际工程实践中多采用一组简化饱和水气压公式进行计算：

对于高于冰点的饱和水气压：

$$e = [1.0007 + P \times 3.46 \times 10^{-6}] \ \times 6.1121 \times exp\left[\frac{17.502 \times t}{240.9 + t}\right] \tag{4}$$

式中：e 为饱和水气压 mbar（1mbar = 100Pa）；P 为综合压力 mbar（1atm = 1013.25mbar）；t 为窟内温度℃。

凝结水的露点温度在冰点以上，则首先用式（4）来计算饱和水气压，再根据饱和水气压与相对湿度计算水汽分压：

$$e_w = e \times E \tag{5}$$

式中：e_w 为水汽分压 mbar；E 为相对湿度。

露点温度可以根据水汽分压值按下述简化公式进行计算。

在水面上：

$$t_d = \frac{243.12\ln\ (e_w/611.12)}{17.62 - \ln\ (e_w/611.12)} \tag{6}$$

5.2　凝结水病害的影响因素

凝结水的形成与石窟所在区域位置、环境气候、石窟形制等因素有关，据统计下列因素是导致石窟内形成凝结水的主要影响因素。

（1）窟檐、通风对凝结水的影响

凝结水的形成与内部空气流通不畅密切相关。即使在湿度小于70%、温差变化不大的情况下，在洞窟深处、雕像表面的转折和背风处，仍然可见凝结水的存在。这说明洞窟内部的气流流动速度缓慢，不利于蒸发过程的进行。蒸发和凝结是互逆的过程，此过程的控制因子主要取决于外部条件的动态平衡体系。当洞窟开敞、通风良好的时候，蒸发作用强烈，水汽凝结速率小于蒸发速率，要形成凝结水就变得十分困难。相反，无风的天气、窟檐遮蔽，蒸发过程微弱，则凝结作用增强，造成大量凝结水附着于雕刻品上。

（2）岩性、风化壳表层特征对凝结水的影响

质纯的白云岩、灰岩致密，渗透性和吸水率极低，附着于洞壁的水分无法渗入岩体之中或被岩体吸收，易在岩石造像表面形成凝结水。泥质条带灰岩层面裂隙发育，渗透性和吸水率相对较高，附着于洞壁的水分可以被岩体吸收，不易形成凝结水的形态。

（3）凝结核的影响

壁面粗糙的地方附着的尘粒较多，成为水汽凝结的场所，可以观察到大量以尘粒为核心的凝结水珠悬挂在洞壁之上。洞窟内大气中包含的微尘颗粒物质，吸附水汽，在合适的温度条件下就会凝结形成水珠，附着悬挂于壁面上。

（4）窟内渗水的影响

由于降雨的影响，雨水沿各种卸荷裂隙与层面裂隙向窟内渗透，窟内地面长时间积水及石窟壁面长时间的湿润状态，对窟内湿度的影响极大，进而加剧了洞窟内凝结水的形成。

5.3　凝结水对石窟的危害

（1）在流动和蒸发过程中，凝结水与洞壁岩体相互作用，在洞壁上以结晶形式保留其运动的轨迹，使洞壁留下明显的不规则片状或条状白色沉淀痕迹，对石窟造成污染。

（2）凝结水富集的部位滋生微生物病害。

（3）水分在窟壁及造像表面的反复凝聚和蒸发，造成洞窟岩体表面的干湿变化，

降低了洞窟岩体表层的强度，加剧了岩体风化。

5.4 凝结水测量装置

尽管水汽凝结的现象人们早有观察，但在野外现场对岩石表面凝结水进行定量观测仍然存在很大的难度。这是因为凝结水形成的时间较为短暂，而且吸附在岩石表面的水层很薄，易受扰动，难以采样。截至目前常用在文物保护工程中的凝结水测量装置有如下几种。

（1）新西兰的 de Freitas 和 Schmekal 在研究洞室凝结水时，发明了一种电路板式的小型测量装置，根据仪器电性变化间接推算凝结水量。这种仪器工艺较复杂、采样面较小。

（2）中国地质大学（北京）曹文炳研制的凝结水定量测量装置。该装置采用在密封条件下，让气流循环通过不同的循环路径，分别对岩石表面的凝结过程及产生的凝结水量进行研究和测量。采用的主要仪器有密封罩（用透明工程塑料制成）、三台数字相对湿度仪（附带测温功能）、两台数字温度计，空气流量计、空气循环泵、加湿瓶和干燥瓶各一个，用管路和阀门将其连接，构成一个完整的密闭测量系统，附带一个用于凝结试验的冷却箱。该装置用于室内试验，若稍加改动管路系统，去掉加湿瓶部分，将密封罩直接扣在有凝结水的岩壁上，便可实地对岩石表面的凝结水量进行测量。目前已将测量系统集合成一操作面板，只要连接密封罩就可进行实地测量。试验装置的试验误差为 2% ~ 5% 。该设备已成功地应用在云冈石窟洞窟内凝结水研究项目及高句丽五盔坟 4 号墓、角抵墓墙壁上的凝结水测量研究项目中。

（3）国家科技支撑项目《石质文物保护关键技术研究》子项目——石窟水分来源综合探测技术研究中，云冈石窟研究院的黄继忠研究员发明了一种凝结水测量装置，通过吸湿方法获取水量信息。该装置包含密封仓、流量计、湿度计、干燥剂、风机等关键设备。装置的性能指标为采样面积 500cm^2；最大通风流量 500L/h；测量精度 ± 0.1g；连续运行时间 20h。该装置具有携带、安装简便，测量精度高的特点。

5.5 凝结水防治措施

凝结水的形成和控制因素主要有石窟窟壁温度、石窟内部温度、相对湿度、空气流动速度等。其凝结水的防治，从大的方面来讲，可以采用减少窟内水源、降低岩壁附近湿度及减少岩壁与空气的温差来达到防止凝结水生成的目的。现有的技术治理措施集中在降低石窟内部的湿度及改善洞窟的通风条件，打破蒸发和凝结的这种动态平衡，使洞窟环境朝有利于雕刻品保护的方向控制与发展。具体防治措施有以下几点。

（1）治理石窟渗水

通过采用工程治理措施，如石窟裂隙灌浆、顶部防渗、窟内排水设施等措施减少窟内渗水，降低凝结水水分来源来达到治理窟内凝结水的效果。

（2）降低石窟内部与窟外的温差

降低窟内与窟外的温差最便捷的方法是提高石窟窟壁的露点温度。具体方法为春夏季节在通风不利易产生凝结水的石窟内放置低温热源，提高窟内温度，缩小窟内、外的温度差。另外，在对石窟防渗水治理过程中，对窟顶部较平坦、有条件的石窟，可以在顶部加设防渗层和保温层。

（3）设置通风系统

依据窟内外环境监测系统的观测数据与计算机和通风系统联动，适时调节窟内的相对湿度，将窟内的相对湿度控制在70%左右，即破坏窟内蒸发凝结的循环模式，防治凝结水的形成。

（4）窟内干燥的方法

让洞窟内水汽排出的一种方法是使用干燥设备从窟内直接吸收水汽；另一种是使用干燥剂，也叫吸附剂，起干燥作用，用于防潮，防霉。按吸附方式及反应产物不同分为物理吸附干燥剂和化学吸附干燥剂。物理吸附干燥剂有硅胶、氧化铝凝胶、分子筛、活性炭、骨炭、木炭、矿物干燥剂，或活性白土等，其干燥原理是通过物理方式将水分子吸附在自身的结构中。化学吸附干燥剂常用的有生石灰、氯化镁、氯化钙、碱石灰、五氧化二磷、硅酸等。它是通过化学方式吸收水分子并改变其化学结构，变成另外一种物质。注意干燥剂的选用不得在空气中产生化学反应对石窟岩石有副作用。目前所用的干燥剂以硅胶最多，硅胶是一种多孔结构的无定型二氧化硅。经过各种"活化"处理，其有效面积可达 $700m^2/g$，且对极性水分子的吸附能力极强。第二种是使用除湿机，从洞窟内部直接吸收水汽，改变窟内湿度状况。

第七章　石窟保护工程设计要求

第一节　设计说明

根据国家文物局 2013 年下发的《文物保护工程设计文件编制深度要求》中第五章石窟及石刻类保护工程设计文件要求，设计说明应包括设计依据、设计原则和指导思想、工程范围和规模等，并对保护措施的选择、材料的使用试验及图纸等做出明确要求。

1. 设计依据

设计依据应包括项目立项批准文件、有关政策法规、已批准的总体保护规划、勘察结论、保护及功能方面的需求（设计委托书有关内容或设计合同有关内容）等。常用的技术标准及政策法规如下。

《中华人民共和国文物保护法》；

《中华人民共和国文物保护法实施细则》；

《中华人民共和国文物保护法实施条例》；

《文物保护工程管理办法》；

《纪念建筑、古建筑、石窟等修缮工程管理办法》；

《中国文物古迹保护准则》；

中华人民共和国文物保护行业标准《石质文物病害分类与图示》；

《石质文物保护工程勘察规范》；

中华人民共和国文物保护行业标准《石质文物保护工程勘察规范》；

《岩土工程勘察规范》（GB50021 – 2001）；

《工程勘察设计收费标准》（2002 年修订本）；

《中国地震动参数区划图》（GB18306 – 2001）；

《建筑边坡工程技术规范》，（GB50330 – 2002）；

《锚杆喷射混凝土支护技术规范》（GB 50086 – 2001）；

《岩土锚杆（索）技术规程》（CECS22：2005）；

《室外排水设计规范》（GB50014－2006）；

《排水沟设计规范》（GB/T 16453.4－1996）；

《地下防水工程质量验收规范》（GB50208－2002）；

《×××项目勘察报告》；

《×××项目总体保护规划》；

《×××项目设计合同书》中有关技术要求内容；

《×××项目委托书》……

2. 设计原则和指导思想

根据《中国文物古迹保护准则》第三章"保护原则"中的要求进行石窟文物保护工程设计。

（1）必须原址保护。只有在发生不可抗拒的自然灾害或因国家重大建设工程的需要，使迁移保护成为唯一有效的手段时，才可以原状迁移，易地保护。易地保护要依法报批，在获得批准后方可实施。

（2）尽可能减少干预。凡是近期没有重大危险的部分，除日常保养以外不应进行更多的干预。必须干预时，附加的手段只用在最必要部分，并减少到最低限度。采用的保护措施，应以延续现状，缓解损伤为主要目标。

（3）定期实施日常保养。日常保养是最基本和最重要的保护手段。要制定日常保养制度，定期监测，并及时排除不安全因素和轻微的损伤。

（4）保护现存实物原状与历史信息。修复应当以现存的有价值的实物为主要依据，并必须保存重要事件和重要人物遗留的痕迹。一切技术措施应当不妨碍再次对原物进行保护处理；经过处理的部分要和原物或前一次处理的部分既相协调，又可识别。所有修复的部分都应有详细的记录档案和永久的年代标志。

（5）按照保护要求使用保护技术。独特的传统工艺技术必须保留。所有的新材料和新工艺都必须经过前期试验和研究，证明是最有效的，对文物古迹是无害的，才可以使用。

（6）必须保护文物环境。与文物古迹价值关联的自然和人文景观构成文物古迹的环境，应当与文物古迹统一进行保护。必须要清除影响安全和破坏景观的环境因素，加强监督管理，提出保护措施。

（7）工程设计内容从"抢救第一，保护为主"的原则出发。

3. 工程性质

根据病害和问题确定工程性质，说明要达到的修复效果和景观效果。同一工程包含不同性质的子项工程时，要逐一说明。

根据国家文物局工程立项保护工程项目类型，工程性质可分为抢险加固工程、修缮工程、其他保护性设施建设工程、环境整治工程、展示利用工程等。

子项工程可细分为石刻造像修复工程、石刻造像防风化保护工程、岩体加固工程、防渗治理工程、展示工程、窟檐保护修复工程、保护性建筑工程等。

4. 其他说明

（1）工程范围和规模。工程规模应量化，具体保护对象应明确。

（2）保护措施。针对病害采取的修缮防治措施，材料、做法的技术要求，必要时可作多种措施的方案比较，并提出推荐方案。采用新材料或涉及石窟、石刻安全的结构材料时，应有严格的技术要求和材料的检测报告及质量标准说明。如需要应用锚固工程、灌浆工程、防渗排水工程、防风化保护等措施，应进行专项设计。

（3）设计说明中还应说明与保护措施、保护材料等有关系的地理环境、气象特征、场地条件等。

（4）被确定使用的特殊材料（如化学灌浆材料、表面防风化材料）应提供实验室试验数据、应用实例和现场试验报告。

第二节　设计图纸

1. 总体要求

设计图纸参照国家文物局 2013 年下发的《文物保护工程设计文件编制深度要求》中第五章石窟及石刻类保护工程设计图纸要求。

（1）总平面图

① 标示工程对象、工程范围；标注或编号列表注明文物名称。

② 标示工程措施的内容、布局以及道路、防洪、场地排水、环境整治、防护设施等相关内容，标注相关主要尺寸、标高。

③ 指北针或风玫瑰图。

④ 比例一般为 1∶500 ~ 1∶2000。

（2）工程措施图

① 表达保护措施所必要的平、立、剖面图（包括必要的分区平面图、立面图和若干纵横剖面图），标注工程措施、内容、材料和工艺，标注相关尺寸、标高、剖面位置、详图索引关系等。

② 比例一般为 1∶50 ~ 1∶200。

③如有必要增加工程措施结构及节点详图。

（3）其他相关专业，如建筑、水文、地质等设计图纸，按各专业相关设计标准和技术规范执行。

（4）对文物影响较大的保护构筑物应有景观分析或景观效果图。

2. 设计图绘制要求

根据《CAD 建筑制图规范》、《岩土工程勘察制图标准》SY/T0051－2003，并结合文物保护工程的特点，提出以下石窟保护工程设计绘图要求和标准。

2.1　基本要求

（1）所有设计单位出的图纸都要配备图纸封皮、图纸说明、图纸目录。

①图纸封面须注明工程名称、图纸类别（施工图、竣工图、方案图）、制图日期。

②图纸说明须进一步说明工程概况、工程名称、建设单位、施工单位、设计单位等。

（2）每张图纸须编制图名、图号、比例、时间。

（3）打印图纸按需要，比例出图。

（4）图层组织根据不同的用途、阶段、实体属性和使用对象可采取不同的方法，但应具有一定的逻辑性，便于操作。各类实体应放置在不同的图层上，如平面图中，轴线标注和第三道尺寸应分层标注，标注石窟门、窗、洞口的细部尺寸应分层表示；石窟造像及其标注等单独设置图层表示；标高等尺寸也应独立分层表示。

2.2　常用比例

常用图纸比例如表 25，同一张图纸中，不宜出现三种以上的比例。常用比例为：1:1，1:2，1:3；1:4，1:5，1:6，1:10，1:20，1:25，1:30，1:40，1:50，1:60，1:80，1:100，1:150，1:200，1:250，1:300，1:400，1:500。

表 25　　　　　　　　　　　　常用比例表

图名	比例
石窟平面图、立面图、剖面图	1:50、1:100、1:150、1:200、1:300
局部放大图	1:10、1:20、1:25、1:30、1:50
构造详图	1:1、1:2、1:5、1:10、1:15、1:20、1:25、1:30、1:50

2.3　线型

（1）绘制图件时可根据不同用途采用表 26 中不同的线型。绘图时，应将主要图线用粗线表示，次要图线用细线表示。所表达的内容应重点突出、主次分明。在同一张图中，表示同一种地质特征的线型、线宽应一致。

表 26   线型用途表

线型	宽度（mm）	用途
粗实线	1.0	图纸内边框线，剖面图中的地表线及钻孔深度线
中粗实线	0.4 ~ 0.6	图例边框线，地层分界线，地质剖面线，平、剖面图中被剖切的主要建筑、石窟、造像的轮廓线
细实线	0.1 ~ 0.3	等高线，等深线，图纸外边框线，标注引出线，石窟造像内部结构线、填充线、尺寸线、尺寸界限、索引符号、标高符号、分格线等
虚线	0.2 ~ 0.3	窟内平面、顶面图中未剖切到的主要轮廓线，石窟构造中不可见的轮廓线
点划线	0.1 ~ 0.3	中心线、对称线、定位轴线，地下水位，水文地质分区线。
折断线	0.1 ~ 0.3	不需画全的断开界线

（2）绘制虚线和点划线时，线段长度与间隔距离应相等，两线相交应交于线段处。

（3）绘图时，要壁面图线与文字重叠。不可避免时，应确保文字、符号的清晰，将与之重叠的图线打断。

2.4 字体

（1）设计图中的字体应采用国家正式公布实施的简体字，宜采用正体仿宋字，宽高比应采用 0.8。

（2）汉字的字高不应小于 3mm；阿拉伯数字的字高不应小于 2mm。力求图面清晰、美观、统一。在同一张图中反映同一种类别的文字的字形、字高应统一。

设计图纸均应采取以下字体文件，尽量不使用 Ture Type 字体，以加快图形的显示，缩小图形文件。同一图形文件内字形数目不要超过四种。Romans. shx（西文花体）、romand. shx（西文花体）、bold. shx（西文黑体）、txt. shx（西文单线体）、simpelx（西文单线体）、st64f. shx（汉字宋体）、ht64f. shx（汉字黑体）、kt64f. shx（汉字楷体）、fs64f. shx（汉字仿宋）、hztxt. shx（汉字单线）。汉字字形优先考虑采用 hztxt. shx 和 hzst. shx；西文优先考虑 romans. shx 和 simplex 或 txt. shx。所有中英文之标注宜按表 27 执行。

表 27　　　　　　　　　图纸字体要求表

	图纸名称	说明文字标题	标注文字	说明文字	总说明	标注尺寸
用途	中文	中文	中文	中文	中文	西文
字型	St64f. shx	St64f. shx	Hztxt. shx	Hztxt. shx	St64f. shx	Romans. shx
字高	10mm	5mm	3mm	3mm	5.0mm	3.0mm
宽、高比	0.8	0.8	0.8	0.8	0.8	0.8

＊　中西文比例设置为 1：0.7，说明文字一般应位于图面右侧。字高为打印出图后的高度。

2.5　尺寸标注

① 标注线应采用细实线。

② 标注界线应与被标注物垂直，并离开 2mm 以上，延伸至尺寸线以外 3mm 以上。

③ 尺寸起止符号采用 45°的短细斜线表示，长度 6mm。

④ 尺寸线应平行于被标注物，且不能超过被标注物。

⑤ 标注数字位于尺寸线上方，字高为 2～3mm，若标注界线之间的距离过于狭窄，标注数字可标注在标注界线外部或下部，标注单位为 mm。

⑥ 角度数字书写在圆弧的外侧，与弧的弦长平行，方向向上。

2.6　索引符号及详图

（1）索引图号字高 4mm。

（2）索引在本图字高 2.5mm。

（3）索引符号的圆及直径均应以细实线绘制，圆的直径 10mm。

（4）详图符号以粗实线绘制，直径为 14mm。

（5）引出线均采用水平向 0.25mm 宽细线，文字说明均写于水平线之上。

第三节　危岩体加固设计

1. 锚固设计相关规范

锚固工程设计应根据工程要求、锚固地层及锚固岩体性质、锚杆承载力大小、现场条件、施工方法及设备供应条件等综合因素确定。锚杆设计可参考国家标准《锚杆喷射混凝土支护技术规范》及《岩土锚杆设计施工规范》等岩土锚固规范的要求。在文物本体上使用锚杆，必须在遵循文物保护原则的前提下，经充分调查研究与必要的试验基础上进行设计（见表 28）。

表28 中国锚杆规范表

年代	规范名称及编号	编制单位
1984	国防工程喷锚支护技术暂行规定 CJB317 - 87	中国解放军总参谋部
1985	水利水电地下工程锚喷支护施工技术规范 SDJ57 - 85	中国水利部
1990	土层锚杆设计与施工规范 CECS22∶90	中国工程建设标准化协会
1994	水工预应力锚固施工规范 SL46 - 94	中国水利部
1997	基坑土钉支护技术规程 CECS96∶97	中国工程建设标准化协会
1998	水工预应力锚固设计规范 SL211 - 98	中国水利部
2001	锚杆喷射混凝土支护技术规范 GB 50086 - 2001	中国冶金部建筑研究总院
2003	水电工程预应力锚固设计规范 DL/T 5176 - 2003	中国工程建设标准化协会
2004	水电水利工程预应力锚索施工规范 DL/T 5083 - 2004	国家发展和改革委员会
2005	岩土锚杆技术规程 CECS22∶2005	中国工程建设标准化协会

2. 石窟危岩体锚固设计原则

（1）针对石窟文物保存的特点，危岩体锚固工程设计以满足石质文物保护需求为导向，以"最小干预、强度匹配、外观协调"为设计原则。

（2）危岩体锚固工程以变形小于正常使用限值取安全系数及稳定系数，进而反算锚固结构的承载力。以避免锚固结构设计强度过高，而造成加固体与被加固文物本体变形不匹配。

（3）危岩治理设计应根据不同类型的危岩及其破坏特征，按不同的计算模型进行计算。

3. 锚固工程试验

对于锚固工程的设计，前期必须进行下列专项试验与调查。

（1）确定锚杆的作用荷载

掌握地层构造及构成工程地层各分层的重力密度、抗剪强度、孔隙水压等指标，据此计算出岩土压力、坡体推力及其对构筑物的作用力，并求得作用于锚杆上的荷载。

抗剪强度现场难以测定时，可通过室内试验测得。但在现场难以取样时，通过相近的非文物本体区域内的标准贯入试验测得的 N 值及钻孔内水平荷载试验测得的变形系数和屈服荷载等间接方式求得地层的抗剪强度指标。

地下水会影响锚杆的施工及抗拔力，调查时必须留意地层的地下水的水压分布、透水性及动态水力比降等。

（2）确定锚杆的锚固地层

锚固地层应是不会产生滑坡且处于破坏面以外的位置，具有所需的锚杆抗拔力，且必须保证锚杆群所包裹地层的整体稳定。

（3）确定锚杆锚固体周边摩擦力计算参数

尽量通过室内岩土试验或现场试验的方法预先求得锚固体周边摩擦力计算参数。

（4）确定适宜的锚杆施工方法

在石窟区施工，除考虑锚固地层的地质、地形、地下水及操作空间等因素，及钻孔深度、工期等条件影响，还要考虑噪声、振动、粉尘等环境条件制约。选择不影响窟区环境的施工方法。

（5）确定锚杆的耐腐蚀程度

要特别查明窟区是否有加速锚杆及锚固体方式的特殊环境，并应进行有关腐蚀状态的调查，综合确定施工区域的环境腐蚀程度。

（6）对于注浆工程的设计，进行下列专项试验与调查

对于地下水位高、有自流水的场合或透水性强的渗漏水地层，常常灌浆不易密实。应进行微钻孔测试及相关的透水试验，为采取特殊的灌浆方法提供依据。

4. 锚杆设计参数确定

4.1　危岩体破坏模式的确定

危岩失稳破坏主要有三种模式：第一种为滑动式危岩；第二种为坠落式危岩；第三种为倾倒式危岩。在危岩体治理设计前，首先要判明危岩体属于那种破坏模式，然后采用相应的计算公式进行受力计算（图44）。

4.2　主控结构面长度 L 计算：

$$L = \frac{H}{\sin \beta}$$

式中：H 为主控结构面的平均高度；

　　　β 为主控结构面的倾角。

4.3　危岩体抗滑力确定

（1）危岩体滑动破坏所需抗滑力计算公式：

$$P = KG \times \sin \alpha - G \times \cos \alpha \times tg\phi - CF$$

（此公式适用于在不考虑地震力和裂隙水压力的情况下使用）

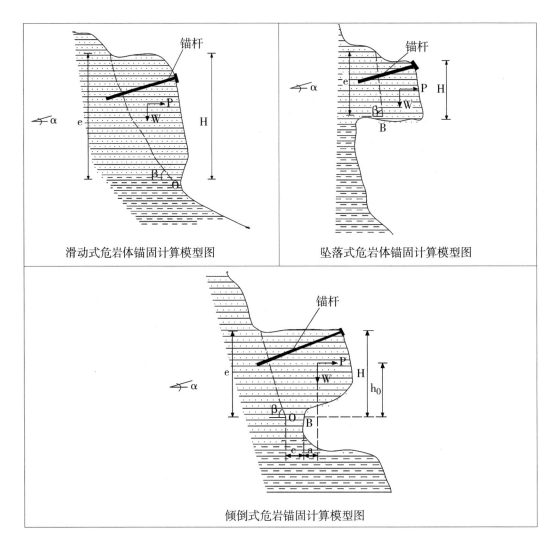

滑动式危岩体锚固计算模型图

坠落式危岩体锚固计算模型图

倾倒式危岩锚固计算模型图

图 44　危岩体锚固计算模型图

式中：P——危岩体达到安全系数为 K 时所需抗滑力，单位为 KN；

　　　G——危岩体重量，单位 KN，计算公式：$G = \gamma \times V$；

　　　γ——岩石天然容重，单位 KN/m^3；

　　　V——危岩体体积，单位 m^3；

　　　α——危岩体裂隙面倾角，单位度；

　　　ϕ——危岩体裂隙面内摩擦角，单位度；

　　　F——危岩体与稳定岩体接触面面积，单位 m^2；

　　　C——内聚力，单位 kPa（如危岩体后面裂隙面张开，则 C = 0）；

　　　K——安全系数（安全系数的选取参见第六章相关章节内容）。

（2）危岩体坠落破坏所需锚固力计算公式：

$$P = KG - CF$$

（此公式适用于在不考虑地震力和裂隙水压力的情况下使用）

式中：P——危岩体达到安全系数为 K 时所需锚固力，单位为 KN；

G——危岩体重量，单位 KN，计算公式：$G = \gamma \times V$；

γ——岩石天然容重，单位 KN/m^3；

V——危岩体体积，单位 m^3；

F——危岩体与稳定岩体接触面面积，单位 m^2；

C——内聚力，单位 kPa（如危岩体后面裂隙面张开，则 C =0）；

K——安全系数（安全系数的选取参见第六章相关章节内容）。

（3）危岩体倾倒所需抗倾覆力矩计算公式：

$$M_{锚抗} = KG\,(a + \mu h_0)\, + KQC - 0.5\,[\sigma_t]\,C^2$$

式中：$M_{锚抗}$——危岩体锚杆抗倾覆力矩；

K——设计安全系数；

G——危岩体重量，单位 KN，计算公式：$G = \gamma \times V$；

γ——岩石天然容重，单位 KN/m^3；

V——危岩体体积，单位 m^3；

a——危岩重心到倾覆点的水平距；

μ——水平地震系数；

h_0——从下往上数第一排锚杆至倾覆点的垂直距离；

$[\sigma_t]$——危岩体岩石抗拉强度标准值；

C——主控结构面延伸点距倾覆点水平距；

Q——主控结构面破裂部分承受的静水压力。

4.4　参数 C、φ 值的确定

危岩体后部主控结构面的断裂扩展过程是危岩稳定性衰减的根本原因，关系到危岩体自稳时间的长短。因此，主控结构面抗剪强度参数 C，ϕ 值是进行危岩稳定性分析的关键因素之一。根据《地质灾害防治工程设计规范》，主控结构面贯通部分和未贯通部分的强度参数按照长度加权提出了危岩主控结构面强度参数等效算法，即

$$C = \frac{(H_0 - e_0)\,c_1 + e_0 c_0}{H_0}$$

$$\varphi = \frac{(H_0 - e_0)\,\varphi_1 + e_0\varphi_0}{H_0}$$

式中：c 和 φ 分布为主控结构面的等效黏结力（kPa）和等效内摩擦角（°）；c_0 和 ϕ_0 分别为危岩主控结构面贯通段的平均黏结力（kPa）和平均内摩擦角（°）；c_1 和 φ_1 分别为危岩主控结构面未贯通段的平均黏结力（kPa）和平均内摩擦角（°）；通常取组成危岩体的完整岩石相关参数的 0.7 倍；H_0 和 e_0 分别为危岩体高度和主控结构面贯通长度，单位均为 m。

5. 锚杆设计内容与步骤

锚杆设计包括计算外荷载；决定锚杆布置和安设角度；锚杆锚固体尺寸、自由段长度和预应力筋截面的确定；稳定性预算和锚头设计等主要步骤。同时包括施工后锚杆内力监测等长期性能检测。

（1）危岩体锚固力计算

$$P_t = \frac{P}{\sin\,(\alpha+\theta)\,tg\,\varphi + \cos\,(\alpha+\theta)}$$

式中：P_t——锚杆锚固力，单位为 KN；

P——危岩体达到安全系数为 K 时所需抗滑力，单位为 KN；

α——危岩体裂隙面倾角，单位度；

θ——锚杆与水平方向的夹角，单位度；

φ——危岩体裂隙面内摩擦角，单位度。

（2）锚杆间距

锚杆间距与长度应根据锚杆所锚定的构筑物及其周边地层的稳定性确定。

锚固体的设置间距取决于锚固力设计值、锚固体直径、锚固长度等因素。同时，要注意锚杆的极限抗拔力会因群锚效应而减小。在文物本体上施加锚杆时，需对锚杆的安设位置进行充分研究，避开相邻基础及石窟窟门、文物本体的距离在 2.5m 以上。锚杆的间距，按《建筑边坡工程技术规范》GB50330 - 2002 的规定，锚杆挡墙中锚杆垂直间距不宜小于 2.5m，水平间距不宜小于 2m。锚喷支护中锚杆间距宜为 1.25 ~ 3m，且不应大于锚杆长度的一半。间距不宜过大，以免应力集中，同时也不宜过小，以免产生群锚效应降低锚杆的承载力；预应力锚杆间距为 2.0 ~ 4.0m。

（3）锚杆倾角

确定锚杆倾角时，对于不同类型的工程锚杆倾角（指锚杆与水平面的夹角）是不同的。总的来说，确定锚杆的倾角应有利于满足工程抗滑、抗塌、抗倾或抗浮的要求。但就控制注浆质量而言，如锚杆倾角过小时，注浆料的泌水和硬化时产生的残余浆渣会影响锚杆的承载力。因此，岩土锚杆（索）技术规程（CECS 22：2005）建议锚杆的倾角应该避开与水平方向成 –10°～10° 的范围。

水电工程预应力锚固设计规范（DL/T 5176 – 2003）和水工预应力锚固设计规范（SL 212 – 98）给定预应力锚杆与水平面的夹角公式：

$$\beta = \theta \pm \left(45° \frac{\phi}{2}\right)$$

式中：β——锚固角，即预应力锚杆轴线与水平面的夹角；

θ——滑动面（软弱结构面）倾角；

φ——内摩擦角。

当确定的锚固角为 –5°< β < +5° 时，锚杆与水平面的夹角应调整至 β < –5° 或 5°< β。更一般地，锚杆的倾角不小于 13°，也不应大于 45°。倾角愈大，锚杆提供的锚固力沿滑面的分力愈小，抵抗滑体滑动的能力就相应减弱，所以锚杆安设角度以 15°～35° 为宜。

（4）锚杆安全系数

设计时所规定的锚杆极限状态时的承载力是锚杆工作荷载与安全系数的乘积。锚杆设计时考虑两种安全系数，一是锚杆锚固体抗拔安全系数，由锚杆的工作年限及锚杆破坏后的危害程度确定。二是杆体的抗拉安全系数。对于预应力筋，多数国家规定应不小于 1.67，即锚杆的轴向拉力设计值应不大于预应力筋抗拉强度标准值的 60%（锚杆安全系数的选取可以参照第六章第一节中的石窟岩体安全评价标准中的安全系数）。

（5）锚杆数量计算

等危岩体破坏模式为滑动式或坠落型危岩体时，利用下式计算出所需要的锚杆（索）数量：

$$n \geq \frac{P}{\pi dl m \tau_0}$$

式中：d 为锚杆（索）的直径；

lm 为主控结构面后部稳定岩体内的有效锚固长度；

τ_0 为锚杆（索）锚固段砂浆与围岩之间抗剪强度。

等危岩体破坏模式为倾倒型危岩时，利用下式计算所需要的锚杆（索）数量：

$$n \geq \sqrt{\frac{M_{锚抗} ml}{\pi D d l_m \tau_0}}$$

式中：m 为锚杆排数；

D 为系数，由下式计算得出；

其他符号均如前所述。

$$D = m h_0 + 0.5\ (m-1)\ m e_0$$

式中：e_0 为每排锚杆之间的平均间距；其他参数均如前所述。

（6）锚杆杆体确定

石窟岩体加固中，锚杆一般采用 HRB335 级钢筋，钢筋的强度标准值应按表 29 采用。

表 29 　　　　　　　　　　　　钢筋强度表

种类		符号	d（mm）	f_{yk}
热轧钢筋	HPB 235（Q235）	φ	8 ~ 20	235
	HRB 335（20MnSi）	φ	6 ~ 50	335
	HRB 400（20MnSiV、20MnSiNb、20MnTi）	φ	6 ~ 50	400
	RRB 400（K20MnSi）	φ^R	8 ~ 40	400

钢筋的抗拉强度设计值 f_y 及抗压强度设计值 f_y' 应按表 30 采用。

表 30 　　　　　　　　　　钢筋强度设计值 　　　　　　　　（N/mm²）

种类		符号	f_y	f_y'
热轧钢筋	HPB 235（Q235）	φ	210	210
	HRB 335（20MnSi）	φ	300	300
	HRB 400（20MnSiV、20MnSiNb、20MnTi）	φ	360	360
	RRB 400（K20MnSi）	φ^R	360	360

钢绞线具有高强度、低松弛的特点，杆体张拉时弹性位移大，受地层徐变和锚固结构变形产生的预应力损失和拉力变化小，是理想的预应力锚杆杆体筋材。杆体材料也可采用高强钢丝，高强钢丝宜采用冷拔碳素钢丝，并经处理消除残余应力。纤维增强材料是一种新型的杆体材料，具有良好的防腐性能，它由多股连续纤维与树脂复合而成。

若采用拉力分散型锚杆，要求锚杆杆体与注浆体直接黏结，依据岩土锚杆（索）技术规程（CECS 22：2005）和预应力混凝土用钢绞线（GB/T 5224），应采用环氧涂层钢绞线。对穿锚杆和压力分散型锚杆应采用无黏结钢绞线，其技术要求与环氧涂层钢绞线有明显差异。

（7）锚杆锚固段设计

拉力集中型锚杆和压力集中型锚杆的锚固力与锚杆锚固段的长度正相关，因此，锚固力的设计值可以通过锚固段长度的设计值来反映。

对于单根锚杆来说，由于锚固力的作用，在锚杆的锚固点会形成挤压圆锥体，圆锥体的顶角通常为直角，并由锚杆的两端向岩体中扩散发展。由于锚杆的锚固力一定，挤压圆锥体中的锚固挤压力在端部最大，它与锚杆的深部与圆锥体的截面圆半径的平方成反比地迅速减小。

按岩土锚杆（索）技术规程（CECS 22：2005），锚杆锚固段的长度按下式估算，并取其中的较大值：

$$L_a > \frac{K \cdot N_t}{\pi D f_{mg} \Psi}$$

$$L_a > \frac{K \cdot N_t}{n \pi d \xi f_m \Psi}$$

式中：K——锚杆锚固体的抗拔安全系数；

N_t——锚杆或单元锚杆的轴向拉力设计值（kN）；

L_a——锚杆锚固段长度（m）；

f_{mg}——锚固段注浆体与地层间的黏结强度标准值（kPa）；

f_{ms}——锚固段注浆体与筋体间的黏结强度标准值（kPa）；

D——锚杆锚固段的钻孔直径（mm）；

d——钢筋或钢纹线的直径；

ξ——采用 2 根或 2 根以上钢筋或钢绞线时，界面黏结强度降低系数；

ψ——锚固长度对黏结强度的影响系数；

n——钢筋或钢绞线根数。

岩石锚杆的锚固长度宜采用 3~8m。当采用荷载分散型锚杆时，锚固长度可根据需要确定。

水电工程预应力锚固设计规范（DL/T 5176－2003）和水工预应力锚固设计规范（SL 212－98）也给出了类似的计算公式。其中最关键的参数是轴向拉力设计值，对于文物保护工程应该通过现场拉拔试验，并结合岩土锚杆锚固体抗拔安全系数来确定。

另一方面，公式中有与黏结强度相关的参数，而附表中的经验参数是参照水泥砂浆与岩石或钢绞线的黏结强度而给定的。如果运用无机矿物聚合物灌浆材料作为注浆体的材料，应该进行与水泥砂浆相对应的黏结强度试验。

岩土锚杆（索）技术规程（CECS 22：2005）给定，锚杆的自由段长度应穿过潜在滑裂面不少于 1.5m，而且锚杆的自由段长度不应小于 5m，并应保证锚杆与锚固结构体系的整体稳定性。

为保证锚杆的握裹力，锚杆的上覆地层厚度不应小于 4m，以避免上部地表动、静荷载对锚杆的影响。

（8）注浆体强度

全长粘接型锚杆注浆体的抗压强度应不小于 M20 和 M25。预应力锚杆锚固段注浆体的抗压强度应根据锚杆荷载传递方式和锚固地层抗剪强度确定。

（9）锚杆初始预应力

对地层和被锚固结构位移控制要求较高的工程，预应力锚杆的初始预应力值宜不小于锚杆拉力设计值。

对地层和被锚固结构位移控制要求较低的工程，预应力锚杆的初始预应力宜为锚杆拉力设计值的 0.75~0.9 倍。

治理危岩的锚杆一般不加预应力，阻滑力主要靠锚杆与砂浆的摩擦来提供，锚固深度和孔径大小由所需提供的阻滑力决定。在治理石窟危岩时，施加预应力在岩体中引起的应力扰动大小及变化程度是应论证解决的问题。

6. 石窟危岩体锚固设计要点及关键参数选取

（1）采用锚杆的类型应根据锚杆结构、材料特性、锚杆承载力、被锚固文物本体岩层性质、现场条件、施工方法等因素综合确定。必须保证锚固体在加固过程中质量可控、应力可调、与文物本体耐久性相适宜。

（2）锚固设计参数应减小锚固体对文物本体的扰动。避免出现单个锚固体设计承载力过大而对岩土体内部应力场出现较大扰动，且扰动不可恢复。

（3）对于石窟危岩体的稳定性分析和锚固设计，必须考虑的初始条件有危岩体的几何尺寸、危岩体周围影响范围内文物本体的地质构造，危岩体与母岩的连接程度，岩体的物理力学性质，岩层的初始应力状况，石窟洞室的开挖方式。

在设计前，应取得如下相关基础资料：石窟区危岩体平面分布图、卸荷带范围；危岩体内部及其周围岩体的水文地质条件；危岩体几何形状、大小，物质组成，并绘出平面图、地质剖面图；危岩结构面示意图，包括结构面产状及结构面组合；主控结构面抗剪强度参数、母岩岩石抗剪强度参数与抗拉强度等物理力学参数。

（4）若文物本体赋存的岩体有明显离层、滑动、深部裂隙张开，围岩拉伸剪切破坏及变形较明显，可采用预应力锚索加固。对于文物本体危岩体，宜选用拉力分散型锚索加固，因其预应力影响范围较小，锚固间距不宜小于 2m，可施加 200kN~300kN 的低预应力；当危岩体加固范围较大，对锚固体承载力及防腐能力要求较高且周边范围内无文物本体的危岩体加固，可采用压力分散型锚索，锚固体间距不宜小于 2.5m。

（5）在软弱危岩、断层破碎带较多及塑性流变岩层中可采用自钻式中空注浆锚杆。

钻杆、锚杆两者合一，钻进后不需退出，避免锚杆钻孔后出现坍孔、卡钻及插不进杆体等情况。且通过中空杆体注浆，能保证锚杆伸入范围内的岩体都得到有效加固。锚固角宜设置在 10°~35°。对于坠落型危岩上部岩体的加固，可采用竖直向下打入自钻式锚杆的方法。该锚固技术能加固危岩体上部岩土层，且能发挥出较大的锚固力。

（6）锚固段设计计算时，锚杆伸入危岩主控结构面后部稳定母岩的锚固长度宜为 3~4m。锚固体的直径根据设计锚固力、地基性状、单元锚杆根数、钻孔能力等元素综合确定。锚固体直径范围在 Φ22mm~Φ130mm。保护层厚度在 10~30mm。

（7）注浆体与岩石和钢绞线及其他材料杆体之间的黏结强度需经过试验确定。其抗压强度与岩土体之间的强度相比不宜过高或过低，应保证强度匹配。

（8）应对特定的窟区危岩体进行锚固体系工作性能的长期观察和监测。石窟岩体锚固工程与其他结构工程相比，对加固体系稳定性及安全性要求更高。应对岩体位移及岩土体中裂缝开展状况进行监测。

第四节　石窟防渗治理设计

1. 截、排水沟设计[1]

1.1　总体布局

在进行石窟防渗治理规划的基础上，石窟保护区域范围内的蓄排水工程应进行专项总体布局，合理布设截水沟、排水沟等建筑物，构成完整的防御体系。

1.2　截水沟布设原则

（1）当大气降雨沿坡面倒流入石窟窟内或冲刷崖壁面时，应在石窟窟门或沿石窟崖壁面顶部布设截水沟，截水沟断面、长度应与文物本体协调、隐蔽。

（2）当石窟山体顶部无措施坡面的坡长太大时，应在此坡面增设几道截水沟。增设截水沟的间距一般 20~30m，应根据地面坡度、土质和暴雨径流情况，通过设计计算具体确定。

（3）排水型截水沟的排水一端应与坡面排水沟相接，并在连接处作好防冲措施。

1.3　排水沟的布设原则

（1）排水沟一般布设在坡面截水沟的两端或较低一端，用以排除截水沟不能容纳的地表径流。排水沟的终端连接蓄水池或天然排水道。

（2）排水沟在坡面上的比降，根据其排水去处（蓄水池或天然排水道）的位置而

---

〔1〕　中华人民共和国国家标准. 水土保持综合治理技术规范小型蓄排引水工程（GB/T 16453.4 - 2008）.

定，当排水出口的位置在坡脚时，排水沟大致与坡面等高线正交布设；当排水去处的位置在坡面时，排水沟可基本沿等高线或与等高线斜交布设。各种布设都必须作好防冲措施（铺草皮或石方衬砌）。

（3）石窟保护区为减少修建排水沟对文物景观及地形地貌改变过大，排水沟的布设位置尽可能选择窟区冲沟处或与周围山势相结合整体布设。

1.4 暴雨径流设计

（1）防御暴雨标准，按十年一遇 24h 最大降雨量。

（2）坡面径流量的确定。根据水土保持试验站的小区径流观测资料，或查阅当地水文手册。在上述设计频率暴雨下，不同坡度、不同土质、不同植被的坡面，应采用不同的暴雨径流量。

1.5 雨水量设计

1.5.1 雨水设计流量

根据《室外排水设计规范》（GB50014 – 2006）雨水设计流量，应按下列公式计算：

$$Q_S = q \varPsi F$$

式中：Q_S——雨水设计流量（L/S）；

　　　　q——设计暴雨强度 $[L/(s \cdot hm^2)]$；

　　　　$\varPsi$——径流系数；取值 0.8；

　　　　F——汇水面积（hm^2）。

1.5.2 设计暴雨强度

根据《室外排水设计规范》（GB50014 – 2006），设计暴雨强度计算公式：

$$q = \frac{167 A_1 (1 + ClgP)}{(t + b)^n}$$

式中：q——设计暴雨强度；

　　　　P——设计重现期（年）；

　　　　t——降雨历时（min）；

　　　　A_1，C，b，n——参数，根据统计方法进行计算确定。

1.6 截水沟设计

1.6.1 截水沟断面设计

1.6.1.1 蓄水型截水沟断面设计

（1）每道截水沟的容量（V）按下式计算：

$$V = V_w + V_s$$

式中：V——截水沟容量，m^3；

　　　　V_w——一次暴雨径流量，m^3；

V_s——1～3 年土壤侵蚀量，m^3。

（2）V_w 和 V_s 值按下式计算：

$$V_w = M_w \times F$$

$$V_s = 3M_s \times F$$

式中：F——截水沟的集水面积，hm^2；

　　　　M_w——一次暴雨径流模数，m^3/hm^2；

　　　　M_s——一年土壤侵蚀模数，m^3/hm^2。

（3）根据 V 值计算截水沟断面面积（A_1）：

$$A_1 = V/L$$

式中：A_1——截水沟断面面积，m^2；

　　　　L——截水沟长度，m。

（4）截水沟断面要素的确定：

截水沟由半挖半填做成梯形断面，其断面要素、符号、常用数值，如表 31 所示。

表 31　　　　　　　　　　　　截水沟断面要素常用数值

沟底宽 B_d（m）	沟深 H（m）	内坡比 m_1	外坡比 m_0
0.3～0.5	0.4～0.6	1 : 1	1 : 1.5

1.6.1.2　排水型截水沟断面设计

有两种情况，分别采取不同断面。

（1）多蓄少排型。暴雨产生的坡面径流大部蓄于沟中，只排除不能容蓄的小部。断面尺寸基本上参照蓄水型截水沟，沟底应取 1% 左右的比降。

（2）少蓄多排型。暴雨产生的坡面径流小部蓄于沟中，大部排入蓄水池。断面尺寸基本上参照排水沟的断面设计，同时应取 2% 左右的比降。

1.7　排水沟断面设计

（1）排水沟断面 A_2

根据设计频率暴雨坡面最大径流量，按明渠均匀流公式计算：

$$A_2 = \frac{Q}{C\sqrt{Ri}}$$

式中：A_2——排水沟断面面积，m^2；

　　　　Q——设计坡面最大径流量，m^3/s；

　　　　C——谢才系数；

　　　　R——水力半径，m；

　　　　i——排水沟比降。

（2）Q 值的计算：

$$Q = F/6 \left(I_r - I_p \right)$$

式中：Q——设计最大流量，m^3/s；

$\quad\quad I_r$——设计频率 10min 最大降雨强度，mm/min；

$\quad\quad I_p$——相应时段土壤平均入渗强度，mm/min；

$\quad\quad F$——坡面汇水面积，hm^2。

（3）R 值的计算：

$$R = A_2/x$$

式中：R——水力半径，m；

$\quad\quad A_2$——排水沟断面面积，m^2；

$\quad\quad x$——排水沟断面湿周，m。

（4）C 值的计算：

$$C = \frac{1}{n} R^{\frac{1}{6}}$$

式中：n——糙度，土质排水沟一般取 0.025 左右。

2. 裂隙清理及灌浆工程设计

2.1 裂隙清理

为使后续注浆取得较好的注浆质量和黏结强度，裂隙的清理、冲洗是一项必不可少的工作。裂隙清理主要是将裂隙内充填土及活动小石块清除，以免堵塞裂隙通道，影响浆液的灌注；裂隙冲洗是通过水流将裂隙中所充填的松散、风化的填充物或小裂隙中无法进行手工清理的泥质填充物带出，以便有利于浆液流进裂隙并与裂隙接触面胶结坚固，起到有效防渗和加固的作用。

大裂隙清理后应保证基本无泥质充填物，小裂隙采用小型工具尽量将充填物带出或推移至一定的深度。裂隙冲洗应注意控制压力，防止危岩体受力失稳或使表面小破碎体冲击掉落，且冲洗时间不宜过长，以免过多带走危岩体间的胶结物，降低危岩体的胶结强度。

2.2 裂隙灌浆施工工艺

（1）现场注浆试验

在现场地表裂隙清理的过程中，可同时进行注浆试验。分别挑选几条有代表性的贯通大裂隙和微裂隙灌浆，通过试验确定灌浆压力等灌浆工艺参数，以确保隐蔽工程的可靠性。

（2）窟顶大裂隙注浆

将注浆管预埋至注浆深度后，采用裂隙封口材料将裂隙周边封闭一段，向裂隙中填充骨料（碎石等）后，封闭裂隙，使裂隙内部形成一封闭的注浆空间，注浆材料一般选用42.5普通硅酸盐水泥（可根据工程要求选择灌浆材料），注浆设备选用手动注浆泵，浆液内加入适量速凝剂，注浆饱满后采用封口材料或注浆液进行封口，并在外露水泥面初凝前嵌入与周围岩石成分相近的碎石块，和相应的表面做旧处理措施。

（3）微裂隙注浆（＜10mm）

采用裂隙封口材料缝时以间隔0.2m左右预埋注浆管，在注浆时自下而上。可根据情况选用小型注浆设备（选用注射针筒），原则上注浆压力控制在0.1Mpa左右，浆液注至饱满为止，初凝后进行封口处理，并采取相应的做旧处理措施。

2.3 注浆施工工序

前期注浆试验→钻孔（大裂隙不采用，较小裂隙视情况）→预埋注浆管→裂隙口封堵→骨料填充（较小裂隙不采用）→注浆→封口（或下一段）→表面做旧处理。

2.4 技术措施

大裂隙灌浆采用低压注浆的方法，从内至外，从下至上依次灌注。灌浆前，首先用封口材料封堵裂隙的外缘口，隙宽较大处采用砌筑封堵。灌注时，为提高灌浆质量，拟采用两次灌浆的方法，首次灌注掺加速凝剂的浆材，选用浆材水灰比为0.7∶1，使细小裂隙首先得到充填、黏结，防止二次灌注时跑浆。二次灌注选用浆材水灰比0.5∶1，沙灰比1∶1，使宽大的裂隙得以充填。对隙宽大于20cm的裂隙，灌注同时可投放适量的碎石充填，以增加砂浆灌注强度，减少灌注量。灌注结束后，上口和外缘口采取封护处理，表面并进行作旧。

微裂隙灌浆步骤为首先配制成勾缝砂浆封堵裂缝，预留灌浆孔，间距0.2m，插入麦管。然后注射浆液，饱和为止，顺序从下到上，留1~2排气孔。12~24h后，最后封堵灌浆孔，表面作旧。

2.5 特殊情况处理

（1）注浆管堵塞

预防措施：各条裂隙均应预埋一条以上注浆管。

处理措施：尽快进行疏通，及早恢复注浆。如不能在短时间内疏通，应立即换至第二注浆管继续进行注浆。

（2）冒浆

处理措施：采用速凝水泥对冒浆处进行封堵，冒浆情况严重时可在浆液中掺入适量速凝剂（水玻璃等）解决，速凝剂最大不宜超过3%。

（3）大量漏失

处理措施：可注入稠度较大的砂浆或其他充填物堵住漏浆处，必要时掺入一定量的速凝剂（水玻璃等）处理。

3. 防渗工程结构设计

渗水石窟顶部具有较平坦的施工空间时，可考虑采用铺设防水材料进行窟顶防渗处理。平台工程区防水毯的铺设施工程序为：基层处理及验收→防水毯铺设→素土覆盖压实（可在压实边坡处用 1∶3 水泥砂浆垫层上砌片石压实）。

3.1 基层施工

首先在工程区石窟顶，清理掉山顶平台的堆积物以及植物根系，对裂隙进行灌浆或砌筑封护，使局部基面相对平整。表面作 20mm 厚 C15 混凝土层。以此作为防水毯铺设的基层。

3.2 防水毯铺设

（1）找平层混凝土终凝后即可铺设防水毯，铺设时，防水毯面层的无纺布一侧应对着遇水面，纵横接缝搭接长度不小于 150mm，相邻端头接缝错开间距不小于 300mm。

（2）防水毯与找平层的固定用射钉（钢钉，钉长 25mm）沿防水毯的纵横向接缝均匀布置，钉子固定间距要求搭接缝处钉子固定间距为 300mm，一般处为 500mm。对于穿透的地方，要用膨润土防水浆封填。

（3）防水毯采用人工铺设。铺设时，可根据现场实际情况，将防水毯裁成小块铺设，顺山势铺设防水毯，尽量减少接缝。另外，铺设防水毯时需选择晴天进行，以确保防水毯不受水浸影响。

3.3 防水毯表面回填

（1）防水毯铺设完成后，表面应及时回填压实，以防下雨时被水浸泡，影响其使用功能。

（2）防水毯表面为回填素土压实，回填土厚度不小于 300mm。用于回填土的土方应严格检查，不得含有尖石、大石块等杂物，以免对防水毯造成破坏。

（3）在工程区周边处，防水毯表面采用 30mm 厚 1∶3 水泥砂浆上砌 225mm 厚片石压实。

第五节 工程概预算

根据国家文物局 2013 年下发的《文物保护工程设计文件编制深度要求》中第五章石窟及石刻类保护工程概算要求进行编制工程概算。

1. 基本要求

（1）工程概算，应以相应的设计文件为基准进行编制。概算所列项目、数量应与方案设计文件相符，二者不能脱节。

（2）工程概算依据应选择科学、适用的定额；当无定额依据时，允许以市场价格为依据进行编制。

2. 编制依据

（1）现状勘察与方案设计。

（2）国家有关的工程造价管理的法规、政策。

（3）工程所在地（或全国通用的）现行适用的专项工程和安装工程的概算定额、预算定额、综合预算定额，以及有效的单位估价表、材料和构配件预算价格、工程费用定额和有关规定。

（4）类似或可比工程的造价构成或技术经济指标。

（5）现行的有关材料运杂费率。

（6）因工程场地条件发生的其他规定之内的工程费用标准。

（7）管理单位或业主提供的有关工程造价的其他资料。

3. 概算书编排内容

（1）封面（或扉页）。写明工程名称、编制单位、编制日期，应有编制人、审核人签字并加盖编制人员资质证章和法人公章。

（2）概算编制说明书。内容应包括工程概述，说明工程的规模和性质；编制依据，主要说明所选用的定额、指标和其他标准；编制方法和其他必要的情况说明。

（3）概算汇总表。由明细表子目汇总、合成。依次列出直接费、间接费和取费费率、其他费用、合计和总计费用。

（4）概算明细表。依序套用定额子目、编号；无定额及其他标准作为依据的子目，要特别标注清楚。

第八章　监测技术

我国石窟及摩崖造像在历经千百年日晒雨淋、赋存岩体自然营力变化等自然因素的作用下，保存状态十分脆弱，尤其近年来环境污染的加剧，造像岩体进入高速风化期，对石窟及摩崖造像造成严重损害。石窟文物因其病害复杂、保护技术要求高、难度大，保护技术人员一方面要继续大力开展危岩体加固、渗水治理、造像防风化等石刻文物本体保护工作；另一方面，更要积极开展监测技术的研究与实施工作，从根本上改变以往的被动式保护管理模式，实现预防性保护，为石窟文物保护和管理提供强有力的科学支撑。

1. 监测设计原则及依据

在石窟的预防性保护中，应用先进的技术手段和高新科技成果提高监测技术含量和精度，确保石窟安全稳定是今后石窟保护中的一个重要发展方向。石窟本体及载体工程监测设计主要反映岩体边坡变形、受力状态及其变化动态信息以及加固效果，充分体现"重点突出、兼顾全面"设计原则，同时还要遵循"经济合理、技术先进、实施可行"方针。对监测数据要及时总结、分析后调整监测项目及监测内容。

监测设计依据为国家和行业有关监测技术标准、规程、规范，主要有以下内容。

（1）《水利水电工程岩石试验规程》（SL 264 – 2001）

（2）《混凝土大坝安全监测技术规范》（DL/T 5178 – 2003）

（3）《岩土工程用钢弦式压力传感器国家标准》（GB/T13606 – 92）

（4）《建筑变形测量规程》（JGJ/T 8—97）

（5）《建筑物沉降观测方法》（DGJ32/J 18 – 2006）

（6）《地面沉降监测技术要求》（DD2006 – 02）

（7）《岩土工程监测规范》（YS5229 – 1996）

（8）《酸雨观测规范》（GB – T 19117 – 2003）

（9）《环境空气质量标准》（GB3095 – 1996）

2. 常用的监测方法

2.1 宏观病害调查

监测内容与方法：采用常规人工病害调查法，定期对石窟保护区内出现的宏观变形形迹（如裂缝发生及发展）和与变形有关的异常现象（如地声、地下水异常、动物异常等）进行调查记录。

特点及适用范围：该法具有直观性强、适应性强、可信程度高的特点，为危岩监测的主要手段。

2.2 绝对位移监测

绝对位移监测是基本的常规监测方法，用以监测石窟危岩体测点的三维坐标，从而得出测点的三维变形位移、位移方位与变形位移速率。该方法主要为地表监测，是危岩体监测的主要内容和重要内容。

（1）大地测量法

该方法主要有两方向（或三方向）前方交汇法，双边距离交汇法（以上方法监测二维水平位移 X，Y）；视准线法、小角法、测距法（以上方法用于单方向水平位移）；几何水准测量、精密三角高程测量法（观测垂直方向即 Z 向位移）。

一般常用高精度测角、测距的光学仪器和光电测量仪器。常用的有经纬仪（测角中误差 ±1 秒）、水准仪（0.2mm）、光电测距仪 [精度 ± （0.3mm + 1 × 10^{-6}D）] 等。

（2）近景摄影测量法

把近景摄影仪安置在两个不同位置的固定观测点上，同时对危岩体的观测点摄影构成立体像片，利用立体坐标仪量测像片上各观测点的三维坐标进行量测。

特点及适用范围：周期性重复摄影，外业工作简便，可同时测定许多测点的空间坐标。获得的像片是崩滑体变形的实况记录，并可以随时进行比较分析。近景摄影法（100m 以内）绝对不及传统测量法。设站受地形条件限制，内业工作量大。适合对临空陡崖进行监测。

2.3 相对位移监测

相对位移监测是设点量测危岩体重点变形部位点与点之间相对危岩变化（张开、闭合、下沉、抬升、错动等）的一种常用的变形监测方法，主要用于对裂缝的监测，是危岩监测的主要内容和重要内容之一，常用方法为机测法。

机测法采用机械式仪器原理简单，结构不复杂，便于操作，投入快，成果资料直观可靠，仪器稳定性好，抗潮防锈，适用于地下潮湿不良环境。机测法适用于各种危岩监测。

2.4 降雨动态观测

重点进行雨量及雨强观测，建立雨量观测站，每天有兼职人员进行一次雨量记录。遇暴雨时，要记录小时暴雨量。

2.5 地震监测

监测内容及仪器。由于地震力是作用于危岩体偶然荷载，对危岩体的稳定起着重要作用，应采用地震仪等监测区内及外围发生的地震的强度、发震时间、震中位置、震源深度，分析区内的地震烈度，评价地质作用对危岩体稳定性的影响。水库地区，尚应监测水库在蓄水、放水期间可能诱发的水库地震。

适用范围。地震监测适用于所有的危岩监测。基于我国地震台及专业地震监测队伍的分布，应以收集地震资料为主，一般不宜自行设站监测。对于十分严重的危岩体，场地地震烈度及其岩土体峰值加速度取值范围应由地震部门予以确定。

2.6 人类相关活动监测

监测内容。由于人类活动如掘洞、削坡、爆破、加载及水利设施的运营等，往往造成人工型危岩崩塌或诱发产生崩塌，在出现上述情况时，应予以监测并停止活动。对人类活动的监测，应监测对危岩有影响的项目，监测其范围、强度、速度等。

适用范围。当人类活动影响石窟区内危岩体稳定性时，应予以监测并建议其停止。

3. 石窟监测项目及内容

石窟安全监测主要包括岩体稳定性监测（岩体受力变形、岩体裂隙扩张、岩体倾斜、预应力锚固受力状态及预应力损失）、洞窟内渗漏水、凝结水监测及石窟岩体表面风化、微环境监测等监测项目（监测内容可根据工程具体要求按需要布置监测项目）。

3.1 稳定性监测

文物本体及载体的稳定性监测目的是通过监测保护区范围内重点区域岩体的变形、倾斜、裂隙张开度的变化、孔隙水压力、沉降、应力应变等物理力学参数的变化情况，分析保护区内被监测岩体的稳定性，以便管理人员能及时采取必要的保护措施减缓或避免监测对象失稳。同时在锚固工程实施过程中，通过预应力锚索及锚杆受力状态监测，可为预应力锚固施工及加固效果质量评价提供依据。

3.1.1 石窟稳定性监测内容

（1）岩体内部应力变化。

（2）层面裂隙、构造裂隙、卸荷裂隙等的长度、张开度变化。

（3）岩体倾斜变形、开裂、滑移、坍塌等变化以及石刻由于人为或自然撞击、倾倒、跌落、地震及其地基沉降、受力不均等因素的影响下机械损伤（断裂、局部缺失）等。

（4）岩体锚固效果跟踪监测。

3.1.2　监测方法

（1）最基本的方法为通过目测、照相比较、点位测量资料分析（引用已有的数据资料）岩体变化过程。

（2）通过安装裂缝计、倾斜仪等仪器来实时记录岩体的变化过程；如采用三点式钻孔多点位移计监测边坡岩体内部不同深度水平（钻孔轴向）位移，锚头深度布置视边坡岩体地质结构条件确定，最深锚头须布置在相对稳定岩体内。

（3）预应力锚索受力状态及损失监测：在锚索孔口布置锚索测力计，以监测预应力锚索总体受力状态及预应力损失情况。

（4）预应力锚杆受力状态及损失监测：预应力锚杆沿深度分别布置两支锚杆测力计，监测锚杆不同部位锚杆受力（或应力）及其损失情况。

3.2　渗漏水和凝结水监测

对洞窟内渗漏水和凝结水监测，常用的方法采用红外成像感温摄像机。摄像机可以对观测区域形成红外视频流，根据摄像机采集的图像灰度和红外采集温度监测渗漏情况，在洞内渗漏区域安装一个雨量筒计算和计量渗漏时间和水量变化；同时通过局域网实时上传给系统的凝结水监测数据分析处理软件，系统软件利用洞窟内温湿度的数据计算出空气中的露点温度，红外感温成像技术可以对图像画面中的每个点阵温度进行监测，当洞窟墙体的表面温度低于空气中的露点温度时，触发启动红外成像温摄像机进行录像记录凝结水形成过程。

3.3　表面风化

监测内容为对因物理、化学、生物等作用而引起的石刻造像表面风化程度变化的监测。主要包括石刻造像表面风化剥落、鳞片状起壳与剥落、表面溶蚀、孔洞状风化、空鼓等的监测。

监测方法有目测及定期的人工病害调查，照相比较，测量记录，文字描述；专业仪器监测（激光粒度仪、XRD电导率、电化学法—离子选择性电极、X射线衍射法和离子色谱法、拉曼光谱）。

监测指标评判依据是通过对石刻表面的风化类型、风化深度、风化程度、风化速度监测以及风化引起的石刻表面损伤类型及损伤程度对石刻真实性、完整性的影响大小，做出适当的预警处理。

3.4　微环境监测

3.4.1　主要目的

（1）在石窟重点区域附近设置一套自动空气质量监测系统，长期监测石刻保存环境的空气质量，掌握石刻保存环境大气污染状况。

（2）进一步深入了解大气酸污染、颗粒物污染、氧化性污染以及水害对造像的危害及相互作用的机制，为摩崖造像的防风化保护提供参考依据。

（3）提出摩崖造像保存环境的预警值与质量改善措施。

3.4.2　监测技术方法

（1）微环境空气质量监测

采用自动空气质量监测系统，可以自动监测空气中的诸多污染物和气象参数，例如二氧化硫、氮氧化物、臭氧、可吸入颗粒物、温度和湿度。

（2）大气颗粒物成分分析

用大气颗粒物采样仪收集不同粒径大小的颗粒物，浸泡在一定量的水中，分析浸泡后水的 pH 值、酸度、可溶性无机阴离子和阳离子。阴离子如硫酸根、硝酸根等可用离子色谱仪分析，阳离子则可以用电感耦合等离子发射光谱仪测定。也可以根据需要，把样品用酸消解后测定不溶性的组分，以确定颗粒物的来源。

（3）凝结水组分分析

用毛细吸管收集佛像表面的凝结水，大气中凝结水采用冷凝的方式收集。凝结水的 pH 值、酸度、碱度、无机阴离子、阳离子类似于颗粒物组分的分析方法。凝结水中的氧化性物质如过氧化氢、臭氧则用专门的方法分析，譬如采用碘化钾还原后测定其吸光度等。

3.4.3　监测主要内容

重点石窟区各种气象环境、文物病害以及人为破坏等微环境监测。主要包括以下监测内容。

（1）二氧化硫（SO_2）：反映酸污染的程度。

（2）氮氧化物（包括 NO、NO_2）：反映光化学污染前体物的水平。

（3）臭氧（O_3）：反映光化学污染、大气氧化性程度。

（4）可吸入颗粒物（PM10）：反映大气颗粒物污染程度。

（5）常规气象参数：温度、湿度、风速、风向、大气压。

（6）凝结水的无机物离子种类、含量、pH 值及 TOC 含量分析。

4. 危岩监测实施程序与技术要求

4.1　危岩体变形监测系统布设

为了保证危岩在治理前、治理过程中及治理后的安全，必须对危岩防治的三个阶段进行监测，分析其变形情况，发现异常情况及时处理。

（1）在治理前，通过系统监测，对危岩的稳定状况及时综合分析，对其险情及时进行预测预报、预警，为制定防灾、减灾对策，为优化治理设计提供可靠依据。

（2）治理期间，及时反馈治理的效果及存在的问题，有效调整施工过程，确保施工期间生命财产安全。

（3）治理后，继续进行监测，掌握危岩治理效果，对监测资料进行总结和分析，为工程效果评价提供依据。

4.2　监测对象的选择

（1）监测对象的选择包括对危岩群体的选择、危岩单体的选择、单体内主要和重要块体的选择、单体内重要部位（如主控结构面）的选择和重要监测点位的选择。由此构成由群体→单体→块体→面→点的系统化的有机选择。

（2）对监测块体的选择，是属于重点监测对象的选择。其选定的基本依据是不稳定块段、易产生变形部位（裂缝）、控制变形部位（主控结构面）。

（3）监测对象除危岩体自身外，应包括对致灾因素、致灾动力和相关因素（如降水、地表水冲蚀等）的选择。

4.3　监测项目和监测内容的选择

（1）监测项目和监测内容服务于监测目的，即对危岩稳定性、致灾因素及变形破坏的方式、方向、规模、时间及成灾状况进行监测预报。

（2）应根据危岩体的变形破坏方式进行选择。不同类型的危岩有着不同的变形破坏方式，应据此突出监测重点，针对其主要变形破坏特征确定监测内容。如若以顺层滑移为主，则不选择地面倾斜监测；若以倾角和角变位为主，则应重视倾斜监测。

（3）应根据危岩体赋存条件及成灾相关因素选择监测内容，如对降雨等监测内容的选择，受降雨影响的危岩体，除监测上述内容外，还应重点监测裂缝情况及充水高度等。

（4）在一般情况下，危岩体都应进行绝对位移、相对位移和主要相关因素监测，以及宏观变形前兆监测。

4.4　监测方法的选择

（1）应根据被监测危岩体的危害性和重要性，即根据监测需要进行选择。对于致灾可能性重大的危岩体，为确保监测成果的质量、应投入高、精、尖的监测方法（如全自动遥测等）和多种监测方法，以相互验证、补充、分析和评价。

（2）应根据经济上的可行性选择，如 GPS 监测和大地测量法之间的选择。

（3）应根据技术上的可行性进行选择，即根据危岩体的形体特征及所处的监测环境，如通视条件、气候条件等，要因地制宜地予以选择。对于无法攀登的高陡绝壁构成的危岩体，近景摄影法则是比较好的选择，条件容许时可定期进行高精度激光扫描监测。对无法通视的城区及植被区，GPS 监测则优于大地测量。

（4）应根据各种监测方法的特点应用范围和适用条件进行选择。

4.5　监测仪器的选择

（1）应首先满足监测精度和量程的需要。按照误差理论，观测误差一般应为变形量的 1/5 或 1/10，据此来确定适当的监测精度，长期监测的仪器一般应适应较大的变形，在选择量程方面应充分注意。

（2）应满足对所处的监测环境的适应性和抗干扰能力，应适应野外恶劣环境（如雨、风、地下水、浸湿、雷电等）。

（3）应保持仪表及传输线路的长期稳定性和抗干扰能力，尽量减少故障率，同时要求便于维护和更换。

（4）当需要快速监测、全面监测、迅速处理、及时反馈时，以及需要实时监测时，应选择自动化程度高、质量好的电测仪器，建立自动化遥测系统。

4.6　监测网点的布设

（1）应根据危岩体的变形特征和赋存条件，因地制宜地进行布设。监测网由监测线和监测点组成，要求能形成点、线、面、体的三维立体监测网，能全面监测危岩体的变形方位、变形量、变形速度、时空动态及发展趋势，监测其致灾因素和相关因素，满足监测预报各方面的具体要求。

（2）大地测量网形的选择

大地测量监测是危岩体监测的主要手段。其网形的选择，除地质因素外，还取决于危岩体的范围、规模、地形地貌条件、通视条件及施测要求。一般采用如下"十"字形网。此方法适用于平面上窄长，范围不大，主轴方向明显的危岩体。一般沿其主轴方向布设一排监测点，垂直主轴方向布设若干拍监测点，构成"十"字形或"丰"字形。

4.7　监测周期的确定

（1）治理工程监测应满足控制施工强度、保证施工安全和判定防治工程效果的需要，其周期应为工程竣工后 13 年。

（2）危岩变形缓慢时，宜 1～2 日监测一次；危岩变形较快时，监测频率应加大，必要时进行每日一次或一日多次。

4.8　监测数据的整理与分析

监测数据应及时整理，包括数据检查、校核、误差处理，绘制时序曲线，并根据分析结果及时预测预报。在每次监测结束对观测点数据进行整理计算中，根据位移或裂缝发展的趋势，如果位移监测与裂缝发展趋势一致，且连续三次监测都发现有陡增趋势，则应向主管部门提出预警预报。

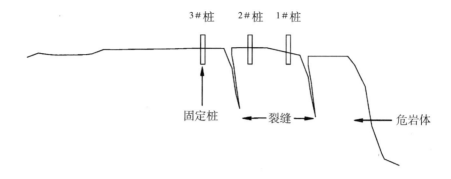

图45 人工简易桩监测示意图

　　危岩体破坏模式主要为滑塌式、坠落式和倾倒式三类，监测应采取绝对位移、相对位移、降雨动态、地震、治理过程中人为扰动、宏观地质调查的综合监测。分布在陡峭高大崖壁面处、体量较大的危岩体加固治理前、治理中和治理后均应进行水平位移、垂直位移的监测，分析其变形情况，发现异常情况及时处理。对于危害程度低或体积较小的危岩体、变形不明显的区域，可简易布设1~2个人工简易观测桩或自动伸缩变形仪监测断面，采用人工尺量、读数的方法进行变形观测（位移量测仪器可视情况采用百分表和千分尺）。要求每个块体上至少应有一个观测点，读数精确到0.5mm，正常情况下每天观测两次。在钻孔施工时，必须有专门的观测人员在现场进行连续监测，简易观测桩或自动伸缩变形监测仪布设简图如图45、46所示。

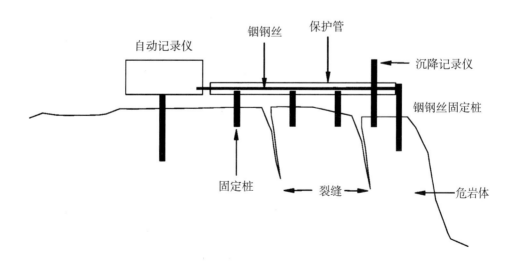

图46 自动裂隙伸缩仪结构简图

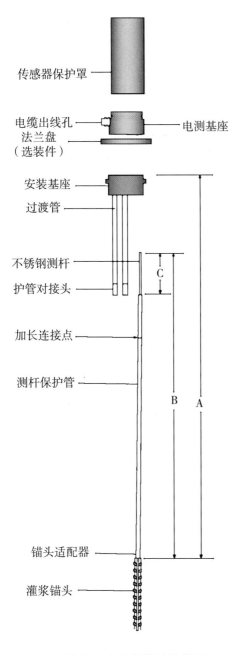

传感器保护罩

电缆出线孔
法兰盘
（选装件）

电测基座

安装基座
过渡管

不锈钢测杆
护管对接头

C

加长连接点

测杆保护管

B A

锚头适配器

灌浆锚头

图47 多点位移计结构图

5. 常用监测仪器

鉴于文物保护工程的重要性，其监测设备的监测精度和可靠性也要求较高，监测仪器均要求结构简单、测量精度及可靠性高、长期稳定性好、环境条件要求低、干扰小、易于实现自动化和长距离测量。

以下将常用的石窟保护监测仪器的功能特点、结构组成、工作原理及主要技术参数分述如下。

（1）多点位移计

多点位移计是埋设在岩体钻孔内实施内部以及深层位移监测的，它可以监测任意钻孔方向不同深度的轴向位移及分布，从而了解岩体变形及松动范围，为合理确定岩体加固参数及稳定状态提供依据，因此广泛应用于坝基（肩）、边坡和地下洞室等岩体内部位移观测。

多点位移计是由测头、位移传感器、不锈钢测杆（包括护管、隔离架、支撑环等）、灌浆式锚头、振弦式读数仪等五部分组成（图47）。

测头安装固定在孔口附近，内装有位移传感器，且具有测温装置，可同时测量传感器所在位置的温度。测杆与锚头连接安装埋设在全长钻孔内，锚头埋设深度分别为5m、15m、25m（据钻孔地质资料可作适当调整）。不锈钢测杆外套塑料护管，使测杆呈自由状态，以与测头内的传感器和钻孔内的锚头连成一体传递不同深度岩体位移（图48）。

仪器工作原理是当与岩体锚固在一起的各个锚头所在锚固点的岩体产生位移时，经传递杆（测杆）传到钻孔基准端（测头）的各自位移传感器上，各点的位移量均可

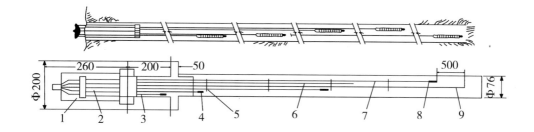

1.保护罩　2.传感器　3.预埋安装管　4.排气管
5.支承板　6.护套管　7.传递杆　8.锚头　9.灌浆管

图48　典型多点位移计安装埋设示意图

在基准端进行量测，基准端与各测点之间的位置变化即测点相对于基准端的位移。根据这原理可监测岩体内某一部位相对基准端的位移，由于最深锚头是锚固在岩体变形范围之外，即相对不动点，由此根据测值就可获得沿钻孔不同深度的绝对位移量及位移分布（图49）。

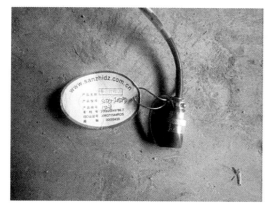

图49　常用多点位移计

（2）锚杆测力计

当被测岩体内部的锚杆发生应力变化时，锚杆计将受到拉伸或压缩，钢套同步产生变形，变形使应变计感受拉伸或压缩的变形，此变形传递给振弦转变成振弦应力的变化，从而改变振弦的振动频率。电磁线圈激振振弦并测量其振动频率，频率信号经电缆传输至读数装置，即可测出被测岩体内锚杆所受的应力。同时，可同步测量埋设点的温度值。锚杆应力计由传感器和连接拉杆两部分组成。传感器用于测量，两根拉杆用于传感器与被测锚杆的连接，从而完成力的传递。锚杆应力计是测量受力物体应力的仪器，仪器经加装一些附件可以组成锚杆测力计、基岩应力计等。这些仪器的工作情况及安装条件各不相同，所以埋设安装方法也有所不同。

（3）锚索测力计

锚索测力计是用于长期监测岩体及其他混凝土结构物、岩石边坡、桥梁等预应力的锚固状态，并可同步测量埋设点温度的振弦式传感器。锚索测力计有二弦、三弦、四弦和六弦。通过振弦频率读数仪读出测力计各支应变传感器的实时测量值并利用仪器特性参数可算出锚索所施加的压力。锚索测力计由测力钢筒、保护外护筒、振弦式应变计、锚垫板，引出电缆等组成。锚索测力计在测力钢筒上均布着数支振弦式应变计，当荷载使钢筒产生轴向变形时，应变计与钢筒产生同步变形，变形使应变计的振弦产生应力变化，从而改变振弦的振动频率。电磁线圈激振振弦并测量其振动频率，频率信号经电缆传输至读数装置，即可测出引起受力钢筒变形的应变量，代入标定系数可算出锚索测力计所感受到的荷载值。

（4）裂缝计

裂缝开度监测采用裂缝计（图50），且带有测温装置，可同时测量传感器所在位置的温度。其是在裂缝两侧分别固定一根锚杆，然后将位移传感器上的球形万向节连接杆连接到锚杆上。仪器工作原理是当裂缝开合度发生变化时，裂缝计两端埋置于岩体内的锚杆会随岩体一同变化，裂缝计内的伸缩杆因此被拉伸或压缩，此变化会反映到裂缝计内部的传感器，此时就可以得到裂缝相对于初值时刻的开合度。

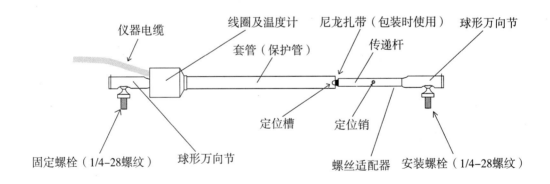

图 50　裂缝计仪器结构示意图

（5）定点式水平位移计（定点式测斜仪）

定点式水平位移计是以伺服加速度计为敏感元件的定点式测斜仪。它由多个伺服式加速度传感器连接而成，用于测定系列固定点的水平位移。广泛用于观测土石坝、岩土边坡、建筑物基坑、堤防、地下建筑工程、公路工程、铁路工程、港务工程等土体内部的水平位移，是水利、电力、交通、石油、矿山、港口、码头、建筑等工程中必要的精密测量仪器。

参考文献

图书

［1］王大纯等．水文地质学基础．武汉：地质出版社，1955.

［2］谷德振．岩体工程地质力学基础．北京：科学出版社，1979.

［3］UNESCO – UNDRO. Natural disasters and vulnerability analysis. United Nations Disaster Relief Organization. New York，1979.

［4］阎文儒．中国石窟艺术总论．天津：天津古籍出版社，1987.

［5］敦煌文物研究所编．1983 年全国敦煌学术讨论会论文集（石窟·艺术编：上、下）．兰州：甘肃人民出版社，1987.

［6］潘别桐，曹美华．龙门石窟边坡岩体动力稳定性离散元分析．全国第三次工程地质大会论文集．成都：成都科技大出版社，1988：536 – 543.

［7］中国文物保护技术协会编．亚洲地区文物保护技术讨论会论文集．北京：文物出版社，1989.

［8］朱志澄．构造地质学．北京：中国地质大学出版社，1990.

［9］Helmut Weber，Klaus Zinsmeiste. Conservation of Natural Stone，Germany：Expert verlag GmbH，Goethestaöe Ehning bei Böblingen，1991：34 – 52.

［10］Buzek j.，Cerny J.，Sramek A.，Sulphur isotope studies of atmospheric S and corrosion of monuments in Praha，Czechoslovakia. In：Krouse H. & Grinenko V.（Eds.），Stable isotopes in the assessment of natural and anthropogenic sulphur in the environment. SCOPE43，Chichester：John Wiley & Sons Ltd. 1991：99 – 404.

［11］潘别桐，黄克忠．文物保护与环境地质．北京：中国地质大学出版社，1992.

［12］牟会宠，杨志法．文物保护中石窟寺的稳定性分析与评价．第四届全国工程地质大会论文选集．北京：海洋出版社，1992：1154 – 1167.

［13］温玉成．中国石窟与文化艺术．上海：上海人民美术出版社，1993.

［14］梁尉英．李最雄石窟保护论文集．兰州：甘肃民族出版社，1994.

［15］徐恩存．中国石窟．杭州：浙江人民出版社，1996.

［16］宿白. 石窟寺研究. 北京：文物出版社，1996.

［17］刘策，余增德. 中国的石窟. 上海：上海文化出版社，1997.

［18］石根华著，裴觉民译. 数值流行方法与非连续变形分析. 北京：清华大学出版社，1997.

［19］董克忠. 岩土文物建筑的保护. 北京：中国建筑工业出版社，1998：1－4.

［20］黄克忠. 岩土文物建筑的保护. 北京：中国建筑工业出版社，1998.

［21］天津大学，同济大学，东南大学. 混凝土结构. 北京：中国建筑工业出版社，1998.

［22］牟会宠等. 石质文物保护的工程地质力学研究. 北京：地震出版社，2000.

［23］中华人民共和国建设部，中华人民共和国国家质量监督检验检疫总局. 建筑边坡工程技术规范. 北京：中国建筑工业出版社，2002.

［24］李宏松，张晓彤. 石质文物保护前期勘察技术规程框架的研究. 中国文物保护技术协会第二届学术年会论文集，2002：191－205.

［25］路凤香，隆康. 石材学. 北京：地质出版社，2002：1－3.

［26］Theory and Modeling Guide（Volume Ⅰ，Ⅱ，Ⅲ）：ADINA R&D. USA：［s. n.］，2002.

［27］DB50/143－2003 地质灾害防治工程勘察规范，2003：32－33.

［28］孙志峰. 钻探灌浆工. 郑州：黄河水利出版社，2003.

［29］国家经济贸易委员会. 中华人民共和国石油天然气行业标准岩土工程勘察制图标准. 北京：石油工业出版社，2003.

［30］ROCSCIENCE Inc. Slide：2D limit equilibrium slope stability for soil and rock slopes，Verification Manual. Toronto Canada：Rocsience Inc. 2003：6－26.

［31］方云，魏海云，王金华. 隧洞排水法治理大足石刻渗水病害. 水文地质工程地质，2004（5）：64－67.

［32］徐毓明. 物科技学概论. 文物科技研究，2004：1－9.

［33］黄克忠. 石质文物的化学保护法. 文物科技研究（第一辑）. 北京：科学出版社，2004：16－23.

［34］中国文物研究所. 全国馆藏文物腐蚀损失与对策调查研究报告. 北京：中国文物研究所，2005.

［35］李相然，赵春富，张绍河. 地下与基础工程防渗加固技术. 北京：中国建筑工业出版社，2005.

［36］中冶集团建筑研究总院. 岩土锚杆（索）技术规程. 北京：中国计划出版社，2005.

［37］柳振安，李化元，陆寿麟. 纳米材料在石质文物保护中的应用研究. 2005 年云冈国际学术研讨会论文集. 北京：文物出版社，2006.

［38］燕学峰. 石质文物风化防护的探索与实践. 2005 年云冈国际学术研讨会论文集. 北京：文物出版社，2006：92－100.

［39］陈洪凯等. 危岩防治原理. 北京：地震出版社，2006：36－42.

[40] 曹文炳，万力等．云冈石窟洞窟内凝结水形成机制与防治研究．2005年云冈国际学术研讨会论文集．北京：文物出版社，2006：184-191.

[41] 杨刚亮，马朝龙．龙门石窟风化现状调查与对策分析．2005年云冈国际学术研讨会论文集．北京：文物出版社，2006：153-159.

[42] 童庆禧，张兵，郑兰芬．高光谱遥感．北京：高等教育出版社，2006：38.

[43] 李文军，王逢睿编著．中国石窟岩体病害治理技术．兰州：兰州大学出版社，2006.

[44] 方云．四川安岳圆觉洞石刻区环境地质病害防治对策研究报告．武汉：中国地质大学，2007：93.

[45] 中华人民共和国国家文物局．石质文物保护修复方案编写规范．北京：文物出版社，2008.

[46] 李最雄，王旭东，孙满利．交河故城保护加固技术研究．北京：科学出版社，2008.

[47] 中华人民共和国文物保护行业标准WW/T0002-2007．石质文物病害分类与图示．北京：文物出版社，2008.

[48] 王金华．大足石刻保护．北京：文物出版社，2009.

[49] 中国文化遗产研究院．中国文物保护与修复技术．北京：科学出版社，2009.

[50] 杨坤光，袁晏明．地质学基础．武汉：中国地质大学出版社，2009.

[51] 中华人民共和国建设部，中华人民共和国国家质量监督检验检疫总局．岩土工程勘察规范．北京：中国建筑工业出版社，2009.

[52] 王锦地，张立新，柳钦火等．中国典型地物波谱知识库．北京：科学出版社，2009：37.

[53] 十二五科技支撑项目．石质文物保护关键技术研究，2009.

[54] 肖碧，王逢睿，李传珠．石窟水害成因的工程地质分析与防治对策．第十一次全国岩石力学与工程学术大会论文集，2010：324-329.

[55] 方云，刘祥友等．龙门石窟防渗灌浆试验研究．石窟寺研究，2010：229-243.

[56] 王金华，严绍军等．石窟岩体结构稳定性分析评价系统研究．北京：中国地质大学出版社，2013.

[57] 唐辉明．工程地质学基础．北京：化学工业出版社，2013.

[58] 严绍军等．龙门石窟偏高岭土——超细水泥复合灌浆材料研究．石窟寺研究．北京：文物出版社，2013：393-404.

[59] 国家文物局．文物保护工程勘察设计文件编制深度要求（试行），2013.

[60] 李宏松．石质文物岩石材料裂化特征及评价方法．北京：文物出版社，2014.

[61] 中国文化遗产研究院．文物保护科技专辑（Ⅲ）．北京：文物出版社，2014.

[62] 中华人民共和国文物保护行业标准WW/T0063-2015．石质文物保护工程勘察规范．北京：文物出版社，2016.

期刊

［1］ International Society for Rock Mechanics（ISRM）. Suggested Methods for the Quantitative Description of Discontinuities in Rock Masses. Int J of Rock Mechanics and Mining Sciences, 1978, 15（6）: 319 - 368.

［2］ Shi G H. Discontinuous deformation analysis: a new numerical model for the statics and dynamics of deformable block structures. Engineering Computations, 1992, 9（2）: 157 - 168.

［3］ 孙云志. 奉节李子垭危岩体稳定性研究. 人民长江, 1994, 25（9）: 48 - 53.

［4］ 申兆铭, 韩龙, 陈鼎玖等. 便携式荧光分析仪的解谱与校正技术. 北京矿冶研究总院学报, 1994, 3（1）: 73 - 78.

［5］ 任彩元, 廖原. 石灰石类的石质保护. 西北大学学报, 1995, 25（2）: 161 - 164.

［6］ 胡振瀛, 范幸义, 朱作荣等. 大足石刻保护岩体稳定性预测研究. 地下空间, 1995, 15（4）: 267 - 276.

［7］ 石玉成, 张杰. 敦煌莫高窟主要病害及防治对策. 西北地震学报, 1997 年 6 月第 19 卷第 2 期: 81 - 87.

［8］ 黄克忠. 中国石窟保护方法评述. 文物保护与考古科学, 1997 年 5 月第 9 卷第 1 期: 48 - 54.

［9］ 汪东云, 刘东燕, 张赞勋. 摩岩石质文物文物保护防风化研究现状及深化方向. 重庆建筑大学学报, 1997, 19（2）: 106 - 111.

［10］ Luigi Dei. Green Degradation Products of Azurite in Wall Paintings: Identification and Conservation Treatment. Studies in Conservation, 1998, 43: 80 - 88.

［11］ 蒋思维. 石窟寺渗水和治理. 华夏考古, 1998 年第 2 期: 103 - 105.

［12］ 陈明东. 链子崖危岩体变形破坏机制及整治对策. 地质灾害与环境保护, 1999, 2（1）: 33 - 42.

［13］ 韩冬梅, 郭广生. 化学加固材料在石质文物保护中的应用. 文物保护与考古科学, 1999（2）.

［14］ 张秉坚, 尹海燕, 铁景沪, 石质文物表面防护中的问题和新材料. 文物保护与考古科学, 2000, 12（2）: 1 - 4.

［15］ 方云, 邓长青, 李宏松. 石质文物风化病害防治的环境地质问题. 现代地质, 2001 年 12 月第 15 卷第 4 期: 458 - 461.

［16］ 黄小广. 注浆效果检测方法的评价. 煤矿安全, 2001, 10: 38 - 39.

［17］ 高新华, 丁志强. X 射线荧光分析技术在冶金分析中的应用. 钢铁, 2001, 36（3）: 64 - 67.

［18］ 尹海燕. 石质文物的腐蚀机理与防护材料研究. 杭州: 浙江大学, 2001.

［19］ 张秉坚, 尹海燕, 陈德余. 一种生物无机材料——石质古迹上天然草酸钙保护膜德研

究．无机材料学报，2001，16（4）：752 - 756.

[20] 和玲．含氟聚合物及其对文物的保护研究．西安：西北工业大学，2002.

[21] 刘小丽，周德培．有软弱夹层岩体边坡的稳定性评价．西南交通大学学报，2002，37
（4）：382 - 386.

[22] 郑颖人，赵尚毅，张鲁渝．用有限元强度折减法进行边坡稳定分析．中国工程科学，
2002，4（10）：57 - 61.

[23] 张成渝．洛阳龙门石窟岩体振动疲劳效应初析．北京大学学报（自然科学版），2002，
38（6）：809 - 816.

[24] 方云，顾成权，严绍军等．河南洛阳龙门石窟溶蚀病害机理的研究．现代地质，2003，
17（4）：479 - 482.

[25] 和玲，梁国正．含氟成膜聚合物应用于文物的表面保护．膜科学与技术，2003，23
（3）：41 - 45.

[26] 黄继忠．云冈石窟的科学保护与管理．文物世界，2003（3）：53 - 56.

[27] De Freitas C. R., Schmekal A. A. Condensation as a microclimate process：Measurement，
numerical simulation and prediction in the Glowworm Tourist Cave，New Zealand. International
Journal of Climatology，2003，23（5）：557 - 575.

[28] Allen D M. Sources of groundwater salinity on islands using 18O，2H，and 34S. Ground Wa-
ter，2004，42（1）：17 - 31.

[29] 郑颖人等，有限元强度折减法在土坡与岩坡中的应用．岩石力学与工程学报，2004
（23）：3381 - 3388.

[30] 王丽琴，党高潮．加固材料在石质文物保护中应用的研究进展．材料科学与工程学报，
2004，22（5）：778 - 782.

[31] 丁梧秀，陈建平，冯夏庭等．洛阳龙门石窟围岩风化特征研究．岩土力学，2004，25
（1）：145 - 148.

[32] 晏鄂川，方云．云冈石窟立柱岩体安全性定量评价．岩石力学与工程学报，2004，23
（增2）：5046 - 5049.

[33] 郭宏．论"不改变原状原则"的本质意义——兼论文物保护科学的文理交叉性．文物
保护与考古科学，2004，16（1）：60 - 64.

[34] 张炳坚等．古建筑与石质文物的清洗技术．清洗世界，2004，20（5）：25 - 28.

[35] 王丽琴，党高潮，赵西晨．加固材料在石质文物保护中应用的研究进展．材料科学与
工程学报，2004，22（5）：778 - 782.

[36] 徐光苗，刘泉声．岩石冻融破坏机理分析及冻融力学试验研究．岩石力学与工程学报，
2005，24（17）：3076 - 3082.

[37] 严绍军，方云，孙兵等．渗水对龙门石窟的影响及治理分析．现代地质，2005，19
（3）：475 - 478.

[38] 项红. 简介我国常用的制图标准. 杭氧科技, 2005 年第 2 期: 41 – 45.

[39] 陈洪凯. 危岩锚固计算方法研究. 岩石力学与工程学报, 2005 年 4 月第 24 卷第 8 期: 1321 – 1327.

[40] 谢振斌. 巴中南龛石窟风化破坏原因及防风化加固保护. 四川文物. 2005, (3): 82 – 86.

[41] 毛锋, 王凌云. 历史文化资源保护中的新技术应用. 北京规划建设, 2006 (4).

[42] 涂超. GIS 在历史文化资源保护中的应用研究. 计算机技术与发展, 2006 (7).

[43] 吴顺川, 金爱兵, 高永涛. 基于广义 Hoek – Brown 准则的边坡稳定性强度折减法数值分析. 岩土工程学报, 2006, 28 (11): 1975 – 1980.

[44] 汪仁和, 李栋伟, 王秀喜. 改进的西原模型及其在 ADINA 程序中的实现. 岩土力学, 2006, 27 (11): 1954 – 1958.

[45] 修连存, 郑志忠, 俞正奎, 等. 近红外光谱分析技术在蚀变矿物鉴定中的应用. 地质学报, 2007 (11): 1584 – 1590.

[46] 张金风, 李宏松. 文物裂化定量分析与评价软件系统. 文物保护与考古科学, 2007, 19 (3): 32 – 36.

[47] 高士荣. 理论与实践结合的典范——评《中国石窟岩体病害治理技术》. 敦煌学辑刊. 2007, (3): 185 – 186.

[48] 刘强. 基于生物矿化的石质文物仿生保护. 杭州: 浙江大学, 2007.

[49] 张贻火. 钻孔注水试验方法浅析. 资源环境与工程. 2008, 10 (22): 203 – 206.

[50] 齐迎萍. 化学材料在石质文物保护中的应用. 文物保护与考古科学, 2008, 20 (4): 64 – 67.

[51] 朱华, 杨刚亮等. 龙门石窟潜溪寺凝结水病害形成机理及防治对策研究. 中原文物, 2008, (4): 109 – 112.

[52] 李凡. GIS 在历史、文化地理学研究中的应用及展望. 地理与地理信息科学, 2008, 24 (1).

[53] 周俊召, 郑书明等. 地面三维激光扫描在石窟石刻文物保护测绘中的应用. 测绘通报, 2008, (11): 68 – 69.

[54] 李最雄, 赵林毅, 孙满利. 中国丝绸之路土遗址的病害及 PS 加固. 岩石力学与工程学报, 2009, 28 (5): 1047 – 1054.

[55] 张秉坚等. 不可移动文物保护材料研究中的问题和发展趋势. 文物保护与考古科学, 2010, 22 (4): 102 – 107.

[56] 张天纯, 左都美, 戴相喜. 测绘成果和测绘技术在历史文化资源保护中的应用. 城市勘测, 2011 (5): 49 – 51.

[57] 宣兆新, 司毅博. 现代测绘技术在元上都遗址文物测绘中的应用. 北京测绘, 2011, (2): 62 – 64.

［58］王卫星．浅谈石质文物的技术保护．科教纵横，2011，（7）：239.

［59］雷惊雷，黄美燕，陈卉丽等．摩崖石刻风化及其保护材料．材料导报，2012，26（8）：88－91.

［60］杨前，翟加文，张智旺．示踪连通试验在确定岩溶水径流通道中的应用．中州煤炭．2013，（7）：74－76.

后　记

　　本书为中国文化遗产研究院文物保护工程与规划系列丛书之一，是笔者十多年来从事石窟寺及石刻保护研究、勘察、设计工作的积累，并参阅了大量国内、外相关行业教科书和石窟保护成功案例。在书稿编写过程中，总感到自己知识的粗陋与肤浅，思维的不甚严密，同时反思以往工作过程中存在许多疏漏和不足。本书虽较全面阐述与梳理了我国石窟寺保护的基础知识和保护技术，但许多章节仍有待完善。例如石刻防风化章节只是简要介绍了目前的保护材料和工艺要求，对于具体落实到石刻防风化保护工程中还有很远的距离。石刻造像的表面风化病害严重影响了石刻的艺术价值、社会价值及本体的安全，如何解决石刻的防风化问题，目前在国内、外都是一个重大的难题。它涉及防风化材料的渗透性、与原岩的兼容性、耐久性、透气性、化学稳定性、本身无副作用等多种特性及针对不同岩性的防风化施工工艺等方面，需要文物保护科研工作者不断地进行科研攻关。再如由于石窟壁画、彩绘属于专业性较强、保护技术较特殊的保护对象，本书中未涉及该部分保护内容。

　　本书的出版首先感谢黄克忠老先生的支持与指导。五年前和黄老一起出差，我提到想写一本关于石窟保护方面的书，黄老说现在关于石窟保护技术方面的书已经很多，保护技术也较成熟，你主要想写哪个方面的，主要内容为什么？我说石窟保护技术方面的书籍和论文目前虽然很多，但都是针对某个专业、某项技术、某种材料比较深入的研究探讨，比较全面系统介绍我国石窟保护方面的书相对缺乏。我想对中国石窟保护主要技术进行梳理，保护技术方面内容不要求很深，但比较广泛。从石窟保护勘察基本方法、病害调查、物理探测到保护工程主要技术、设计要求等角度出发，主要读者对象为石窟保护行业中一线保护人员、石窟管理单位保护人员或刚参加文物保护工作的同志，使之成为较全面介绍我国石窟保护技术的参考书或教科书。但苦于工作琐事太多，抽不出时间，静不下心来去做这件事情。黄老马上说，这个想法很好，凡事要有所为，有所不为，一定要在安排好本职工作的前提下尽快着手做这件事。

　　本书在编写的过程中得到多位前辈、同仁的关心支持与帮助，在此表示衷心感谢。感谢柴晓明院长、李最雄先生在百忙之中抽出宝贵时间为本书作序。特别感谢黄克忠先生在书稿编写过程中多次提出宝贵的意见。在初稿完成后送给黄老审阅时，黄老逐字逐段地对文稿进行核对和修订。感谢王金华研究员、李宏松研究员、方云教授、李黎研究员对书稿的编排提出了许多中肯的意见。同时，还要感谢吴育华副研究员、黄玉琴副研究员在第四章石窟测绘部分提供了许多测绘资料和技术指导；感谢中国地质大学严绍军副教授、敦煌研究院郭青林研究员、大足石刻研究院赵岗副主任、辽宁有色勘察研究院邓军经理在书稿编写过程中提供了大量的保护资料和无私的帮助。书中引用了辽宁有色勘察研究院、建设综合勘察设计研究院、中铁西北科学研究院等多家单位测绘、勘察、施工资料和工程经验，以及国内、外许多学者的研究成果和资料，在此对所有有关人员和支持本书出版的同事、朋友表示衷心感谢。

感谢中国文化遗产研究院对此书出版的支持，感谢科研与业务综合处丁燕处长、党志刚副处长及文物出版社王戈老师在出版过程中细致耐心的协调和一次次书稿校核。

由于作者水平所限，加之石窟保护技术、保护措施和保护材料随着社会的发展也在不断提高，书中难免有疏漏和不足之处，敬请读者批评指正。

张兵峰

2017 年 6 月 1 日

图版一　南方地区细砂岩石窟

图版二　西北地区砂砾岩石窟

图版三　云冈石窟砂岩

图版四　龙门石窟灰岩

图版五　飞来峰灰岩造像

图版六　龙门石窟开裂岩体

图版七　龙门石窟危岩体

图版八　大足北山结界造像岩体破碎

图版九　飞来峰第75龛造像岩体开裂

图版一〇　克孜尔石窟第60窟窟顶岩体碎裂

图版一一　库木吐喇千佛洞第21～23窟石窟结构失稳

图版一二　阿尔寨石窟岩体碎裂

图版一三　基础下沉导致石窟开裂

图版一四　克孜尔石窟第166窟顶部修补体变形导致破坏

图版一五　石窟顶板开裂

图版一六　石窟内中心柱泥岩胀裂

图版一七　岩体片状开裂剥落

图版一八　砂岩风化病害

图版一九　砂岩片状风化

图版二〇　岩体差异风化

图版二一　风化凹槽

图版三四　不当修复（人为不当涂抹）

图版三五　风沙掩埋

图版三六　洪水冲刷威胁

图版三七　加固措施（柔性钢丝网加固）

图版三八　加固措施（安设锚梁钢筋笼）

图版三九　加固措施（锚杆、锚头焊接固定）

图版四〇　窟檐滴水线

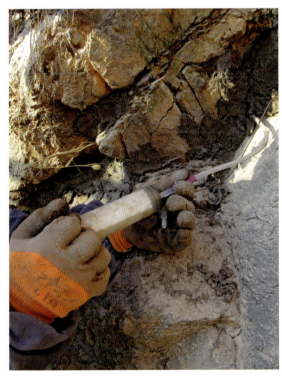

图版四一　裂隙注浆

图版四二　龙门石窟擂鼓台裂隙封堵及注浆

图版四三　九龙浴太子图排水通道

图版四四　高密度电法探测现场

图版四五　分层注水试验

图版四六　地质雷达测试

图版四七　钻孔摄影